우리에겐 고난과 역경을 헤쳐온 역사가
있습니다. 거친 역사는 우리의 심장을 더
강하게 키워냈습니다.
    고난이 극복했으면 비극해졌겠지만
고난을 극복한 자에게는 심오한 그 무엇이
있습니다.
    고난을 겪지 못한 사람보다 더 진지하고,
더 친절적이고, 더 깊이 있는 정신을 소유하는 것.
이보다 더 고귀한 정신은 세상에 없습니다.
저는 늘 이런 정신을 소망해 왔습니다.
    이것이 제가 한국인을 사랑할 수밖에
없는 이유이고, 이 책을 쓰는 동안 내내
제 가슴을 두근거리게 했던 우리 정희연의
이래입니다.

이슬

스무살엔 몰랐던
내한민국

역사에 기록되지 않은
해와 달처럼 맑고 어진 자들을 위해

* 이 책은 식민주의 침탈이 가장 심했던 아프리카대륙의 밝은 미래에 조금이라도
  보탬이 되고자, 저자 인세의 2%를 (사)아프리카미래재단에 기부합니다.

스무살엔
몰랐던
내한민국

구한말과 일제강점기를 꿰뚫어보는 당찬 시선

초판1쇄 발행 | 2013년 5월 30일
초판3쇄 발행 | 2013년 9월 11일

지은이 | 이숲 펴낸이 | 최병수 펴낸곳 | 예옥 등록 | 제 2005-64호(등록일 2005년 12
월 20일) 주소 | (121-816) 서울시 마포구 동교동 155-27 홍익인간 오피스텔 921호
전화 | 02-325-4805 팩스 | 02-325-4806
e-mail | yeokpub@naver.com
책임편집 | 홍성식(010-2731-2269)

ISBN 978-89-93241-36-5 03900
값 15,000원

* 일러두기: 이 책에서는 '조선'과 '대한제국'을 '한국'이라는 명칭으로 통일하여 표기합니다.

* 이 책의 제작에 사진을 협조해주신 서울대학교 중앙도서관 고문헌자료실에 깊은 감사를 드립니다.

* 잘못된 책은 바꿔 드립니다.

이 도서의 국립중앙도서관 출판시도서목록(CIP)은 서지정보유통지원시스템 홈페이지(http://seoji.nl.go.kr)
와 국가자료공동목록시스템(http://www.nl.go.kr/kolisnet)에서 이용하실 수 있습니다.
(CIP제어번호: CIP2013006743)

구한말과 일제강점기를 꿰뚫어보는 당찬 시선

Watslav Seroszewski

William E. Bance

Siegfried Genthe

George Nathaniel Curzon

Henry B. Drake

William Gcsom Scraton

스무살엔 몰랐던 내 한민국

이숲 지음

예옥

멀리서 발견한 한국인의 개성과 영혼

　지난 몇 년 동안 나는 '한국인', 한국인들의 '개성'과 '영혼'에 푹 빠져 지냈다. 나를 사로잡은 한국인은 역사 속으로 사라져버린 '개별자'일 수도 있고 '추상'일 수도 있다. 나는 살아있는 사람에게 '개성'과 '영혼'을 느끼듯, '한국인'에게도 똑같은 것이 있다는 것을 깨달았다.

　살아 있는 한국인을 사랑한 적은 있지만 거대한 추상 덩어리에 큰 열정을 품어본 적은 사실 없다. 그래도 그렇지, '민족'이라는 울타리가 허물어져 가는 시대에 이리도 위험한 열망을 품다니. 진부하고 시대착오적일 수 있다는 걸 잘 안다. 그래도 나는 내 마음을 고백해야겠다. 2006년, 스웨덴에서 공부하면서부터 빠져들었던 '한국인'에 대해. 먼 타지에서 새로이 찾은 한국인의 얼굴에 대해. 나와 친구들, 가족, 그리고 내가 잘 알지 못하지만 내 감각과 기억 속에, 마치 모국의 햇살과 공기처럼 익숙하게 저장되어 있는 나와 같은 언어를 쓰는 사람들에 대해.

　나는 왜 '한국 땅'이 아닌 '이국 땅'에서 '한국인'을 생각하게 되었을까. '한국인'이라는 좁은 민족 정체성을 벗어나 코즈모폴리턴의 정체성을 찾아 떠났던 내가 왜 다시 '한국인'으로 돌아와 이들을 이야기하고 있을까.

스웨덴의 사회민주주의 전통이 나로 하여금 '약자'를, '역사의 약자'를 섬세한 눈으로 다시 보게 해 준 덕분일까. 세계를 굴리는 '힘 있는 자'들의 마음속에 웅크리고 있는 오만한 허위의식을 통렬하게 깨뜨린 에드워드 사이드. 세상의 주류 이데올로기에 저항한 팔레스타인 출신 학자를 진정으로 존경하는 스웨덴 평등주의 학풍 속에서, 내가 '역사의 약자'에게 눈을 돌린 것은 사이드를 향한 흠모의 마음 때문일까. 나는 가끔, 나를 '한국인'으로 눈을 돌리게 만든 든든한 토양으로 북유럽의 사회민주주의 전통과 에드워드 사이드를 떠올리곤 한다. 또한 내가 20대나 30대에 이들을 만났더라도 이 책을 쓸 수 있었을까 생각해 보곤 한다.

웁살라대학교에서 공부하던 어느 날, 15세기부터 수만 권의 귀중한 고서를 소장하고 있는 중앙도서관 카롤리나 레디비바에서, 1904년 국운이 기우는 한국에 대해 쓴 책 『한국에서: "고요한 아침의 나라"에 대한 기억과 연구』(I Korea: Minnen och studier från "morgonstillhetens land")를 발견했다. 한 세기도 넘는 시간의 무게를 담고 있는 책은 신비롭고 묘했다. 나는 책을 들추지 못하고 이상한 기분에 휩싸여 한참동안 표지만을 바라보았다. 화관무를 입고 족두리를 쓴 여인이 그려진 하얀색 낡은 하드커버. 이 안에 담겨 있을 나와 같은 땅에 살았던 사람들의 숨결들.

나는 이방인의 눈으로, 1세기 전 내가 직접 경험하지 못한 사람들을 관찰하기 시작했다. 시간이 흐를수록 이 관찰은 스웨덴 사람을 넘어 영국인, 독일인, 프랑스인, 러시아인, 미국인 등의 시선으로 확장되었다.

책을 읽으면서 어리둥절하기도 하고 놀라기도 했다. 여기에서 말하는 한국인은 내가 알고 있던 한국인이 아니었다. 내가 읽은 텍스트 속에는 내가 잘 모르는 한국인들이 묘사되어 있었다. 나는 왜 이렇게 긍정적인 한국인의 모습을 모르고 있었던 걸까? '자유분방하고 호탕하며 자연스럽고 총명한 한국인'과 같은 유쾌하고 매력적인 이미지들은 다 어디로 사라진 걸까?

유쾌하고 매력적인 한국인들은 어디로 사라졌나

서구의 식민주의가 절정에 달했던 19세기 말, 한국이 문호를 개방하자 은둔의 나라를 탐험하고 싶어 하는 서구인들이 한반도에 나타나기 시작했다. 한국이라는 생생한 현실 공간에서 서구인들은 한국인들을 관찰하고 체험했다. 서로 다른 두 '타자'는 간혹 지배와 종속의 관계에 놓이기도 하고, 우월감과 열등감을 느끼기도 하며, 또 동등한 마음으로 서로를 존중하기도 했다. 한국을 여행하고 본국으로 돌아간 서구인들은 자신들의 체험을 바탕으로 한국에 대한 책을 썼다.

서구인들이 쓴 텍스트에 따라 한국은 세상에 알려지기 시작했다. '더럽고 게으르고 미개한 한국인'이라는 표상이 나오기 시작했다. 이러한 표상이 등장한 이후에도 계속해서 비슷한 표상이 덧붙여졌다. '선천적으로 나태하고 아둔하고 무기력하다'거나 '만사 태평하고 유약하며 겁이 많다.' '부도덕하며 정신적으로 정체'되어 있고 '스스로 통제하는 자질이 없는 한국인'과 같은 표상들이 등장했다.

그러나 같은 시기, 한국에 대한 전혀 다른 표상이 산출되기도 했다. '자유분방하고, 쾌활하며 호탕한 민족,' '선량하고 관대하며 머리가 명석하다.' 어떤 대상에 흥미를 느끼면 '끈기와 열의'를 보이고, '상당히 지적이며 놀라운 이해력'을 갖고 있다. '언뜻 보면 둔해 보이나 알고 보면 비범하다'거나, 한국인들의 태도는 일본인들과는 달리 '자연스럽고 거침없이 당당하다.' '일본인보다 일을 더 빨리 배우고 더 믿을 수 있는 사람들', '동면에서 깨어나면 독창적인 탐구심으로 불타오를' 같은 표상도 있었다. 세계가 '한국인은 자치가 부족하다'고 말할 때, 한국인에게는 '무서운 잠재력'이 있다고 쓴 텍스트도 있었다.

100여 년 전, 서구가 한국에 대해 쓴 텍스트에는 한국을 둘러싸고 전혀 다른 의견들이 충돌하고 있었다. 서구는 한결같이 한국에 대해 부정적인 목소리만 내지 않았다. 한국에 대해 긍정적으로 인식한 텍스트가 꽤 많다는 사실에 상당히 놀랐다. 처음으로 민감하게 내 의식 속에 있었던 한국에 대한 표상들을 의심해 보게 되었다. 내가 알고 있는 것은 주로 '게으르고 무기력하며 정신적으로 정체되어 있는'과 같이 부정적인 것들이었다. 나는 왜 이렇게 어둡고 우울하며 모자란 것만 알고 있었던 걸까? 구한말, 하면 왠지 부끄러웠다. 패망한 나라, 미개하고 더럽고 게으른 종족. 누가 나에게 이렇게 편파적인 이미지를 심어 주었을까. 부정적인 인상만 남긴 이 '균열'의 메커니즘을 찾아내고 싶었다. 내가 느끼는 부끄러움은 이유 없는 부끄러움일지도 모른다는 생각을 처음으로 갖게 되었다.

강자는 쓰는 자, 약자는 쓰이는 자

19세기 말 20세기 초는 지구상에 탐험되지 않은 땅이 거의 없을 정도로, 세계 구석구석이 서구 팽창주의자들의 눈에 의해 샅샅이 탐지되던 시기였다. 세상 각지를 여행한 탐사대는 본국으로 돌아가 자신들이 체험한 것을 기록으로 남겼다. 그 기록은 동양인에 대한 신체적인 특징과 지리, 풍물 같이 구체적인 것으로부터, 종교, 기질, 민족성 같이 추상적인 것에 이르기까지 한 '종족'에 대한 거의 모든 정보를 담고 있었다.

동양을 탐구하면 할수록 서구는 동양에 대해 점점 더 많은 지식을 쌓아 나갔다. 그리고 텍스트가 증가할수록 동양에 대한 담론이 형성되었다. 서구가 '동양'에 대해 지식을 생산한다는 것은 서구가 그 대상을 잘 알게 되는 것인데, 담론을 생산하는 쪽과 대상 간에 힘이 동등하지 않으면 그 관계는 '주인과 노예' 같은 일

---

* 에드워드 사이드는 『오리엔탈리즘』에서 서구가 "동양화된 동양"을 낳았다는 과정을 설명하기 위해 이집트의 사회학자인 안와르 아브델 말레크(1924~)가 말한 "정치상의 주인과 노예 관계"를 언급하고 있다. Edward W. Said, 『오리엔탈리즘』 (Orientalism, 1978), 박홍규 역, 교보문고, 2011, pp. 178~180 참조.

방적인 관계가 된다.

예를 들어, 19세기 말 한국을 찾은 여행가가 '저 동방의 은자의 나라에는 시간 개념이 없는 미개한 종족이 살고 있는데 그들은 나태하고 부도덕하다'는 텍스트를 쓰면, 후대의 여행가도 한국을 여행하고 돌아와 계속해서 비슷한 텍스트를 덧쓰게 된다. 새로운 체험을 하여 새로운 텍스트를 쓰는 경우는 드물다. 새로운 텍스트가 산출된다고 해도 기존의 지배적 담론의 흐름을 바꿀 만큼 새 권위를 얻기도 쉽지 않다. 이렇게 한국에 대한 인식이 덧씌워지는 과정이 되풀이되면, 결국 유럽 저 너머에 있는 한국은 텍스트가 말한 대로 '나태하고 부도덕한' 종족으로 '현실화'되어 그렇게 인식되고 마는 것이다.

19세기 말과 20세기 초는 이런 시기였다. 힘을 가진 서구가 한국에 대해 이러쿵저러쿵 일방적으로 말한 시기였다. 한국은 침묵하고 있었다. 한국은 '자신이 누구인지' 먼저 말한 적이 없었다. '한국인이 누구인지' 먼저 말한 쪽은 서구였다. 한국은 자신에 대해 말하고 싶어도 말할 수가 없었다. 목소리가 너무 약해서, 혹은 목소리를 낸다고 해도 강자들이 힘에 눌려 들리지 않기 때문이었다. 결국 한국은 힘을 가진 강자가 인식하는 그대로 정의되고 존재했던 것이다.

더욱이 당시는 경제적·군사적 힘이 우세한 서구가 전 세계를 상대로 식민주의적 침탈을 행사하던 때였다. 당시 유럽에는 제국주의 이데올로기를 지원하는 인종론과 사회진화론이 맹위를 떨

치고 있었다. 이를 테면, '힘센 종족이 약한 종족을 지배하기 마련'
이라는 이론이 팽배해 있었던 것이다. 이러한 시기에 서구가 한국
에 대해 쌓아올린 부정적인 인식 즉, 게으르고 무질서하며 자기
통제가 없다는 인식은 미개한 종족을 구제해야 한다는 논리로
쉽게 빠져들었다. 제국주의자들은 이 부정적 표상을 한국을 식민
지화 하려는 음모의 도구로 이용하기 시작했던 것이다.

특히 당시 일본은 이 '음모의 바통'을 이어받아, 더욱 노골적
으로 한국에 대한 부정적인 이미지를 쏟아냈다. 한국을 다스려
통합시키고 말겠다는 탐욕이 서구에 비해 비교할 수 없을 정도로
주도면밀했던 일본은, '한국은 자치가 부족한 종족'이라고 왜곡
선전하는데 총력을 기울였고, 결국 국제사회에 한국은 '쓸모없는
종족'이라는 확신을 심어 주는데 성공했다.

당시 한국인은 말할 것도 없고, 한국에 살고 있는 외국인들까
지도 한국인을 열등한 민족으로 몰아가는 일본의 식민주의에 저
항했다. 어떤 텍스트는 일본의 계획된 악선전으로 한국인들의 성
품이 폄하되어 세계가 한국인들이 무식하고 후진적이라고 믿게
되었는데, 일본이야말로 한국인이 '지성적이고 슬기로운 민족'임
을 잘 알고 있다고 고발하기도 했다. 한국이 식민지로 전락하자,
'한국보다 더 열등한 민족이 4천 년 역사를 가진 민족을 동화시
키는 것은 절대로 불가능하다'고 쓴 텍스트도 있었다.

그러나 당시 국제사회는 두 차례 전쟁의 승리로 열강의 반열
에 오른 일본에 대한 호감이 너무 커서 일본을 조금도 의심하지

않았다. 강자의 목소리만 매혹적으로 들리던 시기, 약자의 목소리나 약자를 옹호하는 목소리는 잘 들리지 않았다. 타민족을 지배하는 것이 자민족의 우월감을 입증하던 제국주의 시대에, 힘을 가진 세계의 패권주의자들은 자신들이 재구성하고 싶은 대로 한국에 대해 쑥덕이고, '자치가 부적절한 민족'이라는 꼬리표를 붙였다. 마침내 한국은 '열등 종족'으로 낙인 찍혀 일본의 한 지방으로 복속되었다. 한국이 세계지도에서 사라지자 한국에 대한 긍정적인 표상도 함께 자취를 감추었다. 그리고 오늘날, 우리의 의식 속에는 밝고 활기찬 것보다 '우울하고 의기소침한 한국인'의 이미지가 더 지배적으로 남게 되었다.

음모의 시대가 한국에 남긴 것

패권의 시대, 한국은 '역사의 약자'였다. 내가 서구인들이 남긴 책을 읽으면서 점점 한국에 정서적인 공감대를 갖게 된 것은 '조상'이라기보다 '약자'로서의 한국이었다. 구한국, '조선'은 제국주의 시대의 역사에서 한때 흔적 없이 지워진 나약한 종족이었다. 그들은 소멸되지 않으려고 안간힘을 썼으나 이들에게 퍼부어진 세계의 무시와 폭압은 상상했던 것 이상이었다. 한국은 부패해서 망할 수밖에 없었다거나 그때는 제국주의 시대였다고 치부해버리기에는 패권적 논리에 부당한 게 너무 많았다.

나의 관심사는 한국이 어떤 나라였으며, 왜 패망했는가가 하는 것이 아니다. 서구가 한국을 '옳게' 보았는가 하는 것도 아니

11

다. 나의 관심은 한 종족에 대해 부정적인 이미지만 주로 남았다는 것, 동시대에 같이 존재했던 긍정적인 매력은 자취를 감췄다는 것, 패권의 시기를 거치는 동안 한국은 세계열강들로부터 너무 부당하게 취급받았다는 것, 후대의 우리도 덩달아 한국을 과소평가하고 있다는 것, 우리가 선대를 제대로 알긴 알아야 하는데, 뭘 부끄럽게 생각해야 하는지 제대로 알아보자는 것, 그리고 우리가 선대에게 느끼는 부끄러움 중에 강자에 의해 '조작'된 것은 없는지 살펴보자는 것, 특히, 우리가 부정적인 것만 주로 알고 있는 것에는 어떤 '음모'의 기운이 느껴지지 않는가 하는 것들이다.

서구가 혹은 일본이 한국에게 행사한 음모는, 노련한 고문 기술처럼 우리의 정신을 교묘히 비틀어 놓았다. 오랜 휴면에서 깨어난 한국은 그들이 조종하는 대로 자신을 비하했다. '힘'이라도 있었으면 '아니오!'라고 대들기라도 했을 텐데, 힘이 약해서, 음모가들이 하는 말을 옳다고 여겨 그대로 믿었다. 그리고 1세기가 지난 지금, 후손인 우리에게도 여전히 그것의 잔재가 남아 있다. 우리가 패권주의자들이 정의한 대로 한국을 알고 있거나, 그들이 한국을 얕봤듯이 우리도 똑같이 한국을 얕보거나, 한국을 지배하기 위해 그들이 주로 이용한 부정적이고 우울한 표상들을 우리가 여전히 믿고 있는 것. 이 모든 증상들이 바로 제국주의의 음모가 남긴 후유증이라고 할 수 있다.

우리는 가끔 우리 자신을 '엽전'이라고 부른다. '엽전'은 '봉건적인 인습에서 빠져 나오지 못하는 구태의연하고 몰상식하고 뒤

처진 한국인을 일컫는 말이다. 일본과 친일파들이 한국인들이 스스로 열등한 존재로 비하하길 의도하여 퍼뜨린 말을 우리는 오늘날까지도 사용하고 있는 것이다.

역사의 약자로 살았던 우리에게 가장 슬픈 상처는 이렇게, 패권자가 던진 그물에 걸려 스스로의 머릿속에 자기 비하의 표상을 새긴 것이다. 오랜 세월이 흘러도 이 자국은 쉽게 지워지지 않는다. 이 후유증이 외부로부터 왔건, 외부와 내부의 합작품이건, 그 원인을 추적하고 역사의 약자에게 명예를 회복하는 것이 이 책의 목표다.

*

2008년 겨울, 나는 『Western Perception of Korea 1890-1930: Comparative Study on the Relationship between Reciprocity and Colonial Discourse』(『한국에 대한 서구의 인식 1890-1930: 상호성과 식민담론의 연관성에 대한 비교 연구』)라는 논문을 웁살라대학교에 제출했다. 이 논문에서 역사에 묻힌 한국의 '긍정성'을 논했고, '왜 긍정성이 묻혔는지' 그 원인을 추적하는 데 주력했다. 논문을 쓰면서 내가 가장 두려워했던 것은 한국을 바라보는 관점이 객관성을 잃거나 너무 감정에 치우치지 않았을까, 하는 것이었다. 내 글을 읽어주는 친구들과 지도교수에게 이 점을 가장 예민하게 묻곤 했었다.

다행히 그렇지 않았다. 논문을 심사한 동양학 전공의 여교수는 내 글을 읽으면서 한국에 대해 잘 몰랐던 것을 많이 알게 되었다고 격려했다. 한국에 대해 새로운 인식을 하게 해준 '새롭고 풍성한(new and rich) 연구'라는 평을 해주었다.

2009년, 한국에 돌아와 지인들에게 '나의 발견'을 말해주자 모두들 처음 듣는 이야기라며 귀를 쫑긋거렸다. 이들은 진보, 보수할 것 없는 한국의 언론인들이었고, 대학에서 문학, 철학, 역사를 가르치는 교수들이었다. 한국의 지식인들에게도 한국인의 '긍정성'이 금시초문이라니! 이 '집단적인 무지'는 무섭고도 슬픈 것이었다. 우리는 우리를 몰라도 너무 모른 채 1세기를 살아온 것이다.

2011년부터 내 논문을 번역하고 더 많은 일차 자료를 수집하여 새롭게 글을 쓰기 시작했다. 집을 허물고 다시 짓는 것이 새 집을 짓는 것보다 훨씬 더 어려운 일임을 깨달았다. 학문적인 패러다임을 흩트리는 것을 아쉬워하는 나에게, 이 책은 소수의 학자들만이 아닌 다수의 한국인이 읽어야 한다고 조언해준 예옥출판사의 이승은, 신영미, 전병준, 김응배 이사님, BK안 선생님, 오랜 벗 홍성식, 그리고 평소 식민지 시대 한국인의 독자적인 능력을 믿고 있던 터라 짧은 내 논문의 요약본을 보고 대번에 출판을 독려한 서울대학교 방민호 교수. 이분들의 충고가 없었다면 나는 아직도 현학자인양 딱딱한 이론과 용어를 매만지고 있었을 것이다. 깊이 감사드린다.

강한 것에는 강해지고 약한 것에는 한없이 약해지는 줄자와 같은 캐릭터를 물려주신 부모님, 감사합니다. 가진 게 없어도 제

삶을 사랑하고 떳떳이 살고 있는 것은 바로 당신들이 물려주신 이 정신적인 자산 덕분입니다. 이것 덕분에 제가 '한국인'을 더 잘 이해하지 않았을까 생각해봅니다.

'민족'을 넘어 인류의 보편적인 시민의식을 품어야 할 오늘날. 한 종족의 '긍정성'을 끄집어내는 것은 시대에 역행하는 일일까? 아니다. 인류의 보편적인 시민상은 자기 정체성에 대한 올바른 반추가 이루어진 이후에 더 성숙해진다고 믿고 있다. 정체성은 어딘가에 고여 있는 물이 아니라 흘러가는 강물과 같다. 나는 누구이고, 앞으로 누구일 것인가? 우리는 매력적인 인간이고 싶지 않은가? 우리의 정체성은 어느 순간 완성되는 것이 아니라 이 순간에도 유동적으로 계속 진화해 나가는 것이다. '조선'은 우리의 조상이기 이전에 '역사의 약자'였다. 한국인의 긍정성을 조명해 보는 것은 우쭐대고 싶어서가 아니다. 역사에 묻힌 목소리에 귀 기울여 보고 우리의 자화상에 드리워있던 그늘을 걷어, 우리의 정체성에 유쾌한 자신감을 갖고 싶은 것이다.

2013년 5월.

이숲

차 례

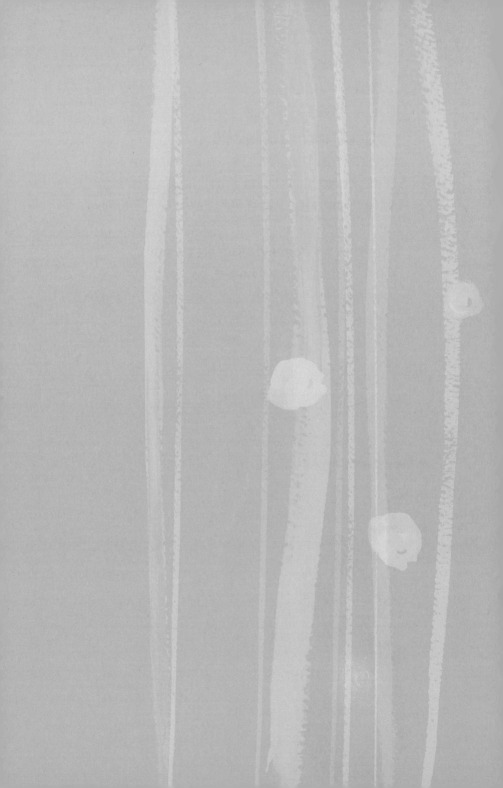

1장

한국인,
우리는 우리를
제대로 알고 있나?

진짜 한국인의 얼굴을 본 푸른 눈동자

한국인은 확실히 잘생긴 종족이다

한국인은 자연스럽고 당당하다

자유분방하고 쾌활하고 호탕한 한국인

나는 '진짜 한국인'을 만나고 싶다

일을 빠르게 배우는 비범한 한국인

정말 몰라? 한국인의 잠재력

한국인은 인정이 많고 통이 크다

한국인의 폭식문화

냉정과 열정, 평온과 분노의 한국인

호랑이를 때려잡는 한국인이 비겁하다니!

강인함과 당당함은 한국 여성의 힘!

한국 '아줌마'의 기원

'공처가'임을 숨기고 싶어 하는 한국 남자들

적극적이고 진취적인 여자들이 빨래만 하고 있다니!

한국 여성의 미(美), 청순, 수수함, 세련됨

백인 우월주의를 공격한 다부진 논객, 박마리아

아름답고 강한 한국 여자들

진짜 한국인의 얼굴을 본
푸른 눈동자

한국인은 확실히 잘생긴 종족이다

처음으로 백의를 걸친 한국인을 보게 되면 그들이 독특한 민족이며
복식도 독특하다는 것을 알게 된다. 만일 멀리서 정지해 있는 한국
인을 보게 된다면 마치 이정표나 비석으로 오인할 수도 있을 것이
며, 이들이 움직이기라도 한다면 백조의 무리로 오해할 수도 있으리
라.[1] (조지 커즌)

1892년, 영국 정치인 조지 커즌을 태운 배가 제물포를 향해
다가가고 있었다. 배의 갑판 위에 서 있던 커즌은 저 멀리 육지에
있는 한국인들을 바라보았다. 한국인들은 모두 하얀색 옷을 입
고 있었다. 이들이 정지해 있을 때는 하얀 비석으로 보였고 조금
이라도 움직이면 물위를 떠다니는 백조들의 무리처럼 보였다.

• 검은 갓과 백의는 외국인들이 가장 먼저 접하게 되는 한국의 상징 같은 것이었다.

　한국에 첫 발을 내딛는 외국인들에게 한국인들이 입고 있는 '하얀 옷'은 매우 독특하고 강렬한 인상을 주었다. 왜 이 나라 사람들은 흰옷을 좋아하는 걸까? 태양을 숭상해서일까? 염색을 할 필요가 없으니 비용을 절약하기 위해서일까? 한국은 세상에서 '티베트 다음으로 알려져 있지 않은 나라'였다. 고작 알려진 것은 '백의'와 '흑모'뿐이고, 나머지는 베일에 가려 있었다.

　도대체 이 나라에는 어떤 사람들이 살고 있을까.

　하얀 옷과 검은 갓의 물결로 넘쳐나는 서울에 들어서면, 이 나라는 더욱 이상하고 신비로운 느낌을 주었다.

　눈부시게 하얀 옷을 입고 검은 갓을 쓴 사람들로 가득한 서울거리는 이상하게 환상적이고 이국적인 느낌을 더해주었다. 중국이나 일본, 이 세상 어디에서도 볼 수 없는 한국 본연의 모습이었다.[2] (지그프리트 겐테)

'이상한 나라'의 사람들은 열이면 아홉은 흰옷을 입고 있었고, 머리에는 기기묘묘한 모자를 쓰고 있었다. 그 중에서도 웨일즈 여인들이 쓰는 모자와 흡사한, 접시 위의 화분처럼 생긴 검은 갓은 생긴 게 참 이상했다. 모자로서 장점이 있을까 의심스럽지만 상당히 공을 들여 만든 '예술품'임에는 틀림없어 보였다. 갓 속에 틀어진 상투와 망건도 그들로선 처음 보는 스타일이다. 이렇게 머리 모양을 매만지려면 분명히 많은 비용과 정성을 들여야 할 텐데. 한국 남자들은 스타일리스트임에 틀림없다. 수염 또한 유럽 남자들이 부러워 할 정도로 일품이었다.

모든 기혼 남자들은 턱수염과 구레나룻을 길렀으나 콧수염은 거의 기르지 않는다. 그들은 한가할 때 가만히 앉아서 수염을 조심스럽게 어루만진다. 노인들 외에는 거의 수염을 기르지 않는 중국인들과 달리 한국의 젊은이들은 유럽 멋쟁이들의 질투를 살 만큼 매우 독특한 짙고 긴 수염을 날리며 거리를 활보한다.[3] (에른스트 오페르트)

여자들도 남자들에 뒤질세라 머리치장을 했다. 궁궐의 시녀나 궁녀들은 윤기 나는 검은 머리채를 땋은 어마어마하게 큰 봉우리를 이고 다녔다. 이 가발은 '고대 이집트의 파라오나 영국 대법관의 인조 가발'보다도 훨씬 커서 불안해 보였지만, 그런대로 머리 위에 잘 얹혀 있었다.

가만, 한국인들의 얼굴을 들여다보자. "한국인들의 눈은 어두

• 갓을 만들고 있는 한국의 장인

운 색이지만 역시 암갈색에서 적갈색에 이르기까지 다양하며, 광
대뼈는 두드러지고, 이마는 고상하고 지적으로 보인다. 또 귀는
작고 잘 얹혀있다." 이 조그만 반도에는 아시아의 다양한 인종이
정착한 것 같다. 티베트족, 힌두족, 몽골리안족, 심지어는 코카서
스족에 가까운 이목구비를 가진 사람들도 보인다.

한국인은 곧 중국인이어서 체격이나 용모가 서로 꼭 닮았으며, 만일
중국인을 닮지 않았다면, 다른 이웃인 일본인을 닮았다는 것이 대
부분 사람들의 지배적인 생각이었다. 그런데 사실상 그들은 그 어
느 편도 닮지 않았다. …… 그뿐만이 아니라 당신이 한 무리의 한국
인들을 눈여겨보면 그들 사이에 거의 백인과 같은 사람과 그 특징이
아리안족Aryan에 근사한 사람들이 있음을 보고 놀랄 것이다. 그런데
이 아리안족은 그 나라에서 상류계층에 속하고 있다. 보다 더 공통
적인 형은 비스듬한 눈매, 튀어나온 광대뼈, 두껍고 처진 입술을 한

황색 피부의 얼굴이다. 그러나 당신은 다시 티베트족과 힌두족을 많이 닮은 얼굴들을 목격할 것이며, 만일 당신이 더욱 관찰을 넓혀 보면 막노동자 계층에 속한 사람들 대부분은 아프리카인이나 소아시아 사람만큼이나 얼굴색이 검다는 걸 알 수 있을 것이다.[4] (아놀드 새비지 랜도어)

영국의 화가 아놀드 새비지 랜도어는 1895년, 종로 거리에 화구를 설치하고 앉아 지나가는 한국인들을 그렸다. 지금으로 말할 것 같으면 파리의 몽마르트 언덕의 '거리의 화가'인 셈이다. 화가라서 그런지 사람의 얼굴을 뜯어보는 데 감각이 남달랐다. 그의 눈에 한국의 하류층과 상류층은 용모가 달랐다. 하류층은 얼굴색이 검은 편이고 상류층에는 백인과 같이 생긴 사람들이 많았다. 그래도 그렇지 백인에 비유하는 것은 좀 무리라는 생각이 들지만, 아무튼 이목구비가 뚜렷하고 시원시원하게 생긴 사람들이 많았던 모양이다. 게다가 수염을 기르고 있어서 얼굴의 음양, 굴곡이 더 뚜렷하게 보였던 모양이다. 랜도어는 한국 중류 계층의 외형을 "비록 중국인이나 일본인의 평상 표본보다 약간 더 세련되고 체격이 강하기는 하지만 몽골리안 형인 것은 사실이다"라고 평하고 "어떻

• 새비지 랜도어가 그린
상투 튼 한국 남성

27

아놀드 새비지 랜도어
(Arnold H. Savage-Landor, 1865~1924, 영국)

화가, 탐험가, 작가, 인류학자. 플로렌스에서 태어나 파리에서 미술공부를 했다. 두 차례 한국에 온 것으로 알려졌는데, 그가 남긴 『고요한 아침의 나라, 한국』(Corea, or, Cho-sen, the Land of the Morning Calm, London, 1895)은 1890년 12월 25일, 한국에 도착한 것으로 시작한다.

랜도어는 미국, 일본, 한국, 중국, 호주, 티벳, 네팔, 인도, 러시아, 필리핀, 아프리카, 남미 등 전 세계를 두루 다녀본 정력적인 탐험가였다. 각지를 여행한 후에는 직접 그린 그림을 넣어 약 10권의 여행기를 남겼다. 작가와 탐험가로서의 명성이 유럽에 널리 알려져 영국의 빅토리아 여왕은 그가 그린 그림을 보며 이야기를 듣고 싶어 궁으로 초대했고, 학자들과 대중들 또한 그의 강연을 듣기 위해 몰려들었다.

랜도어의 할아버지는 영국의 시인이자 작가였다. 랜도어는 할아버지의 문재를 물려받은 게 틀림없다. 그의 글은 지극히 사실적이고 유머러스한 게 영국 소설가 찰스 디킨슨이 떠오를 정도로 뛰어나다. 이탈리아 시인이자 소설가인 가브리엘레 단눈치오는 랜도어의 티벳 여행기인 『In the Forbidden Land』(1898)에 영감을 받아 소설을 썼을 정도이고, 랜도어에게 다음 소설을 공동창작해 보자고 제안했다고 한다. 랜도어는 한국의 정치적인 상황에 대해서 많이 언급하지 않았다. 그러나 한국인의 일상적인 삶에 대해 이토록 생생하고 진솔하며 흥미로운 글을 남긴 사람은 아마 없을 것이다.

든 종합해 보면 한국인은 잘생긴 인종."[5]이라고 말했다.

한국인들의 일상적 표현은 당혹스러움을 느끼게 할 정도로 활기차다. 얼굴 생김새는 가장 잘생긴 사람들을 기준으로 보아 힘이나 의지의 강인함보다는 날카로운 지성을 나타낸다. 한국인들은 확실히 잘생긴 종족이다.[6] (이자벨라 버드 비숍)

한국인들은 참신한 인상을 주었다. 그들은 중국인과도 일본인과도 닮지 않은 반면에, 그 두 민족보다 훨씬 잘생겼다. 한국인의 체격은 일본인보다 훨씬 좋다. 평균 신장은 163.4센티미터이지만, 부피가 큰 흰옷 때문에 키는 더욱 커 보인다. 또 벗고 있는 것을 볼 수가 없는 높다란 관 모양의 모자 때문에 키는 더 커 보인다.[7] (비숍)

1894년, 한국을 여행한 영국의 지리학자 이사벨라 버드 비숍도 한국인에 대해 위와 같은 인상을 남겼다. 비숍은 여성이었다. 외모를 보는 눈이 남자보다 좀 더 까다롭고 중립적이었을 텐데, 그녀의 눈에도 한국인은 잘생겨 보였던 모양이다. 그녀는 한국인의 평균 신장을 언급하는 꼼꼼함도 보였다. 비숍 이전에 또 다른 영국인이 서울에 와서 1,060명의 성인 남자들을 대상으로 키를 재었다는 기록이 있다. 그 결과 제일 큰 사람이 179.9센티미터였고, 제일 작은 사람이 145.2센티미터였다.

100년 전의 한국인들이 잘 생겼다고 하는 기록은 사실 의외다. 그런데 현대의 한국인들에 대해서라면 어느 정도 수긍해야 할 것 같다. 다른 나라 젊은이들이 한류 스타에 열광하는 것에도 '미모'가 한몫하고 있을 테고, 그리고 한류의 영향 탓인지 요즘 한국의 젊은이들은 외모에 부쩍 신경을 쓰고 있다.

내가 가르치는 강의에 스웨덴에서 교환학생으로 온 여학생이 있었는데, 그 여학생이 한국 남자들이 스웨덴 남자들과 비슷하다고 해서 다소 놀란 적이 있다. 그런데 가만 생각해보니 나도 스웨덴에서 살아본 지라 그 여학생의 말이 한편으로 이해가 되었다. 스웨덴 남성들은 외모에 꽤 신경을 쓴다. 내가 알고 있던 친구들은 정기적으로 축구클럽에 나가거나 짐나지움에서 역기를 들며 몸을 만들곤 했었다. 지방이 많은 음식을 먹을 때는 상당히 조심한다. 그래서 그런지 뱃살을 출렁거리며 힘겹게 다니는 스웨덴 남성들을 거의 보지 못했다. 그들의 신체는 잘 자란 나무처럼 꼿꼿하고 반듯하다. 몸매가 잘 드러나는 옷을 입어 균형 잡힌 긴 신체를 과시하는 것도 요즘 한국의 젊은 세대와 많이 닮았다. 사회민주주의 국가인 스웨덴에는 '명품' 매장이 거의 없어 젊은이들은 유명한 브랜드의 로고가 보이는 옷은 거의 입지 않는다. 그래도 그들은 꽤 스타일리쉬하다. 같은 북유럽국가지만 수수한 차림을 좋아하는 노르웨이 젊은이들과는 또 다르다. 그러니까 한마디로 스웨덴에는 '꽃미남'들이 많은데, 이러한 추세가 요즘 한국의 젊은이들과 많이 흡사한 것이다.

기질은 좀 다른 것 같다. 스웨덴 남자들은 대체로 조용하고 조심스러우며 예의바르다. 여자를 위한답시고 섣불리, 과도하게 친절을 베풀지 않는다. 지극히 중성적이고 담담하게 여성을 대한다. 그런데 이 '담담함'은 유교적 전통이 강한 한국 남성들이 여자들에게 보이는 다소 '무관심한 에티켓'과는 또 다르다. 스웨덴 남자들은 알 듯 모를 듯 상대방을 지켜보고 있다가 상대방이 무언가를 요청하면 그때 선뜻 손을 내민다. 그러니까 스웨덴 남성들이 먼저 불쑥 손을 내밀지 않고 상대방을 지켜보는 것은 여성의 자립심을 기다리고 존중하는 것이다. 오랜 기간 양성 평등의 사회적 환경에서 자란 스웨덴 남성들의 독특한 기질이라고 할 수 있다. 아무튼, 그 스웨덴 여학생이 한국 남성들이 스웨덴 남성들과 비슷하다고 말할 때, 그것은 기질이라기보다 요즘 한국의 젊은 세대들의 외모와 패션 스타일을 말하는 것으로 봐야 할 것이다.

한국인은 자연스럽고 당당하다

외국인 친구들이 한국에 오면 일본 사람들에 비해 한국 사람들이 훨씬 체격이 크다고 말한다. 친구들은 일본 후쿠오카에서 페리를 타고 한국에 들어오는 순간부터 한국인들이 크다는 사실을 피부로 느낀다고 한다. 나는 그들로부터 한국 사람이 갖고 있는 또 다른 특징을 들었는데, 그것은 '자연스러움'이었다. 한국 사람은 '태도'에 있어서나 '감정'에 있어서나 '자연스럽다'는 것이다. 처음에는 이해되지 않았는데 다음과 같이 일본에서 벌어진 에피소드를 듣고 나서야 그 말이 무슨 말인지 알게 되었다.

이사벨라 버드 비숍
(Isabella Bird Bishop, 1831~1904, 영국)

여행가이자 지리학자. 1892년 영국왕립지리학회의 최초의 여성회원. 1894년 2월, 제물포로 입국하여 서울과 북부지역을 여행하고 러시아의 한민족 이주지역인 연해주까지 답사했다. 비숍이 한국에 온 것은 그녀의 나이 63세 때. 첫 입국 후 1897년 1월 25일까지 약 4년 동안 네 차례 한국을 방문하고 『Korea and her neighbours: a narrative of travel, with an account of the vicissitudes and position of the country』(1905)를 썼다. 한국어로는 『한국과 그 이웃나라들』로 번역되었다.

비숍은 정규 학교를 다니지 않고 부모님으로부터 문학, 역사, 라틴어, 식물학 등을 배웠다. 7세 때 이미 『프랑스혁명사』를 탐독할 정도로 총명했다고 한다. 비숍이 한국을 여행하기 위해 영국을 떠날 때 고향 친구들이 한국이 '섬나라냐'고 물었다고 한다. 당시 여성의 신분으로 극동을 여행하는 일은 쉽지 않았다. 비숍이 세계 각지를 여행하고 쓴 책들은 영국에서 큰 인기를 끌었다. 『한국과 그 이웃나라들』은 비숍 이후 한국을 여행하는 사람들에게 표준서로 남을 정도로 꼼꼼하고 전문적이다. 1902년 모로코를 여행한 후 그 여독으로 1904년 10월 사망했다.

2010년 일본에서 교환학기를 마치고 그곳을 떠나기 며칠 전, 독일인 학생 M은 이별 파티를 마치고 친구들과 함께 다소 상기된 상태로 기숙사로 돌아오고 있었다. 어느 상점의 선전용 깃발이 거리에서 휘날리고 있었다. "아, 저걸 기념품으로 갖고 싶다!" M은 친구 P와 함께 두 개의 깃발 중에 하나를 떼어 둘둘 말아 옆구리에 끼고 기숙사로 돌아 왔다.

　　다음 날, 기숙사에는 이 '절도범'을 찾는 일본 경찰들이 몰려왔다. 두 명의 외국인 학생을 데리고 간 경찰은 몇 날, 몇 시, 몇 분에 그 상점을 지나갔는지부터, 어떤 맥주, 어떤 칵테일, 어떤 사케를 마셨는지 몸속에 들어간 알코올 성분을 그야말로 물샐틈없이 조사했다. 조서를 써 본적이 없어서 자유롭게 줄을 바꾸자, 경찰은 양식을 간섭하여 네모반듯한 문단을 쓰도록 종용했다. 이렇게 조사를 마친 경찰은 어제 깃발이 나부끼던 상점으로 M과 P를 데리고 가서, 두 개 중 어느 쪽에 있던 깃발을 떼어냈는지 손가락으로 정확한 지점을 가리키게 하고, 그 모습을 사진으로 찍었다. 사실 누가 봐도 경미한 사건이었고, 그 작은 천 조각을 기념품으로 가지고 싶어 한 마음을 애교로 봐줄 수도 있었다. 그 깃발에는 일본 술 종류와 가격이 적혀 있었다.

　　독일에서나 일본에서나 모범생이었던 이 '절도범'들은 이 정도의 애교스러운 탈선도 허용하지 않는 일본 사회에 깜짝 놀랐다. 종종 전쟁 전범으로 함께 싸잡혀서 비난을 받곤 하는 독일이지만, 자신들의 나라는 이렇게까지 인간 감정의 출구가 막혀 있지는 않았다. 더 놀란 것은, 그날 같이 있었던 일본 학생들도 M과 P가 왜 이런 짓을 했는지 이해하지 못하더라는 것이다. 그날은 곧 일본을 떠나는 그들과 일본 친구들이 함께 어울려 이별 파티를 벌인 날이었다. 모두들 기분 좋게 취해 있었다. 한국 친구들이라면 어땠을까. 너희들이 갖고 싶어 한 게 고작 술 종류와 가격이 적힌 선전용 깃발이었다냐며 한바탕 웃지 않았을까.

일본에 있는 동안 이들은 어디를 가나 외국인으로서 특별한 대우를 받았다. 그런데 이 '특별대우'가 오히려 불편했다. 그들은 술을 마시든 쇼핑을 하든, 자연스럽게 대우받기를 바랐던 것이다. 그런데 한국에 와 보니 공기가 달랐다. 한국인들은 자신들을 유별나게 대하지 않았다. 한국의 공기에는 자신들을 편하고 자연스럽게 행동하게 만드는 '어떤 것'이 있었다. 이게 바로 한국인들이 태도에서나 감정에서 품고 있는 '내추럴함naturalness'이라고 했다. 그 후, 나는 아시아에서 활동하는 어느 외교관으로부터도 똑같은 말을 들었다. 일본과 중국에서 활동한 적이 있는 그는 한국인에게는 분명히 일본인에게는 없는 '자연스러움'이 있다는 것이다.

100여 년 전, 스웨덴 기자 아손 그렙스트도 한국인의 '자연스러움'에 대해 인상적으로 적었다. 그렙스트는 러일전쟁을 취재하기 위해 일본에 머물고 있었다. 어느 날, 스웨덴 해군 장교로부터 한국은 "세계에서 가장 오래되고 근원적인 민족"이라는 말을 듣고, 한국에 가보고 싶은 강한 열망에 사로잡혔다. 그러나 일본은 외신 기자들이 전투가 벌어지는 현장인 한국으로 출국하는 것을 금지하고 있었다. 그는 입심 좋은 모험가였다. 합법적으로는 한국에 갈 수가 없으므로, 다양한 천 조각을 모아 런던에 주소를 둔 면직물 의류회사의 대표로 위장했다. 그는 무사히 일본군부의 심사를 통과했고, 나가사키를 출항하는 '니토마루호'에 승선할 수 있었다.

1904년 12월 24일, 그렙스트는 부산포에 첫 발을 내딛었다. 부둣가에는 모두 흰옷을 입고 이상한 머리 모양새를 한 억세게 생긴 한국 남자들이 쪼그리고 앉아 그를 바라보았다. 한국 남자들은 모두 길고 가는 파이프로 담배를 피우고 있었다. 자신을 올려다보는 표정은 무관심했지만 온화하고 좋은 인상이었다. 그렙스트는 그날의 첫인상을 다음과 같이 적었다.

전형적인 몽고 인상의 그들은 온화하고 무관심한 얼굴 표정을 하고 있었다. 피부색은 연노랑에서 검붉은 구리색까지 다양했다. 한마디로 말해서 그들은 사람 좋다는 인상을 주었고, 회색이나 파란 기모노 차림으로 영국식 여행 모자를 쓰고 그들 사이에 끼어 있는 일본인들보다 훨씬 더 호감을 주었다. 코레아인들은 일본인보다 머리통 하나가 더 있을 정도로 키가 컸다. 또한 신체가 잘 발달되었고 균형이 잡혀 있었다. 태도는 자연스럽고 여유가 있었다. 똑바로 치켜 올린 얼굴은 거침없이 당당했다. 걸음걸이는 힘차 보였으며 의식적으로 점잔을 빼는 것 같았다. 일반적으로 말해서 그들의 몸놀림은 일본인의 특징인 벌벌 기는 비굴함과 과장된 예의 차리기와는 상당히 거리가 멀었다.[8] (아손 그렙스트)

아손 그렙스트
(William A:son Grebst, 1875~1920, 스웨덴)

스웨덴 신문기자. 1904년 12월 24일 부산항에 도착하였으며 1905년 초까지 한국을
여행했다. 세계 곳곳을 돌아다닌 그는 타이완과 일본에 대한 풍물지를 쓰기도 했다.
본명은 윌리엄 안데르손 그렙스트William Andersson Grebst. 아손 그렙스트는 필명
이다. 그가 한국에 대해 쓴 『I Korea』(한국에서)는 『스웨덴 기자 아손 100년 전 한국을
걷다』로 번역되었다.

도쿄에 있다가 러일전쟁의 현장인 한국에 가고 싶다는 충동을 느낀 그렙스트. 그는
가방에 색색의 천 조각들을 넣고 '면직의류회사(Cotton Garment Company)'라는 위
조된 명함을 들고 한국 입국에 성공했으나, 1905년 1월 말 신분이 발각되어 일본에 의
해 강제 출국 당한다.

그가 『I Korea』를 발간한 것은 1912년. 한국을 떠난 지 7년만이었다. 그 사이 한국
은 일본의 식민지가 되었고, 그렙스트는 스웨덴에서 이러한 역사의 흐름을 목도하고
있었을 것이다. 한국에 어두운 운명이 드리워지고 있을 즈음 한국인과 교류했던 그는
강자 위주로 흘러가는 세상의 조류에 대해 탄식하고 있다.

구한말, 한국인의 지나친 호기심은 언제나 논란거리였다. 한국 사람들의 호기심은 종종 '버릇없는 것'으로 표현될 때가 많았다. 특히 여성 신분으로 한국을 여행했던 비숍은 괴로움을 많이 당했던 모양이다. 한국의 여인네들과 아이들은 그녀의 머리카락을 뽑기도 하고, "팔을 꼬집어서 내가 그들과 정말 똑같은 살갗을 가지고 있는지, 똑같은 피가 흐르는지를 알려고 했다."[9] 반면에 일본인들은 여성이든 남성이든, 하류층이든 상류층이든, 한결같이 예의가 발랐다고 비숍은 보았다.

그러나 흥미롭게도 그렙스트의 눈에 일본인들의 태도는 비굴할 정도로 과장되어 보였고, 한국인들의 태도는 '자유롭고 품위 있는 것'으로 비쳤다. 이 자연스럽고 여유 있는 태도 때문에 한국인들이 실제보다 더 커 보이는 것 같기도 했다. 그렙스트도 한국인들이 등불을 바짝 들이대고 자신의 얼굴을 뚫어지게 들여다보는 일을 종종 당했다. 그러나 호기심이 많은 것은 건방진 것과 달랐다. 자신을 바라보는 한국인의 얼굴에는 호기심과 두려움이 반반 섞여 있었다.

비숍에게는 한국의 상류층도 무례했다. 그런데 당시 대부분의 외국인들은 한국의 상류층을 '예의 바르고 교양 있게' 보았다. 예의와 체면을 중시하는 한국의 상류층들은 남자 외국인에게는 공손했으나 여자 외국인에게는 무례했던 것일까? 비숍이 만난 한국의 상류층들은 가부장적인 남성들이었을 것이다. 한국의 양반들이 여성을 하대했던 신분이라는 걸 상상해 본다면, 그들이 비

• 개항 초기 이방인을 바라보는 호기심 넘치는 한국인들

숍을 대할 때, '백인'이라는 신분보다 '여성'이라는 신분이 더 강하
게 작용했을 것이다. 한국의 양반들은 한국 여인이든 영국 여인이
든, 여성을 부드럽고 공손하게 대우하는 사람들은 아니었던 것이
다.[10]

　　1886년부터 1908년까지 한국에 머물렀기에 누구보다도 한국
인을 잘 알고 있었던 호머 헐버트가 다음과 같이 말한 것은, 한국
인의 자연스러운 기질을 또 다른 방식으로 말하고 있는 것 같다.
앞에서 일본의 '격식'을 불편해 했던 외국인 친구처럼 헐버트도 한
국인의 자연스러움으로 인해, 서양인들은 한국 사람들에게 이질
성을 느끼지 않고 친해질 수 있었다고 말하고 있다.

첫째로, 극동의 여러 민족들과 접촉해 본 사람들의 경험에 의하면, 한국 사람을 이해하거나 그들과 친숙해지는 것이 일본인이나 중국인을 이해하는 것보다 더 용이하다고 한다. 한국인은 우리 서양인과 매우 비슷하다. 따라서 서양인들은 매우 쉽사리 이질성을 느끼지 않게 되며…… 왜냐하면 긴밀한 지적 도덕적 정신적 동류의식이 없다면 그렇게 될 수가 없는 것이기 때문이다.[11] (호머 헐버트)

1866년과 1868년, 세 차례 한국을 방문한 적이 있는 에른스트 오페르트는 한국인이 예법은 떨어지지만, 다른 미덕으로 그것을 만회한다는 좀 더 냉정한 평가를 내리고 있다.

절도 있고 민활한 걸음걸이를 보면 한국 사람들은 중국인들처럼 동작이 유연하고 활달해 보이며 일본인들에 비해 체구가 크고 건장하다. 그들은 또한 일본인들에 비해 활기가 넘치며 도전적인 태도를 보인다. 그들은 신체적, 정신적으로 일본인에 비해 우월하지만 예법이 결여되어 있기 때문에 문화적인 관습 면에서는 중국과 일본의 하층 계급에 비해서도 품행이 떨어진다. …… 그러나 이와 같은 결함에도 불구하고 조선 사람들의 우수한 자질과 온화한 인상을 감안한다면 내 소견으로는 만약 양국의 국민성을 비교할 경우에 결국 한국 사람들의 손을 들어줘야 마땅하다.[12] (오페르트)

예의바름과 자연스러움. 어느 것이 더 나은 덕목인지 가리는

A Forbidden Land
Ernst Oppert

에른스트 오페르트
(Ernst J. Oppert, 1832~1903, 독일)

유태계 독일 상인. 여행가. 1851년 중국에 입국하여 무역업에 성공하면서 한국에도 관심을 갖기 시작했다. 1866년 2월과 6월, 한국을 찾아와 입국과 통상교섭을 벌였으나 당시 철저한 쇄국정책으로 어려움을 겪었다. 이때 흑산도와 아산만 일대, 덕적도와 강화도를 탐사하고 돌아갔다. 1868년 4월, 다시 한국을 방문하여 대원군의 아버지인 남연군의 묘를 발굴하다가 실패하고 돌아갔다.

'도굴범'이라는 오명과는 달리, 오페르트는 한국의 역사·제도·풍습에 대한 깊은 이해를 갖고 있었다. 그의 눈에 비친 한국인은 야만인이 아니라 근면한 기질과 풍부한 유산, 위대한 문자 문화를 가진 민족이었다. 중국과 한국, 일본에 대해서도 해박한 인류학적 지식으로 비교분석하는 안목이 있었다. 그의 저서 『A Forbidden Land: Voyages to the Corea』(1880)는 『금단의 나라 조선』으로 번역되었다. 이 외에도 『동아시아 견문기: 인도 중국 일본 한국의 모습과 회상』(1898)과 『한 일본인의 추억』(1898)을 남겼다.

것은 어리석을 것이다. 이 둘은 상충하는 게 아니고 둘 다 가질 수 있는 덕목이며, 간혹 더 선호하는 취향은 있을 수 있다. 분명한 것은, 100년 전이나 지금이나 한국인들은 격식을 차리는 것보다 자연스럽게 행동하고 솔직하게 감정을 표현하기를 더 좋아하는 사람들임에는 틀림없다. 한국인의 '자연스러움'은 외국에 살고 있는 교포들도 종종 듣는 말이라고 한다. 미국에 30년 넘게 살고 있으면서 한국인의 기질에 대해 꽤 많은 연구를 한 어느 교포는 한국인들과 사귀는 미국인들에게, 한국인의 어디가 좋으냐고 물어보면 여러 가지 이유 중에 꼭 "Koreans are natural"이라는 대답이 돌아온다고 한다.

우리는 자연스러움이 몸에 밀착되어 있는지, 이 기질이 좋은지 나쁜지조차 판단하지 않는다. 그러나 지금 이 말이 매력적으로 들린다면 당신은 '자연스러움'을 좋아하는 사람일 것이다.

자유분방하고 쾌활하고 호탕한 한국인

한국인은 쾌활한가?

한 나라에는 다양한 사람들이 살고 있을 테지만, 일본에서 술집 깃발을 훔쳐 조서를 꾸민 외국인 친구들은 한국인이 전반적으로 '쾌활하다'고 말한다. 쾌활함은 자연스러움과 상당히 가까운 기질이다. 우리는 식민시대를 거쳤기 때문에 과거의 한국인은 대체로 어둡고 우울하다는 인상을 지배적으로 갖고 있다. 구한말, 한국을 여행한 여행자들 중에는 한국인들이 몇백 년 간 관료제에

찌들어 있어 무기력하고 의기소침하다고 본 사람들이 꽤 있었다. 그런데 이들은 '진짜 한국인'을 만나보지 못했다.

고종의 궁정 고문관으로 5년 넘게 한국에 머문 미국 외교관, 윌리엄 샌즈는 결코 한국인을 어둡게 보지 않았다. 그는 한국의 토속 문화에 빠져 공무가 없을 때면 서민들의 연극을 관람하러 시골로 내려가곤 했다. 다음 글을 보면 샌즈가 얼마나 한국인들의 유쾌한 기질을 좋아했는지 엿볼 수 있다.

> 그리피스W.E Griffis와 로웰P.Lowell이 한국에 이와 같은 연극은 이 세상 어디에도 없다고 단언한 사실을 나는 항상 놀랍게 생각하고 있었다. …… 그날 밤 그 연극은 아주 재미있었고, 너무 좋아 나는 이 연극을 영구적인 행사로 만들어 토착 드라마로 자연스럽게 발전시키기 위해 그들을 서울로 데리고 와서 극장에서 상연했다. …… 이들 중 더러는 음담패설로 하층민의 즐거움을 위한 것들이 있었지만 한국에서는 언제나 양반 앞에서 정도가 지나치게 되는 것을 거의 허락하지 않았다. 연기하는 이들은 양반들이 불쾌한 표정을 짓는가를 조심스럽게 살폈다. 그들은 표현할 수 있는 데까지 나아가다가 양반의 표정이 조금이라도 바뀌면 장면을 다른 것으로 바꾸었다. …… 한국의 이야기들은 항상 정의의 승리로 결론이 나는데 그것은 덕이 항상 보상을 받기 때문이다.[13] (윌리엄 샌즈)

한국인의 쾌활함의 정수는 바로 서민들이 꾸미는 공연 문화에 있었다. 이들은 아슬아슬하게 양반들을 웃기고 긴장시키며 풍자했다. 배우와 관중들이 서로 역할을 넘나들며 해학과 익살로 공연을 완성시킨 것이다. 그런데 한국의 전통적인 공연은 식민지 시대, 일본의 경직되고 위압적인 신파조의 연극에 밀려 명맥을 이어오지 못했다. 식민시대가 없었더라면 우리의 공연예술은 어떻게 변했을까?

오늘날 한국에서 20년 넘게 클래식, 오페라, 뮤지컬 등의 공연을 기획·제작해온 정명근 씨(CMI의 대표이자 '정트리오'의 맏형)는 어느 날 나와의 인터뷰에서 한국 사람들이 공연 문화에 특출한 재능이 있다고 말한 적이 있었다.

"우리나라 공연 문화의 역사는 짧지만 배우들의 수준은 세계 수준 급이에요. 외국 연출팀이 확실히 인정할 정도죠. 우리나라 사람들이 음악적인 재능은 특출해요. 과거에는 경제적인 사정이 여의치 않아 힘들었다지만 이제는 달라졌어요. 배우들의 신체적인 조건도 기적같이 좋아졌고. 우리나라 전망은 정말 밝아요. 동양에서 한국이 예술의 중심이 될 게 확실해요."

"(너무 지나친 한국 중심주의적인 발언이 아닐까 싶어) 그래요?"

"네. 공연예술 쪽은 확실해요. 다른 나라들보다 특별한 재능이 있는 게 사실이에요."

"그게 보이세요? (쉽게 물러서는 기색이 없는 그에게 다시 한 번)"

"그럼요. 확실해요. 역사적으로 타이밍이 맞아서 이제부터 나타나기 시작한 거죠, 뭐 과학적인 근거는 하나도 없는 소리지만. (웃음)"

한국인들의 유쾌한 기질은 역사가 오래된 듯하다. 17세기 유명한 지리학자 장 바티스트 뒤알드는 한국인에게는 춤과 노래에 뛰어난 자질이 있고 순하고 쾌활하다는 기록을 남긴 적이 있다. 뒤알드는 중국의 자료에 의존해 다음과 같이 말했는데, 비록 그는 한국에 와본 적은 없었으나, 최소한 중국인들이 한국인들을 어떻게 봤는지 짐작해 볼 수 있다.

그들은 대체로 매우 합리적이며 쾌활하고 유순한 기질을 가지고 있다. 그들은 중국어를 잘 이해하며 즐겁게 배운다. 가무의 자질 또한 천부적이다. 남쪽 지방보다는 북쪽 지방에서 뛰어난 사람들이 많이 태어난다. 북쪽 지방의 사람들은 대체로 호전적이며 우수한 병사들이 된다.[14] (장 바티스트 뒤알드)

나는 '진짜 한국인'을 만나고 싶다

19세기 후반, 한국이 문호를 개방하자 한반도로 쏟아져 들어온 서구의 여행자들은 일종의 '여행 가이드북'으로 헨드릭 하멜과 샤를르 달레, 윌리엄 그리피스의 책을 즐겨 읽었다. 그 중에서도 가장 많이 읽힌 책은 13년 간 한국에 억류되어 있다가 탈출한 헨드릭 하멜이 쓴 『하멜 표류기』(1668)[15]였다. 왜 서구인들이 당시 200년도 더 지난 이 책을 좋아했을까? 그 이유는 간단했다. 이 책은 유럽에서 한국을 이야기하는 '최초의 단행본'이었고, 이 책을 쓴 하멜은 '직접 한국에 살아본 적'이 있기 때문이었다.

1653년 8월, 인도네시아 자카르타를 떠나 일본의 나가사키로 향하던 네델란드 동인도회사 소속의 '스페르웨르Sperwer호'가 제주도에 남파되었다. 배에 타고 있던 64명의 선원 중에 36명이 한국 땅에 표류하게 되었다. 이들은 한국의 왕(효종)이 있는 서울로 끌려가, "외국인을 국외로 내보내는 것은 이 나라 관습이 아니므로 여기서 죽을 때까지 살아야 한다"는 말을 듣고 전라도 지역에 유배되어 살게 된다. 그러나 13년 후, 하멜과 7명의 선원들은 한국을 탈출해 일본을 경유하여 고국으로 돌아간다. 1668년에 하멜은 네덜란드에서 『하멜 표류기』를 썼는데, 이 책이 유럽에 한국을 소개한 최초의 단행본이 된 것이다.

하멜이 이 책을 쓴 목적은 한국에 억류되어 있던 13년 간의 일지를 적어 그 동안 받지 못한 봉급을 동인도회사에게 청구하기 위해서였다. 13년 간 탈출 기회만을 노리고 있던 하멜이 자신을 가둔 나라에 대해 객관적이고 충실한 재현을 했으리라고 기대할 수는 없다. 이 책은 두 부분으로 나누어져 있는데, 앞에는 13년 간의 생활을 연도별로 기술하고, 뒤에는 '한국에 관한 기술'을 붙여 주로 한국인들의 생활상을 기술하고 있다. 13년 간을 일기 형식으로 기록한 전반부에는 제주도에 표류되어 서울로 호송되기까지 1653~1654년과, 한국인 친구를 꼬드겨 구입한 배로 (섬에서 솜을 사오면 이익을 몇 배 되갚아주겠다고) 탈출에 성공하기 직전의 1666

년이 꼼꼼하게 묘사되어 있지만, 나머지 10여년 간은 몇 단락의 묘사로 그치고 있다.

17세기 중반 불시에 한국에 표류하게 되어 벽안의 눈으로 한국을 기술한 점에서는 흥미로운 요소가 많다. 그러나 뒤에 덧붙인 '한국에 관한 기술'을 보면, 한국 사람들의 생활상에 대해서 가끔은 꼼꼼하게, 또 가끔은 성의 없는 태도로, 혹은 피로하고 억울한 기분으로 쓰고 있다는 인상을 지울 수가 없다.

하멜은 한국인이 "물건을 훔치고 거짓말하고 속이는 경향"이 농후해서 "지나치게 믿어서는 안 된다"고 했다가, "기독교도인 우리 유럽인이 부끄러울 정도로 선한 사람들"이라고 썼다. 한국인은 "남에게 해를 끼치고도 부끄럽게 생각하지 않고 오히려 영웅적인 행위"를 한 양 우쭐댄다고 했다가, "성품이 착하고 매우 잘 곧이듣는 사람들"이어서 원하는 대로 속여먹을 수 있다고 쓰기도 했다. 한국 사람들은 연장자를 공경하고, "아이들은 밤낮으로 독서를 하며, 어린애들이 책을 이해하고 해석하는 것을 보면 정말 경탄할만하다"고 쓰는가 하면, 양반이나 중들은 절에서 유흥을 즐기는 무리들로, 한국의 사찰은 '매춘굴'내지 '술집'과 같다고 쓰기도 했다.

한 나라에는 다양한 사람이 살고 있을 테니 하멜이 비록 모순되는 묘사를 했다고 해도 어쨌든 이 책은 하멜의 체험으로부터 나온 진귀한 책이다.

달레 신부와 그리피스는 한국에 살아보지도 않고 책을 썼다. 프랑스인 달레 신부가 쓴 『한국교회사서론』(1874)은 한국에서 비밀리에 선교활동을 하던 다블뤼 신부가 보내준 자료들을 모아 엮은 책이었다.[16] 『은자의 나라 한국』(1882)[17]을 쓴 그리피스는 1870~1874년 일본의 동경 대학에서 자연과학을 강의하고 있었는데, 일본에 관한 저서를 집필하던 중 일본을 알려면 한국을 먼저 알아야 한다는 사실을 깨닫고 한국사를 연구하기 시작했다. 대부분 달레 신부의 책이나, 서구나 일본, 중국에서 입수한 자료들을 모아 책을 썼다.

흥미로운 사실은, 한국을 찾은 서구인들은 거의 모두 이 세 책들의 '결점'을 알고 있었다는 것이다. 하멜의 결점은 한국에 직접 살았지만 그때는 200년도 더 지난 '옛날'이었고, 달레 신부와 그리피스의 결점은 한국에 와보지도 않고 책을 썼다는 것이다. 이 결함 때문에 이 책을 대하는 서구인들의 태도는 묘했는데, 때로는 책의 내용을 신뢰하기도 하고 때로는 의심하기도 했다. 그러나 그보다 더 분명한 것은, 이제 자신들이 한국이라는 생생한 공간으로 들어가니 이 책들의 결점을 극복하고 제대로 된 '한국서'를 쓸 수 있을 거라는 기대감을 품었다는 것이다.

독일 기자 겐테는 위의 세 사람의 권위로부터 가장 자유로운 사람이었을 것이다. 그는 한국에 관해 여러 권의 책을 읽었지만, 자신의 눈으로 똑똑히 봐야 한국인을 판단할 수 있다고 믿었다.

1901년 6월, 겐테가 제물포 부둣가에 내리자, 한국인 하역부들은 그의 짐을 사방팔방으로 집어 내던지며 혼을 쏙 빼놓았다.

윌리엄 그리피스
(William Elliot Griffis, 1843~1928, 미국)

화학자, 동양학자. 일본 메이지유신 직후에 일본에 초빙되어 1870~1874년 동경 대학에서 자연과학을 강의했다. 일본의 문화와 역사를 공부하면서 한국의 역사에도 관심을 가졌다. 1874년 미국 귀국 후, 신학과 문학 박사 학위를 받았다. 『은자의 나라 한국』(Corea, the hermit nation)이 발표된 것은 1882년. 이 책은 한국에 대한 방대한 정보를 담고 있어서 한국근현대사 연구의 중요한 사료로 회자되나 주로 다른 나라의 사료를 바탕으로 썼다.

그리피스는 두 차례 한국을 다녀간 적이 있으나 1차 방한이 언제인지 알려져 있지 않고 2차 방한은 1926~1927년 사이이다. 『은자의 나라 한국』을 쓴 시기가 1877~1880년이므로, 한국을 직접 체험하고 썼다고 볼 수 없다. 작가 자신도 한국에 와보고 나서 책을 썼다는 말을 남기지 않았다. 머리말 뒤에 붙인 수십 종의 참고 문헌들은 이 '결점'을 감추기라도 하듯 몇 페이지에 걸쳐서 방대하게 나열되어 있다. 학자로서의 수집력은 대단했으나 자료를 취합한 백과사전식 서술에 불과했고, 책 이디에도 '작가'가 살아있는 듯한 숨결은 느낄 수 없다. 『일본제국』(1876), 『페리 제독 평전』(1887), 『일본의 종교』(1895), 『일본 천황의 제도와 인물』(1915) 등의 저술이 있다.

한국에 막 도착한 이방인을 힘으로 제압하려는 듯 보였다. 그러나 겐테는 가만히 이들을 지켜보기만 했다. 짐을 구하는 것보다 이 '순수한 한국인'을 관찰하는 것이 더 중요하다고 생각했던 것이다. 이들은 다른 나라에서 만났던 한국의 점잖은 외교사절들과 달랐다. 외국물을 먹은 외교사절들은 '진정한 한국인'이라고 볼 수 없었다. 비록 선원이나 하층민이어도 지금 짐을 내던지며 소리를 치는 이들이야말로 '진짜 한국인'이라고 할 수 있었다.

겐테만큼 '진정한 한국인'을 만나고 싶은 열망이 강한 여행가도 없었을 것이다. 그는 인천-당고개-금강산-서울-제주도-목포 등 한반도를 종횡무진 여행한 후, 다음과 같이 썼다.

한국인은 원래 매우 선량하고 관대하며 손님을 후대하는 민족이다. 그들은 선천적으로 활발하게 큰소리치며 싸우는 호전적인 성격이라기보다는 오히려 자유분방하고 쾌활한 성격이며 때로는 술기운에 흥에 겨워 호탕하게 즐기는 편이다.[18] (겐테)

당시 서구 여행자들은 한국을 조금만 여행해 보아도 한국인들이 '착하고 순진하다'는 것을 금방 알아차렸다. 그러나 한국인의 '낙천성'을 알아차리기는 쉽지 않았다. 여행자들에겐 경험 이전에 이미 자신들이 책을 통해 얻은 사전 정보들이 주로 보이는 법이다. 구한말 한국을 말하는 역사서들은 주로 '게으르고 무기력하고 미개한'과 같은 부정적인 표상으로 한국을 묘사했다. 이것

지그프리트 겐테
(Siegfried Genthe, 1870~1904, 독일)

한국을 방문한 최초의 독일 기자. 한국을 방문하기 전 1900년 가을부터 중국에 파견되어 북청사변의 현장을 취재했다. 1901년 6월, 제물포로 들어와 11월 초까지 서울, 강원도 당고개 금광, 금강산을 횡단한 후, 제주도 한라산 정상까지 등반했다. 마르부르크 대학 지리학 박사이기도 한 그는 자연 탐험을 즐기는 모험가였다. 외국인 최초로 한라산의 고도를 측정하기도 했다.

한국을 다녀간 후 모로코 특파원으로 파견되었고, 1903년 3월 그곳에서 실종되었다. 그로부터 1년 후 그의 시신은 실종 장소에서 멀지 않은 페스 강변에서 발견되었다. 이 여행기는 1901년 10월부터 1902년 11월까지 '쾰른 신문'에 연재되었으며, 그의 사후에 절친한 친구이자 동료 기자였던 베게너에 의해 『Korea-Reiseschilderungen』(1905)으로 출간되었다. 한국어로는 『신선한 나라 조선 1901』으로 번역되었다.

겐테는 '진정한 한국인'을 만나고 싶은 열망이 강한 여행자였다. 그는 한국을 제대로 체험하지 않은 여행자들이 본국에 돌아가 책을 쓸 때, 이미 존재하던 여행기에 비슷한 내용을 덧씌우는 과정을 통해 한국에 대한 그릇된 이미지가 고정되는 현실을 알고 있었다. 겐테는 문화상대주의로 무장되어 있었기 때문에 한국에 대한 부정적 표현들에 민감했고, 그 어떤 여행자보다도 한국 사회와 문화를 바라보는 관점이 객관적이었다.

과 정반대인 '자연스럽고 쾌활하며 호탕한'과 같은 표상은 별로 없었다. 게다가 낙천성은 특권층보다는 서민층에게 더 많이 발견되는 기질이었다. 서민들을 만나기 위해서는 이들의 삶속으로 들어가야 했다. '진짜 한국인'을 만나고 싶었던 겐테는 서민들 속으로 들어가 그들과 활발하게 교류했던 것 같다.

'종로의 화가' 랜도어도 한국인들의 유쾌함을 엿본 사람이다. 그는 체신머리를 중시하는 양반들보다 평민들에게서 이 기질을 더 많이 보았다.

> 양반들은 대부분 웃음소리를 크게 내지 않았다. 그들은 어떤 말이 기쁠지라도 요란스럽게 표현하는 것은 체신을 잃는 것으로 여긴다. 그러나 평민들은 왁자하게 웃고 즐기는 것이 일반적인 현상이다. 한국 사람들은 세계 어느 민족보다도 더 풍자를 즐겼으며 그러한 해학이 그들을 즐겁게 만들었다.[19] (랜도어)

1세기 전 한국은 양반들의 체면과 점잖음, 그리고 서민들의 자유분방함과 쾌활함, 때로는 수다스러움과 흥분, 호탕함이 어우러진 사회였다. 당시 육영공원에서 학생들을 가르치며 7년 간 한국에 있었던 조지 길모어는 이러한 혼재된 분위기를 다음과 같이 묘사했다.

앞 장에서는 조선 사람들의 두드러진 특징으로서 근엄성을 지니

고 있는 반면, 즐거움을 누리는 것도 싫어하지는 않는다는 걸 나타
내 주는 사항들을 충분히 설명했다. 그들은 정신면에서 일본인들처
럼 경박하지는 않지만 그렇다고 해서 중국인들처럼 둔감하지도 않
다.[20] (조지 길모어)

일을 빠르게 배우는 비범한 한국인

　1876년, 한국의 개항과 함께 한국에 들어온 이방인들의 눈에
한국인들은 지독한 나태함에 빠져 있었다. 한국인들은 자신들이
나태하다는 사실을 싫어하지도 않고 스스로 만족해하는 것 같
았다. 오늘날 우리는 어느 정도 문화상대주의에 익숙해서 남미나
아프리카 부족들을 볼 때 현대문명의 세례를 받지 않았다고 해서
그들이 나태하고 정신적으로 지체되어 있다고 판단하지 않는다.
그러나 당시 서구는 '문명과 야만'이라는 이분법적 잣대로 한국인
들은 치료불능의 게으름에 빠져 있고 이는 구제불능의 수준이라
고 함부로 평가했다.
　영국의 정치 관료 조지 커즌이 대표적이다. 커즌은 옥스퍼드
대학을 졸업하고, 1885년 26세의 젊은 나이에 영국의 하원의원으
로 정치계에 입문했다. 한국을 찾았을 때는 인도성 차관의 신분
이었고, 6년 후에는 인도 총독이 된다. 그는 1886년과 1892년 두
차례 일본을 방문했기 때문에 어느 정도 일본을 알고 있었다. 그
는 종종 한국인과 일본인을 비교해서 일본인들은 재빠르고 활동
적인 반면 한국인은 극도로 게으르고 무기력하다고 묘사했다.

사실을 비교하면, 한국남자들은 일본남자들에 비해 키가 크고 건장하며 잘생긴 반면 나태하고, 일본 남자들은 작고 못생겼지만 재빠르고 불굴의 의지를 가졌다.[21] (커즌)

하급 노동자들은 하루 일하면 다음 이틀은 빈둥거리고 놀면서 노임을 다 써 버린다. 마부도 마찬가지여서 아무 때나 자신의 끼니를 찾아 먹고 말에게 여물을 먹이며 아무 생각 없이 그때그때를 넘긴다. 세상의 어떤 다급한 상황도 이런 자기만족적인 나태함에서 그들을 구출하지 못할 것이다.[22] (커즌)

일본은 개혁을 순조롭게 진행시키고 무서운 속도로 근대화를 이루고 있었던 반면 한국은 열강의 경종에 의해 잠에서 깨어났으나, 오랜 휴면休眠으로 인해 아직 정신을 차리지 못하고 있다고 본 것이다. 그래서 한국인들은 "일본 봉건제의 남성적인 기개가 부족"하고 무기력하며 고집불통일 뿐더러 유약하고, 구태의연하고 '불감증'과 '자기만족적인 나태한' 민족으로 묘사되어 있다.

1904년, 위조된 명함을 들고 한국을 찾은 그렙스트도 예전에 한국인들은 일하기 싫어한다는 말을 들은 적이 있었다. 실제로 와보니 한국인은 게을러 보였다. 그는 왜 한국인들이 노동을 싫어하는지, 한국의 예禮의 개념과 낙천적인 기질에 대해 설명하려고 했다. 말하자면 한국인에게는 예라는 덕목이 있는데, 예란 양반이나 선비가 가장 중시하는 덕목이다. 예는 노동으로 보일 수 있는

조지 커즌
(George Nathaniel Curzon, 1859~1925, 영국)

인도 총독(1898~1905)과 영국 외무장관(1919~24)을 지냈으며, 재임시 영국의 정책 결정에 중요한 역할을 했다. 1892년 한국에 와서 고종을 알현했으며, 한국에 대한 그의 시각은 『Problems of the Far East. Japan-Korea-China』(1894)에 잘 드러나 있다. 『100년 전의 여행, 100년 후의 교훈』으로 번역되었다.

옥스퍼드대학을 졸업한 커즌은 1885년, 26세라는 젊은 나이에 영국의 하원의원으로 정치계에 입문했다. 한국을 찾았을 때는 인도성 차관 신분이었다. 여행을 얼마나 좋아했던지, 커즌의 전기 작가는 그를 "황야의 탐험가"이자 "문명에 대한 인상적인 연구가"라고 묘사할 정도였다. 그는 두 차례 아시아를 여행했다. 첫 번째(1887-1888)는 중앙아시아, 러시아, 페르시아, 일본 등을 여행했고, 여행 후『페르시아의 제 문제』등 서아시아에 관한 저서를 남겼다. 한국을 방문한 것은 두 번째 아시아 여행길(1892-1893)로 일본과 한국, 중국, 인도차이나를 여행했다. "우유를 짜는 처녀"같은 매끄럽고 뽀얀 피부를 가졌다는 커즌은 미모의 미국인 재산가 메리 라이터와의 결혼도 미룬 채, 두 번째 동양 여행을 단행했다.

그가 남긴『Problems of the Far East. Japan-Korea-China』(1894)는 일본과 한국, 중국을 다루고 있지만 세 나라 중에 한국에 가장 많은 분량을 할애하고 있다. 당시 한국은 세계에서 '티베트 다음으로 알려져 있지 않은 나라'였고, 한국에 대해 참조할 문헌이 거의 없기 때문에, 커즌은 신경지를 개척한다는 기분으로 썼다고 했다. 영국이 세계에서 가장 넓은 식민지를 차지하고 있던 제국주의 최절정의 시기에 자신의 일생을 거의 영국을 위해 바친 그의 경력을 보면, 그의 정체성이 얼마나 자신의 국가 정체성과 일체감을 이루었을지 쉽게 짐작할 수 있다.

모든 것을 멀리하는 것이다. 자기 손으로 옷을 입거나, 담뱃불을 스스로 붙이거나, 말안장에 제 힘으로 오르거나 하는 것들이 모두 예에 어긋나는 행동이다. 사사로운 장사 일에 관여하는 것도 예에 어긋난다. 따라서 양반 계층은 장사를 하지 않는다. 한국인들은 세상에서 가장 낙천적인 민족인데, 이 낙천적인 기질이 노동을 경시하는 풍조와 맞아떨어져서 산업이 거의 발전되지 않았다. 한국인들은 생활에 필요한 물품 외에는 생산하지 않았으며, 그나마 써야 하는 생필품마저도 마지못해 생산하는 형편이었다.

이런 분석을 갖고 있었던 그렙스트에게 한국인에 대한 인식을 바꾸는 계기가 찾아온다. 어느 날 서울의 전차를 운영하는 한미합작회사를 방문했는데, 그곳에서 한국인들과 같이 일해 본 미국인으로부터 그는 지금까지 알고 있는 것과 정반대의 말을 들었다. '한국인은 전혀 게으르지 않다'는 것이다.

북쪽과 남쪽, 동쪽과 서쪽을 잇는 대로를 따라 한미합작회사가 길이 14.4킬로미터 정도 되는 전차선을 놓았다. 고용인 전부가 코레아인이었는데, 미국 측의 담당 간부들은 2년 동안의 전차선 운영 기간을 통해 코레아인이 일본인보다 일을 더 빨리 습득하고 믿을 수 있다는 것을 경험했다고 한다.[23] (아손 그렙스트)

또 다른 날, 그렙스트는 월간지 『더코리언리뷰The Korean Review』를 발행하는 선교 학당을 방문했는데, 그곳의 책임자인 프

• 20세기 초. 전차가 오가는 서울 거리.

랑스인 피에르도 한국인들은 게으르지 않고 오히려 명석한 데가 있다고 말했다. "(한국인들은) 두뇌가 명석한 민족이고, 이들이 빠져든 무기력 상태에서 깨어날 수만 있다면 원래 타고난 탐구심에 다시 불이 붙을 수 있을 겁니다."[24]

한국 사람들에 대한 편견, 즉 게으르고 정체되어 있다는 견해를 바꾼 것은 비숍도 마찬가지다. 비숍은 연해주로 이주한 한국인들을 만나보고 나서 다음과 같이 적었다.

한국에 있을 때 나는 한국인들을 세계에서 제일 열등한 민족이 아닌가 의심한 적이 있고 그들의 상황을 가망 없는 것으로 여겼다. 그러나 이곳 프리모르스크(연해주)에서 내 견해를 수정할 상당한 이유를 발견하게 되었다. 이곳에서 한국인들은 번창하는 부농이 되었고 근면하고 훌륭한 행실을 보이고 우수한 성품을 가진 사람들로 변해 갔다. 이들 역시 한국에 있었으면 똑같이 근면하지 않고 절약하지 않았을 것이라는 점을 명심해야만 했다. 이들은 대부분 기근으로부터 도망쳐 나온 배고픈 난민들에 불과했다. 이들의 번영과 보편적인 행동은 한국에 남아있는 민중들이 정직한 정부 밑에서 그들의 생계를 보호받을 수만 있다면 천천히 진정한 의미의 '시민' 으로 발전할 수 있을 것이라는 믿음을 나에게 주었다.[25] (비숍)

그런데 애초부터 한국에 오래 살아본 사람들은 한국인이 정신적으로 지체되어 있다는 말은 아예 하지 않았다. 육영공원에서 한국 학생들을 가르쳐본 길모어는 한국인들의 지적 능력이 우수하다고 말하는 데 주저함이 없었다.

조선 사람들의 지적 능력은 우수하다. 그러나 우리는 단순히 기억력만을 기르는 학습을 경계하지 않으면 안 된다는 사실을 깨달았다. 그런 식의 학습은 단지 문장에 의존해서 차후에 사용 가능하도록 하는 저장 작업에 불과하다. 그럼에도 불구하고 우리는 그들이 훌륭한 논리학자이고 총명한 수학자이며 재능에 따라서는 전도가 유망한 철학자임을 알았다.[26] (길모어)

1904년 한국에 건너와 개성여학교(현 호수돈여고) 교장을 지냈던

조지 길모어
(George W. Gilmore 1857~?, 미국)

1883년 프린스턴 대학을 졸업하고 뉴욕 유니언 신학교에서 신학을 공부했다. 1886
년 7월, 헐버트, 벙커와 함께 한국에 와서 한국 근대 최초의 관립학교인 육영공원 교사
로 부임했고, 1894년 육영공원이 폐지되자 귀국했다. 오랫동안 한국에 체류했으므로
한국인의 기질과 풍습에 대한 이해가 깊었다. 그가 쓴 『Korea from its Capital』(1892)
는 『서울풍물지』로 번역되었다.

엘라수 와그너
(Ellasue Wagner, 1881~1957, 미국)

여성 선교사이자 교육자. 1904년 선교사로 내한하여, 여학생 12명으로 개성학교를
설립했다. 개성학교는 1922년 호수돈여고로 승격했고 와그너는 이 학교 교장으로 재
직했다. 1940년 일본에 의해 강제 출국 당했다. 그녀가 쓴 『Children of Korea』(1911)
은 『한국의 아동 생활』로 번역되었다.

미국인 선교사이자 교육가인 엘라수 와그너도 한국인들이 지적
인 훈련을 좋아하고 수학에 재능이 있다고 관찰한 적이 있다.

한국인들의 마음은 본래 밝고 민감하여 정신 훈련을 좋아한다. 기
회가 주어졌을 때 한국인들은 일반적으로 뛰어난 학생들이 된다. 그
들은 수학을 좋아하며, 이 분야에 탁월한 재능이 있다. …… 일본인
들은 천부적으로 총명하고 지능이 높기 때문에 어디에서나 주목을
받는데, 동일한 기회와 동기가 주어지면 한국의 젊은이들이 모든 면
에서 일본인과 동등할 것이라는 점은 의심할 나위도 없다.[28] (와그너)

한국인들이 지적 훈련을 게을리 하지 않는다는 것은 이미 17
세기 중엽 하멜도 알아챈 바 있다. 그 시대에도 한국 아이들은 밤
이고 낮이고 책상머리에 앉아 책을 읽었다. 아이들이 책을 이해하
고 해석하는 것에 얼마나 뛰어났던지 하멜은 이 모습이 경탄스럽
다고 했다. 1866년 병인양요에 참전한 프랑스 해병도 강화도의
민가를 보고 나서, "가난한 집에도 책이 있다는 사실"이 얼마나
인상적이었던지 "선진국이라고 자부하고 있던 우리의 자존심마
저 겸연쩍게 만든다"고 고백한 적이 있다.[27]
우리는 어떤 사람을 잘 모르면 먼저 그 사람이 우둔하다고
생각하는 경향이 있다. 특히 가난하거나, 배우지 못했거나, 나이
가 어린 사람을 보면, 감정도 지각능력도 다 떨어질 거라고 생각
한다. 정말이지 이것은 엄청난 착각이 아닐 수 없다. 학식 있고 부

유한 사람들은 '결핍된 사람들' 앞에서 함부로 행동하다가 실수하기 십상이다. 상대가 감수성도 열정도 도덕성도 모두 둔해 보여 이들을 대하는 긴장감이 흐트러지기 때문이다. 예컨대 권력자가 민초들을 우습게 보는 것도 이런 이치다.

구한말 바로 서구가 한국을 이런 식으로 대했다. 이들은 서구 문명과 동떨어진 채 은둔해서 살고 있는 한반도에는 '미개한 종족'이 있을 거라고 믿었다. 이러한 통념에 젖어 있다가 실제로 한국 사람들을 만나보고 놀란 사람이 한둘이 아니었다. 누가 이들을 미개하다고 했는가? 이를 경험한 사람들은 깨달음의 순간을 솔직하게 털어 놓았다.

그러나 한국 사람들은 미개인들과는 전혀 다르다. 나는 그들의 기질에 관한 한 객관적인 시각에서 그것을 인정한다. 나는 비범한 지성으로 단기간에 지식을 습득하는 그들에게 늘 압도당했다. 그들은 외국어를 매우 쉽게 익혔다. 그들은 무척 투지 있고 열성적으로 공부거리를 습득했다. 또한 그들은 놀라운 정도의 신속한 이해력과 함께 뛰어나게 현명한 추론 능력을 타고났다. 그러나 외모 상으로는 그들의 진면목을 알 수 없다. 언뜻 봐서는 그들은 차라리 흐리멍덩하고 답답한 인상을 주었다. 한국 사람들은 훌륭한 기억력과 빼어난 예술적 소양을 가졌다.[29] (랜도어)

랜도어는 당시 서울에서 소문난 화가였기 때문에 지배계층에

• 17세기 중엽에도 한국 아이들은 밤낮으로 책을 읽었다고 하멜은 기록했다.

게도 인기 만점이었다. 그는 고종을 비롯하여 민영환, 민영준, 김가진 등 한국의 거물급 정치인들을 많이 그렸다. 보통 때는 종로거리에서 서민층들을 그렸으니 그는 한국의 거의 모든 계층을 두루 만나본 셈이다. 그가 본 한국인들은 일을 빨리 배우고 예리한 지각 능력을 갖고 있었다.

그들은 실제로 눈에 띄는 것보다 더 많은 것을 볼 수 있는 예리한 지각 능력을 소유하고 있다. 그들은 대화에서든 회화와 조각에서든 과장해서 표현한다. 그들의 대화나 그림을 통해서 꾸준하게 반복되어 온 일관된 사고방식을 발견할 수 있는데, 그것은 각기 다른 재능을 타고난 예술가들에 의해서 독특하게 표현되었다. 평범한 조선 사람들은 일을 빠르게 배웠다. 무엇을 배우든지 간에 그들은 머릿속에 깊이 새겨들었으며 어떤 것도 잊어버리지 않도록 애를 썼다.[30]
(랜도어)

여행자가 원래부터 갖고 있는 편견을 바꾸는 일이란 쉽지 않다. 스스로 경험해보지 않으면 편견을 바꾸는 게 거의 불가능하다. 앞에서 한국인들이 치료불능의 게으름에 빠져 있다고 본 영국의 정치인 커즌에게는 이러한 깨달음의 순간이 없었다. 피상적으로 한국을 돌아보았기 때문에 여행을 마친 후에도 한국에 대한 인식은 제자리 수준이었다. 한국인들이 '구제불능'이라고 한 커즌의 성급한 인식은 향후, 한국이 식민지로 전락하는 과정에 있어서 어느 정도 일조했을 것이다. 당시 세계의 패권자들은 약한 나라를 노리며 식민지화 할 수 있는 구실을 찾고 있었다. 그들은 '자연스럽고 쾌활하며 명석하고 호탕한 한국인'보다 '뼛속 깊이 나태하고 무기력하며 자기 통제가 없는 한국인'이라는 말을 더 듣고 싶었다. 더욱이 커즌은 세계의 패권을 쥐고 흔드는 영제국의 인도성 차관이었고 1898년에는 인도 총독을 지낸 거물급 정치인이었다. 그가 하는 말은 파급력이 컸다. 커즌의 말을 반박할 수 있는 글이 훨씬 더 많이 산출되었음에도 불구하고 한국에 관한 긍정적인 말들은 관심을 받지 못했다. 일반인들은 주류 담론을 흔들기에 역부족이고 권력가들의 '지배 음모'를 당해낼 재간이 없다.

힘 센 자들은 끼리끼리 모여 약한 자에 대해 이야기하고 영향력을 주고받는다. '권력과 지식'이 서로 상승 작용하고, 여기에 힘센 자의 '지배 음모'가 가세하면 약한 나라를 집어 삼키는 것은 시간문제다. 일본이 이 바톤을 이어받아 한국인은 몽둥이로 때려야 말을 듣는다는 둥, 한국인을 미개하다고 선전하여 식민지배의 구실로 삼고 이에 성공하지 않았던가.

100여 년 전, 한국인들은 게을렀을 수도 있다. 오랫동안 잠갔던 문을 열자마자 밀려드는 서구문명에 어떻게 대처해야 할지 몰랐던 것이다. 그러나 한국인들은 빠른 속도로 일을 배워나갔다. 현대의 한국인은 오히려 워커홀릭에 빠져 있어 우려될 정도다. 어떤 종족에게나 변하지 않는 '본질'이란 없다. 상황이 바뀌면 얼마든지 변할 수 있는 것이다.

2

정말 몰라?
한국인의 잠재력

얼마 전 'K-Pop Star'라는 오디션 프로그램을 보다가 깜짝 놀랐다. 그날은 몇 달에 걸쳐 경쟁한 후보자들 중 'Top10'을 뽑는 날이었다. 사실 실력들이 너무 쟁쟁해 열 명을 뽑는다는 것부터가 무리였다. 마지막 열 번째 후보가 호명되고 옆에 초조하게 서 있던 열한 번째 후보가 탈락되는 순간, 스튜디오에는 훌쩍거리는 소리가 들리기 시작했다. 탈락된 후보는 말할 것도 없고 'Top10'에 뽑힌 후보자들, 심지어 심사위원인 보아, 박진영, 양현석까지 눈물을 훔쳤다. 무대 밖에 있던 피디도 눈물을 글썽이는 장면이 카메라에 잡혔다. 세상에, 어느 나라의 오디션 프로그램이 이렇게 집단적으로 탈락자의 슬픔을 공감하며 함께 울어주는가? 나는 외국의 어떤 프로그램에서도 이런 장면을 본 적이 없다.

이것은 분명히 한국인만의 정서다. 1990년대 IMF 위기 때 금

모으기에 동참한 거나, 하물며 2011년 후쿠시마 원전사고 때 우리보다 잘 사는 일본을 위해 모금운동을 한 것 등이 그 대표적인 예다. 서로 돕고 지원하고 보호하고 같이 슬퍼하는 것, 이 집단적인 것은 때론 무서울 수도 있지만 좋은 일일 경우에는 분명히 미덕이다.

100년 전에도 외국인들은 이러한 한국인들의 기질을 보았다. 그들은 박애와 자애로움 같은 정서는 기독교 전통이 강한 서구 문명인의 전유물이라 생각했다. 그런데 기독교도, 문명도 없는 한국인들에게 이러한 기질을 발견하고 그들은 꽤 놀랐다.

여기에서 다시 나는 조선 사람들의 훌륭한 품성을 언급하고자 한다. 어떤 예기치 못한 일로 한 사람이 자신의 집과 가구 그리고 막대한 재산을 잃었을 때 조선 사람들은 좀처럼 재난과 비극 앞에서 좌절하지 않는다. 그런 상황에서 흔히 더 문명화된 국가에서의 경우와 마찬가지로 친구들은 그를 외면하지 않는다. 그들은 자진해서 친구가 집을 다시 짓도록 도와주며 그에게 옷가지와 생활에 꼭 필요한 가사용품 등을 빌려준다. …… 전체적으로 보면 조선 사람들은 매우 많은 결점을 가지고 있을지 모르나, 더 문명화되어 있고 더 자애롭다고 자부하는 우리들이 자랑할 수 없는 몇 가지 장점을 분명히 가지고 있다. …… 이교도(한국인)의 견실한 자애와 관용은 익히 알려진 기독교의 박애보다 간혹 더 위대하기까지 하다.[31] (랜도어)

한국인들은 인정이 많았다. 손님이 방문했을 때는, 과거에 손님과 주인 사이에 어떤 불화가 있었다 하더라도 주인은 손님을 흔연히 대접했다. 한국인들에게 '인색하다'는 말보다 더 큰 험담은 없다. 가난한 친구가 부유한 친구 집에 몇 달씩 머무르며 밥을 축내도 주인은 아무 소리 하지 않았다. 친척들 간에 이러한 풍조는 더 심해서, 때로는 심히 괴로워하는 사람들도 있었다. 그러나 "일단 사회적으로 출세한 사람은 모름지기 자기의 친척들과 이익을 분배해야 한다는 점에 비추어 볼 때에, 한국은 그와 같은 풍습인 일종의 봉건제적 공산주의를 형성하고 있는 것이다."[32]

헐버트는 이러한 '인정스러움'은 "한국인들이 일반적으로 대범한 데에서 오는 필연적인 결과"라고 보았다. 다음 헐버트의 말은 무척 흥미롭다. 아마 독자들은 이 글에 나오는 한국인을 실제로 많이 본 듯한 느낌이 들 것이다.

한국인을 가까이 대하여 본 사람들에 의하면 그들은 비교적 너그럽다는 것이 정평으로 되어 있다. 그들은 돈이 있을 때에는 아까운 줄 모르고 물 쓰듯 하며 자기의 돈이 떨어지면 남의 돈이라도 쓰고자 한다. …… 한국인들은 구두쇠가 아니다. 돈이란 돌고 도는 것이기 때문에 그냥 묶어 두어서는 안 되는 것이라고 생각하고 있다. …… 한국인들은 돈푼이나 생기면 친구들과 어울려 커다란 모험에 그것을 투자하여 모두 탕진해 버리고 만다. 그들은 돈을 가지고 끙끙대는 성질이 약간은 있지만 비웃어 버리고 돈이 없었을 때처럼 무심한 마음으로 길에 뿌리며 돌아다닌다. …… 그러나 한국인들은 의로운 일이라면 돈을 우습게 알고 쾌척하는 성질이 있는데 무엇보다도 이점에 대하여는 우리도 칭송을 금할 수가 없다.[33] (헐버트)

한국인의 폭식문화

1세기 전의 한국인들은 가난했으나 구두쇠가 아니었다. '돈은 돌고 돈다'는 생각에 서로 도왔고, 의로운 일에는 선뜻 돈을 쾌척했다. 이 말은 또 뒤집어 보면 낭비벽과 한탕주의와도 연결된다. 아무튼, 이 얼마나 생생한 관찰인가! 우리 주변엔 이처럼 통 크고 씀씀이 헤프고, 여기에다 인정머리까지 붙은 사람이 꼭 하나씩은 있다. 한국의 음식 문화를 봐도 이러한 기질은 쉽게 발견된다.

1888년, 미국 의료선교사로 한국에 파견되어 제중원의 부인 과를 책임 맡았던 릴리아스 홀튼 언더우드. 어느 날, 그녀는 일본 인 집에 초대받은 한국인을 관찰했다. 한국인은 일본인 집에 가 기 전에 '한국식 잔치'를 생각하며 위를 넉넉히 비워두었다. 그러 나 잔칫집에서 본 것이라고는 "작은 컵 몇 개와 맛있고 진귀한 고 급 요리가 담긴 접시 몇 개"뿐이었다. 한국인은 간에 기별도 느끼 지 못하고 집으로 돌아 왔다.

다음날 더 지혜롭고 더 수척해진 그(한국인)가 애처롭게 언더우드 씨 에게 말하기를, 그는 왜 한국 사람들이 가난하게 되었으며 일본인들 은 번창하게 되었는가를 이제야 이해할 수 있다고 했다. 그의 설명에 의하면 한국 사람들은 하루에 100원을 벌고 1,000원어치를 먹지만, 일본인들은 반대로 하루에 1,000원을 벌고 100원어치를 먹는다는 것이다. 일본 사람들에게 있어 그들의 최악의 적인 한국 사람들이 반박할 수 없는 미덕이 있다면, 그것은 그들의 근면과 검약이다.[34]
(릴리아스 홀튼 언더우드)

언더우드 여사는 한국인들은 낭비벽이 심하고(좋게 말하면 통이 크고) 일본인들은 검소하다고 관찰한 것이다. 근면과 검약은 겸손과 예의와 함께 일본인들의 미덕으로 종종 말해진다. 서구인들이 한국을 잘 몰랐듯, 우리 또한 일본에 대해 모르는 게 많을 것이다. 인간과 마찬가지로 국가에도 다양한 성격, 다양한 미덕이 있다. 아무튼 일본사람의 파티에서 생선회만 몇 조각 먹고 돌아온 한국인은 "쌀밥과 가는 국수, 쌀로 만든 뜨거운 떡, 땅콩, 신선한 과일과 건조시켜 설탕에 절인 과일, 뜨거운 소스를 얹은 고기, '김치' 등"을 기대했던 것이다.

당시 외국인들 사이에는 한국인들의 '폭식'에 대해서 말이 많았다. 한국인들은 식사 중에 거의 말을 하지 않는다. 입을 열었다가는 음식이 다른 사람의 입 속으로 들어가기 때문이다. 폭식하는 한국인에 대해 랜도어는 여지없이 흥미로운 묘사를 했다. 한국인들은 위가 감당할 때까지 맘껏 먹는다. 유럽인들보다 평균 세 배는 더 먹는 것 같다. 그렇게 먹고 나면 토할 것 같은데, 토하지 않고 다시 곶감이 담긴 접시로 다가가 소화가 잘 안 되는 음식인 곶감 몇 개를 더 빼먹는다. 다 먹고 나면 "아, 참 배부르다!" 하고 만족스러운 표정을 짓는다. 또 어느 날은 너무 많이 먹어 부풀어 오른 배를 안고 있는 아이를 보았다. 걷지도 못하고 숨도 쉬지 못하고 있는 아이를 보며 어머니는 흐뭇해하고 있다. "배가 터질까 걱정되지 않습니까?" 하고 랜도어가 물었더니, '아녜요! 보세요!' 하면서 어머니는 어린이에게 서너 숟가락의 밥을 더 떠 넣어주더라는 것이다.

한국인이 폭식하는 이유에 대해서 의견들이 분분했다. 그 중에 가장 점잖은 해석은 '예의' 때문이라는 것이다. 주인은 손님에게 음식을 차려 주며 "차린 게 없어서……"라며 부족함을 표시한다. 이때는 음식을 남기지 않고 다 먹어야 결례가 아니다. 손님이 음식을 남기면 맛이 없어서인지 집에서 먹던 것보다 못해서인지, 주인이 안절부절못하기 때문이다.

오늘날의 한국인들은 여전히 많이 먹는다. 사실 많이 먹는다는 것이 그리 악행은 아니지 않은가. 조금 덜 세련되어 보일 뿐이다. 그런데 혹시, 많이 먹어서 한국인의 체격이 커진 건 아닐까?

냉정과 정열, 평온과 분노의 한국인

자, 그 트렁크 속에는 배도 있어. 그것은 아주 작게 접혀 있지만 바람을 불어 넣으면 점점 불어나서 무진장 커진단 말이야. 그래서 배가 되는 거야. (언더우드)

릴리아스 홀튼 언더우드
(Lillias H. Underwood, 1851~1921, 미국)

의사이자 선교사. 시카고 여자의과대학을 졸업하고 1888년 최초의 미국 의료선교사로 한국에 파견되어 제중원의 부인과를 책임 맡았다. 이듬해, 한국에서 선교사로 활동하던 호러스 그랜트 언더우드(Horace G. Underwood: 한국 광혜원에서 물리·화학을 가르쳤으며 서울 새문안교회와 훗날 연세대학교의 전신인 연희전문학교를 세웠다)와 결혼했다. 을미사변이 일어날 때까지 명성왕후의 어의(御醫)로 활동했기에 가까이에서 궁중의 많은 이면사를 목격했다. 명성왕후에 대해 고종보다 더 강인한 정신과 고상한 품격을 지녔다고 회고하고 있다. 한국에서 33년을 보낸 후 1921년 타계하여 양화진 외국인 묘지에 묻혔다. 그녀가 쓴 『Fifteen Years Among the Top-Knots: Or Life in Korea』(1904)는 『상투의 나라』로 번역되었다.

1889년 두 명의 선교사 부부(언더우드 부부)의 신혼여행 길에 동행한 한국인 가마꾼들이 트렁크 속에 있는 신혼부부의 '고무 목욕통'을 과장해서 마을 사람에게 농담을 했다. 서울에서 평양까지 신혼여행 길은 너무 멀었다. 언더우드 여사는 혹시 평양에 도착할 때는 '관속에 있지 않을까' 두렵고 불안했다. 한국에 온 지 1년여밖에 되지 않은 터라 아직 한국인들을 신뢰할 수 없었다. 그러나 그 긴 여정 동안에 불미스러운 일은 일어나지 않았다. 한국인들은 착하고 점잖았다. "한국 사람들은 심각한 도전이 없는 한 악의를 품지 않으며 복수심이나 잔인함도 없다"라는 것이 언더우드 여사의 후담이다.

당시만 해도 외국인들은 한국이 낯설어서 여행하는 동안 '안전'을 염려했다. 그러나 아무리 깊은 산속을 여행해도 주민들이 너무 순진해서 오히려 어리둥절할 뿐이었다. 숙소에 몰려든 호기심 많은 주민들을 내쫓기 위해 겁을 주면 이 행동을 '폭력'으로 알고 놀라 도망가는 사람들도 있었다. 거추장스러운 구경꾼들을 물리치는 데 가장 강력한 방법은 '연발권총'을 닦는 시늉을 하는 것이었다. 시골에 가면 방이 부족해서 노천에 짐을 내려 두어도 잃어버리는 일이 없었다.

이제 겉으로 드러나는 그들의 일반적인 성격을 살펴보면, 한국 사람들의 품행은 이웃나라 사람들보다 훨씬 좋다. 그들은 대체로 개방적이며 정직하다. 하층민이라 하더라도 성실하고 낙천적이기 때문에 우호적이고 쾌활한 대인 관계를 유지한다. 그들은 매우 정직하고 신뢰가 깊기 때문에 일단 상대방이 자신에게 호의를 베풀기만 하면 설사 외국인이라 할지라도 어린아이처럼 그의 말을 단번에 믿어버린다. 나는 곳곳에서 받은 우정 어린 대접을 진심으로 찬탄하고 있다. 그러나 내가 접촉했던 고관들의 태도에는 분명히 겸양과 친근함은 서려 있으면서도 솔직하지는 않았다. 그것은 그들이 공적인 입장에 있는 미묘함에서 비롯된 것이며 그와 반대로 모든 일반인들은 좀처럼 접촉한 적이 없는 우리들의 이국적인 모습에 대한 선입견이 사라지자 호의적이고 신의 있는 태도를 보였다.[35] (오페르트)

오페르트가 묘사한 이 글에 등장하는 한국인들은 신뢰가 깊고 성실하고 낙천적이다. 그런데 상류층보다는 서민층이 더 착하고 정직했던 모양이다. 흔히 거짓말과 속임수, 뻔뻔스러움은 '없는 자'의 기질이라고 생각하기 쉬운데 그렇지 않다. '가지지 않은 자'가 '많이 가진 자'보다 더 순수하고 고상할 때가 많다. 서민들은 순진할 뿐만 아니라 쾌활하고 우호적이기까지 했다. 당시 한국은 오랫동안 서구와 교류하지 않고 살았기에, 외국인들에게 한국인들은 폐쇄적일 거라는 선입견이 있었는데 그렇지 않았다. 오페르트가 한국에 온 것이 개항 이전이었으니(1866년과 1868년) 이때는 철저하게 쇄국으로 일관하던 시기였다. 그런데 오페르트의 관찰에 의하면 나라는 쇄국을 했지만 한반도에 살고 있는 사람들은 개방적이고 열린 마음을 갖고 있었던 것이다.

한편 한국인의 생활 규범은 엄격했다. 도둑질과 간통은 죄악시되었고 강도는 특히 엄한 처벌을 받았다. 서양인들이 중국이나 일본을 여행할 때에는 누군가가 까닭 없이 급습하는 일을 당하곤 했지만, 한국은 그 어느 곳을 여행해도 그런 경험을 할 수가 없었다.

시골은 물론 도시에서도 집들은 늘 열려 있고 문에는 자물쇠조차 채워져 있지 않으며 절도는 신뢰를 파괴하는 중대한 범죄 행위로 간주되기 때문에 이웃나라들보다도 훨씬 엄한 처벌을 받는다. 옛날에는 사형이 극히 드물었으며 정치범이나 국사범은 대개 제주도나 멀리 떨어져 있는 섬으로 유배되었다. 그러나 오늘날에는 그러한 추방은 볼 수 없으며 특히 지난번의 국왕(철종)이 붕어한 뒤로 정치적인 이유로 참수형이 빈번해졌다.[36] (오페르트)

조선 사람들은 한편으로 일본인들보다 변덕스럽지 않다. 1890년 봄처럼 지금도 일본인들은 아무것도 아닌 이유로 저항할 의사가 없는 외국인을 떼를 지어 습격하기도 한다. 그러나 조선에 오래 살아 본 사람들은 이 나라가 일본인의 변덕스러움보다는 중국인의 꾸준함에 더 가깝고, 국민들을 더 높은 수준의 생활로 끌고 갈 수 있는 훌륭한 감각의 저류가 있다고 생각한다.[37] (길모어)

한국인은 중국인이나 일본인과 비교해 보아도 더 순진했다.

73

그런데 한국인이 마냥 유순하기만 했을까?

헐버트는 한국인들의 기질 속에는 서로 모순적인 것이 잘 조화되어 있다고 보았다. 그가 말하는 모순적인 것이란 냉정과 정열, 합리주의와 이상주의, 그리고 평온과 분노였다. 즉, 한국인은 이성과 감정을 조화롭게 다 갖고 있다는 것이다. 다음은 헐버트가 한국인과 일본인, 중국인을 비교하여 쓴 긴 분석인데, 이것은 야부가 아니라 오랜 관찰에서 나온 것임을 밝히고 있다는 점이 흥미롭다.

일본인은 다혈질의 민족이다. 그들은 민첩하고 다재하며 이상주의적이며 그들의 명랑한 기질은 변덕스러울 정도이다. 그러한 기질로 인하여 일본인들은 1868년의 호기(메이지유신을 의미)를 타서 표변할 수 있었다. 그러한 변화는 암흑으로부터 훌륭한 비약이었다. …… 그 반면에 중국인들은 미신을 좋아하면서도 비교적 냉담한 성격을 가지고 있다. 그들은 오색의 무지개를 잡으려고 하지도 않으며 헛된 꿈을 갖지도 않는다. 일본인들로 하여금 그토록 충성스럽게 활동하도록 한 군대의식도 그들에게는 없다. 그러나 상술 면에서는 중국인을 따를 만한 민족이 이 세상에 없다. 그들은 조심스럽고 참을성이 많으며 저축하는 성격을 가지고 있고 확실한 수입이라면 비록 액수는 적을지라도 만족스럽게 여긴다. 서로 간에 약속을 어기는 경우에 어떠한 결과가 닥쳐오리라는 것을 중국인들보다 더 철저하게 알고 있는 민족은 없다. 중국인과 일본인의 이와 같은 상극적인 기

74

질을 굳이 강조하지 않더라도 일본인들은 이상주의적이며 중국인들은 실리주의적이라고 우리는 말할 수 있다.

한국인은 그 나라가 중국과 일본의 중간에 위치하고 있는 것과 마찬가지로 기질도 두 나라의 중간 성격을 띠고 있다. 이와 같이 두 가지의 성격이 조화됨에 따라서 한국인들은 합리적인 이상주의자가 되었던 것이다. 한국인을 피상적으로 관찰해 낭비적인 습성이나 안일한 생활양식이나 소심한 사고방식만을 본 사람들은, 한국인에 대한 나의 판단이 한국인에게 아부하기 위한 것에 불과하다고 생각할는지 모르겠지만, 한국인의 성격을 깊이 깨달아 피상적인 관찰과는 다른 입장에서 바라본 사람이라면 그들에게는 합리주의적 기질과 감정이 가장 알맞게 조화되어 있음을 알 것이다. …… 한국인들에게는 냉정과 정열이 함께 갖추어져 있다. 평온 속에서 냉정을 잃지 않을 수도 있으며 격노할 줄도 안다.[38] (헐버트)

헐버트가 보기에, 한국인은 일본인의 이상주의와 중국인의 실리주의를 다 가지고 있었다. 그렇기 때문에 한국인에겐 감정과 이성이 알맞게 조화되어 있고, 평정을 지키다가 분노하기도 한다는 것이다. 나는 이 글을 읽을 때마다 현재 유럽에서 공부하고 있는 한국인 K씨가 떠오른다. 다음의 에피소드는 K를 관찰한 외국인 친구가 말해 준 것인데, K가 바로 헐버트 글 속의 현대판 주인공이라는 생각을 지울 수가 없다.

여름날, K는 창밖에서 들려오는 시끄러운 음악소리를 참으며

호머 헐버트
(Homer B. Hulbert, 1863~1949, 미국)

선교사, 언론가. 다트머스 대학을 졸업하고 유니온 신학교에서 2년 간 수학했다. 다트머스 대학의 설립자는 헐버트 어머니의 외증조모인 엘리어자 휠록(Eleazar Wheelock)이다. 근래에는 한국인 김용이 다트머스 대학의 총장을 역임한 적이 있다.

헐버트는 1886년 7월, 한국 최초의 근대식 관립학교인 육영공원의 교사로 초빙되어 수학, 자연과학, 역사, 정치, 지리 등을 가르쳤다. 이후 육영공원의 교사직을 사임하고 잠시 귀국했던 2년 간을 빼고, 1907년까지 약 20여 년 간을 한국에 머물면서 교육과 언론 사업을 펼쳤다. 개인교사에게 한글을 배워 3년 만에 한글로 책을 저술할 정도로 한국어에 능통했고 한글 로마자 표기법을 고안했다.

1895년부터 아펜젤러, 게일, 언더우드와 함께 『코리안리포지토리』((The Korean Repository, 1892년에 창간된 영문 월간잡지)의 필진이었다. 1901~1906년에는 『코리아리뷰』(The Korea Review)를 발행했다. 두 잡지 모두 선교를 목적으로 창간하였으나 한국의 언어, 문화, 역사 등을 주로 다루고 있다. 1903년에는 윤기진에게 위탁·저술하게 하여 편년체의 조선사인 『대동기년』(大東紀年)을 출판했다.

1905년 고종의 밀사로 을사조약의 부당함을 알리기 위해 미국에 파견되었고, 1907년 고종의 특사로 헤이그 만국평화회의에 파견되었지만, 일본에게 '눈엣 가시'인 그는 1907년 일본에 의해 추방되었다. 한국을 떠난 후에도 일본 제국주의의 부당함을 알리고 대한제국의 독립을 호소하는 강연과 저술을 지속적으로 전개했다. "나는 웨스트민스터 사원보다 한국 땅에 묻히고 싶다"는 그의 유언을 따라 마포의 양화진 외국인 묘지에 묻혔다. 한국에 관한 저서 『The passing of Korea』(1906)는 『대한제국멸망사』로 번역되었다.

몇 시간째 연구에 몰두하고 있었다. 지금까지 캠퍼스에서 저렇게 장시간에 걸친 소음을 방치한 전례가 없었다. 창문을 닫기에는 너무 더웠다. 3년째 유학중인 K는 조용하고 점잖으며 침착하고 성격 좋은 사람이었다. 벌써 다섯 시간째다. 아, 이젠 못 참겠다! 인내심에 한계를 느낀 K는 자리에서 벌떡 일어나 아래를 향해 불같이 소리쳤다. 친구들은 깜짝 놀랐다. 아니, K에게 저런 면이 있다니! 입에서는 듣도 보도 못한 말들이 마구 튀어 나온다. 곧 음악소리는 끊겼고, 사방은 쥐 죽은 듯이 조용해졌다.

이 말을 듣는 순간 나는 웃음을 참지 못했다. 내 감각 속에 저장되어 있는 한국인, 그리고 누구보다도 '나 자신'을 떠올려 보면 K는 분명히 '한국인'임에 틀림없었다. 이 '사건'은 K의 친구들 사이에 회자되었다. 그들은 처음으로 한국인의 기질 중에 유순하나 또 무턱대고 유순하지만은 않은 두 얼굴을 목격한 것이다.

호랑이를 때려잡는 한국인이 비겁하다니!

한국인의 유순함 속에는 격정적인 피가 흐르고 있었다. 이들이 유순할 때는 아무도 이들을 괴롭히지 않을 때였다. 참고 참다가 더 이상 견딜 수 없는 지경에 이르면 한국인들은 무섭게 들고 일어났다.

누구보다 이러한 기질을 알아차린 사람은 영국의 신문기자 프레드릭 매켄지와 고종의 고문관이었던 윌리엄 샌즈였다. 1904년 영국 〈데일리메일Daily Mail〉의 특파원으로 러일전쟁을 취재하러 한국에 왔던 매켄지는, 그 후에도 몇 차례 더 한국을 찾아 총 2년이 넘는 시간을 한국에서 보냈다. 어느 날, 한 외국인 친구가 매켄지에게 개항 초기 처음 한국을 방문했을 때의 인상을 말해 주었다.

내가 처음으로 한국에 발을 들여놓았을 때 마치 이상한 나라의 앨리스의 주인공처럼 느껴졌다. 모든 것이 너무도 환상적이고, 너무도 불합리하고, 너무도 정떨어지고, 너무도 기괴해, 나는 몇 번이고 내가 지금 꿈을 꾸고 있는 것이 아닌가 하고 자문했다.[39] (매켄지)

한국에 첫 발을 내딛는 어떤 이방인에게 한국은 '이상한 나라'였다. 어디에서도 본 적이 없는 이국적인 풍경이 펼쳐졌으나, 곧 꿈을 꾸듯 기괴함마저도 느껴지는 나라였다. 그러나 매켄지는 생각했다. '처음에 한국에 와 본 사람들은 그렇게 생각할 수 있지. 난 세계가 한국에 대해 어떤 편견을 갖고 있는지 잘 알고 있다. 조금만 더 지내보라고. 기회만 주어진다면 한국인들은 뭐든 할 수 있는 무서운 사람들이란 걸 알 수 있을 테니까.'

짧은 기간 동안 한국을 돌아본 관광객들은 이곳 생활에서 흔히 눈에 띄는 오리汚吏의 학정과 사회적 모순만을 보고 전체적인 모습을 그리면서 관점을 상실하게 쉽다. …… 그러나 한국 사람들을 좀 더 알게 되면 그들이야말로 친절하고 악의를 모르며, 천진난만하고, 진리를 탐구하고, 또 매우 사랑스럽고도 정을 느끼는 성품을 갖고 있

다는 사실을 깨닫게 된다. 이것은 나의 생생한 경험담이다. 나보다
도 한국인을 더 잘 아는 사람들과 이야기하다 보면 내 생각이 조금
도 틀림이 없다는 걸 알게 된다. 한국인들은 충실한 벗이며, 신의 있
는 종으로서, 기회만 주어진다면 무엇이든지 할 수 있는 사람들이
라는 것을 나는 발견했다. …… 그들의 민족성에는 무서운 잠재력이
있다.[40] (매켄지)

매켄지가 '나의 생생한 경험담'이라고 강조했듯이 그가 한국
을 기술할 때 중시했던 자세는 바로 '체험'이었다. 그는 한국에 대
해 부정적이든 긍정적이든 자신이 직접 확인해 보지 않은 것에 대
해서는 좀처럼 쓰지 않았다. 일본에 대해서 나쁜 말을 들어도 자
신이 직접 확인하거나, 다른 경로를 통해서 진위를 알아봐야 직
성이 풀리는 사람이었다.

한국인들은 몇백 년 간 왕조 밑에서 왕에게 봉사하며 살았기
때문에 야심과 진보가 죽었고, 국민들은 눈에 띌 만큼 유순하고
착한 사람들로 길들여져서 어느 정도까지는 어려운 일을 불평 없
이 참고 지냈다. "한국인은 싸움을 할 만한 심각한 이유가 없는
한 싸움을 싫어하는 민족이다." 그러나 한국인들은 한없이 온순
하지만은 않다. 이들은 호랑이를 몽둥이로 때려잡는 사람들이다.
만약 애초부터 한국인들이 일본인을 "주먹에는 주먹으로" 상대했
더라면, 두 민족 간에 큰 싸움이 벌어졌을 수도 있었다. 그랬더라
면 "일본인들의 그 나쁜 버릇을 고칠 수 있었을는지도" 몰랐다.

프레드릭 매켄지
(Frederick A. McKenzie 1869~1931, 영국)

스코틀랜드계 영국인 신문기자. 캐나다 퀘백에서 출생하여 영국으로 이주했다. 영국의 일간지 〈데일리메일〉 특파원으로 1904년 러일전쟁 시기와 1906~1907년, 1919년, 세 차례 한국을 방문했다. 한국에 관한 두 권의 책 『The Tragedy of Korea』(1908)와 『Korea's Fight for Freedom』(1920)은 각각 『대한제국의 비극』과 『한국의 독립운동』으로 번역되었다.

매켄지는 『대한제국의 비극』 서문에서 '이 고통스럽고 버림받은 민족을 변호한다는 것이 공 없는 것, 희망 없는 일'이라고 쓰고 있다. 특히 '(이 책이) 사실을 과장했고 (일본에 대해) 나쁜 방향으로 기술했다는 비난'을 받았다고 술회하고 있다. 그러나 그는 "내가 반일적이라고 한다면 기꺼이 반일의 피고가 되고자 한다"면서 자신만큼 일본에 대해 통찰력 있게 기록한 사람은 없다고 확신했다.

매켄지가 한국을 기술할 때 중시했던 자세는 '체험'이었으며, 한국에 대해 자신이 직접 확인해 보지 않은 것에 대해서는 좀처럼 쓰려고 하지 않았다. 당시 매켄지만큼 일관된 어조로 일본 군국주의의 위험과 잔인함을 경고한 사람은 없었다. 또한 한국인에게 기회가 주어지면 무서운 잠재력을 발휘할 거라고 확신했던 사람도 없었다.

그러나 한국인들은 오랫동안 너무 순진하게 살아와서, "일본인들로 하여금 남을 못살게 구는 성격"을 부추겼을 뿐이다.[41]

한국에 5년도 넘게 체류한 궁정 고문관 샌즈도 "한국인보다 더 다스리기 쉬운 백성은 없다"면서 "절망적이리만큼 학대받지 않는 한, 늘 평화롭고 남을 해치지 않기"에 심한 고문 같은 방식으로도 다스릴 필요가 없다고 했다. 그러나 병인양요(1866년)와 신미양요(1871년)를 보라. 이 전쟁을 치르는 동안, 한국은 화력 면에서 비교할 수 없을 정도로 열악했지만 무섭게 들고 일어나 프랑스와 미국을 물리쳤다. 패퇴하는 서양의 군인들은 한국인들이 비겁한 사람들이라고 결코 생각하지 않았다.

사람들은 한국 사람들이 세상에서 가장 겁이 많은 사람이라고 말한다. 내가 추측건대 모든 이들이 국내외적으로 억압받아 왔기 때문에 권위 앞에서 위축되었다는 점은 어느 면에서 수긍할 수 있다. 이를테면 그들은 더 이상 견딜 수 없을 때까지 견디다가 무슨 일이 벌어지면 난폭해지는 러시아의 농부처럼 눈이 먼 듯이 모든 것을 파괴한다. 그토록 불충분한 화승총을 들고 팔이 닿을 만큼 호랑이에게 접근하여 쏴 죽이거나 쇠몽둥이로 때려잡는 그들이 비겁자라는 말을 나는 믿을 수가 없다. 호랑이를 때려잡은 직후 바로 그 사람은 권위 앞에 비굴하게 굽실거릴 수도 있다. 그러나 거기에는 다른 의미가 담겨 있다. 한국군은 강화도 포대에서 화승총과 후장포를 가지고 미국 해군과 대치했으며 미군이 총을 쏘아 그들의 옷을 뚫어도

81

윌리엄 샌즈(William F. Sands, 1874~1946, 미국)

미국 외교관. 아버지(James H. Sands)와 할아버지(Benjamin F. Sands)가 모두 미국 해군제독을 지낸 동부의 명문가 후손으로 태어났다. 청소년기를 외교 무대인 유럽에서 보내면서 훌륭한 외교관으로 성장할 토양을 다졌다. 조지타운 법대를 졸업하고 잠시 국무성에서 일했으며 곧바로 첫 부임지인 일본으로 파견되었다. 이후 1898년, 서울주재 미국 공사관 1등 서기관으로 부임하여 곧 공사로 승진했고, 1900년부터 1904년까지 고종의 고문으로 활약한다.

샌즈가 한국에 처음 도착했을 때 그의 나이는 24세였다. 한국에 오기 전에 도쿄 주재 미국 공사관에서 2년 간 재직했으므로 일본에 대해서도 잘 알고 있었다. 당시 샌즈가 듣기로 한국은 누구도 가고 싶어 하지 않은 나라였으며 외교관의 경력을 쌓기에도 매력적이지 않은 나라였다. 그러나 샌즈는 일본에 시달리고 있는 약한 나라인 한국이 자신의 순수하고 이상적인 기질에 잘 맞았다고 회상하고 있다.

샌즈는 러일전쟁이 발발하자 조선을 떠났고, 그 후 파나마, 과테말라, 멕시코 등지에서 외교관으로 일했다. 말년은 조지타운 대학교에서 미국역사와 외교를 강의하며 보냈다. 그가 저술한 『Undiplomatic memories: the Far East 1896-1904』(『조선비망록』)은 근무했던 외교지 중 유일하게 한국을 회고하며 쓴 단행본이다. 이 책은 1930년, 그의 나이 56세 때 뉴욕에서 출간되었다. 한국을 떠난 지 25년이 지나서였다. 그 사이 한국은 일본의 식민지가 되었고, 샌즈는 오랫동안 이 역사의 흐름을 지켜보다가 뒤늦게 20대 시절을 회상하고 있는 것이다.

샌즈의 글은 모호하고 난해하다. 감정을 명료하게 드러내지 않는 암시적인 뉘앙스가 많다. 오랜 세월 외교관의 신분으로 살면서 배인 절제와 절묘한 균형감각 때문일지도 모르겠다. 그러나 아무리 암시적이어도 약 8년을 동양에서 보냈기에 한국과 일본을 바라보는 시각에는 묵직하고 예리한 통찰력이 묻어 있다. 또한 젊은 시절 이상과 열정을 품었으나 이제 패망해버린 한국에 대해서 연민과 회한의 정서를 숨길 수 없다는 것 또한 엿볼 수 있다. 1946년 샌즈가 죽었을 때 〈뉴욕타임즈〉는 그의 사망을 알리며, 미국정부가 샌즈의 말에 귀 기울였더라면 세계 2차대전은 피할 수 있었을 거라는 기사를 실었다.

그가 서 있던 자리에서 죽었다. 미국의 수병들은 그들이 겁쟁이라고 생각하지 않았다. 같은 장소에 상륙했다 쫓겨난 프랑스 수병들도 그렇게 생각하지 않았다. 그들은 서투른 전사이고 그들의 무기는 구식이었다. 그러나 한국의 농민들에게는 훌륭한 사람의 자질이 들어 있다.[42] (샌즈)

1905년, 한국인들은 의병을 조직하여 제대로 된 무기 없이 일본군에 맞서 싸웠다. 1919년 3월 운동 시기에는 무기나 자신을 지킬 수단도 없었으면서 폭력을 쓰지 않고 저항했다. 고문을 당해도 아랑곳없었고, 그들이 잡혀가면 다른 이들이 그 뒤를 이을 준비를 했다. 한국을 모르는 세계의 정치인들은 한국인들이 무기력하고 겁이 많다고 생각했다. 그래서 식민통치가 필요한 '나약한 종족'이라는 꼬리표를 붙였다. 그러나 이것은 세계가 "한국인의 성품을 평가하면서 실수를 했거나 아니면 이 국민들이 새로운 탄생을 체험"하고 있는 것이다.[43]

일본의 터무니없는 선전에 오염된 사람들은 '한국인이 열등 민족이어서 자치自治를 하기에는 적합하지 않다'고 말한다. 한국이 서구 문명과 접촉한 지가 얼마 되지 않았지만 그러한 비난이 거짓이라는 것은 이미 분명해졌다.[44] (매켄지)

한국인들에게 비겁하다거나 자기 운명에 대해 무심하다는 식의 조롱은 이제 그 설득력을 잃어가고 있다. 그런데 이런 민족이 역사에서 사라지다니. 한국을 회상할 때마다 "한국은 생존할 가치가 있다"고 말한 샌즈는 다음과 같이 안타까운 어조로 썼다.

나는 지도자에 대한 한국 국민들의 엄격한 감시와 국민들에 대한 관대하며 일관된 정직한 통치가 지도자들에 의해 이루어졌더라면 한국 사람들은 훌륭한 민족으로 육성되었을 것이라고 지금도 확신하고 있다.[45] (샌즈)

3

강인함과 당당함은
한국 여성의 힘!

한국 '아줌마'의 기원

내가 본 세계의 여성들 중에 스웨덴 여성이 제일 예쁘다. 내가 예쁘다고 말하는 것에는 나만의 기준이 있을 텐데, 스웨덴 여성은 한마디로 쿨하고 멋지다. 아마도 양성평등사회에서 자라난 덕분인 것 같다. 그들은 우리가 흔히 남성들의 전유물이라고 여기는 정의와 공정함, 강인함 같은 건강한 가치로 무장되어 있다. 유럽 대륙의 다른 나라 여성들과 비교해 봐도 이들은 분명히 다르다. 런던이나 리스본 공항의 입국 심사대에서 여성 관리를 만나면, 죄 지은 것도 없는데 괜히 마음이 조마조마하다. 꼬치꼬치 따지고 의심하고 까탈스럽게 물고 늘어질 거라는 인상이 내 경험 속에 축적되어 있기 때문이다.

그런데 스웨덴의 알란다 공항에서 나는 오히려 여성 관리에게 걸리길 바란다. 여기 여자들은 쿨하고 거기에다가 자상하고 섬세하기까지 하니, 남녀의 장점을 고루 갖춘 이들에게 대우받는 기분은 뭐랄까, 한마디로 환상적이다. 나도 덩달아 으쓱으쓱 쿨해지는 기분이다. 스웨덴처럼 사회민주주의 전통이 강한 나라에서 살다 보면 인간이 사회에 의해 얼마나 다르게 키워지는가를 피부로 느낀다.

한국 여성은 어떤가. 내 머릿속에 크게 두 부류의 여성이 떠오른다. 남자로 인해 정체성을 갖고 싶어 하는 '애교덩어리'와 어느 나라에도 존재하지 않는 무서운 캐릭터의 '아줌마'. 애교덩어리 여성은 꼼수와 성형, 명품 같은 데 목숨 걸고, 아줌마는 오로지 자식 교육과 집안일에 목숨 건다. 그런데 대부분 애교쟁이들이 자기 것에 괴력을 발휘하여 억척스럽고 저돌적인 아줌마로 진화한 것이다. 한국에서 자라난 여성이라면 거의 모두 '아줌마'의 성향을 갖고 있다고 볼 수 있다. 애교쟁이든 괴력의 아줌마든, 양쪽 다 내가 몹시 싫어하는 캐릭터다. 나는 한국 여자들과 가까이 하고 싶지 않았다. 나는 그들과 다르다고 늘 생각했었다.

그런데 지금은 생각이 완전히 바뀌었다. 한국 여성들에게는 내가 먼 북유럽에서 열망하던 인간의 매력, 쿨함과 강인함의 '맹아'가 있다. 밑도 끝도 없는 이 신념이 어떻게 생겨났을까? 저 억척스럽고 저돌적인 '아줌마'는 다름 아닌, 역사 속 약자로 살아온 여성들이 척박한 환경 속에서 살아남기 위해 고군분투해온 역사적인 실존들이다. 가만 들여다보면, 이 뿌리에는 마냥 폄하될 수 없는 상당히 긍정적인 것들이 있다. 나는 앞으로 한국 여성들이 얼마나 진보할 수 있을지 주목한다. 한국 사회의 미래는 여성들의 이 근성을 어떻게 조형해내는가에 따라 달라질 것이라고 믿고 있다.

어느 날, 화가 랜도어는 동대문 밖에서 예쁜 어린아이를 그리고 있었다. 옆에서 구경하고 있던 한국인들은 그의 붓놀림 하나하나에 감탄하며 "대단하군!" "굉장히 훌륭한데!" "실물하고 똑같아" 하며 황홀하게 감상하고 있었다. 그런데 갑자기 어디선가 시체처럼 창백한 얼굴을 한 여인이 군중 속으로 뛰어 들었다.

"내 아이 어딨지?"

여인을 보는 순간, 랜도어는 손에 쥐고 있던 붓과 팔레트를 떨어뜨렸다. 자신이 그리고 있던 아이의 엄마였던 것이다. '어쩌면 저런 표정을 지을 수 있다니! 부르르! 내가 정말 얼마나 떨었는지.'

구경꾼들은 이방인이 몹시 떨고 있다는 걸 눈치 챘다. 그런데도 계속 그림을 보고 싶었던지, 여인이 아이를 잡아 끌 때 다른 쪽에서 아이의 팔과 다리를 잡아 당겼다. 한참 동안의 줄다리기 끝에 엄마는 옷이 거의 찢겨지다시피 한 아이를 낚아채는 데 성공했다. 엄마는 군중과 멀어지면서도 계속 랜도어를 향해 혀를 차고 주먹을 쥐고 흔들었다.

한국 여자를 관찰하는 것에 남다른 감각이 있었던 랜도어는 슬슬 한국 여자가 온순하지만은 않다는 사실을 알아차렸다. 그런데 어느 날 또 싸움에 끼어드는 실수를 저지르고 말았다. 어떤 남자가 집을 나오다가 포졸과 딱 마주쳤다. "빌린 돈을 갚아야

지!" 남자가 포졸에게 소리쳤다. "빌리지 않았어"라며 포졸이 응수했다. 그 순간 한 여자가 대문에서 뛰쳐나오면서 "뭐라고? 빌리지 않았다고?" 하면서 들고 있던 육중한 빨랫방망이로 포졸을 두들겨 패기 시작했다.

사태가 너무 심각해지자 구경하던 랜도어가 싸움을 말리려고 끼어들었다. 이게 실수였다. 여자가 휘두르는 방망이에 이방인은 무릎을 얻어맞고 다리를 쩔뚝대며 싸움꾼들로부터 떨어져 나왔다. 달걀처럼 부풀어 오른 다리를 문지르며 그는 생각했다. '이제는 결코 다른 사람들의 싸움에 끼어들지 않겠다. 누가 이렇게 될 줄 알았겠는가? 더군다나 여자한테!'

온순하던 한국 여자들은 아이와 남편에게 문제가 생기면 무섭게 돌변했다. 언더우드 여사도 거리에서 어떤 남자가 아내의 손에 상투가 잡혀 끌려가는 장면을 목격했다.

그것(상투)은 분별 있는 여성의 손아귀에 들어가면 무한한 가능성을 주는 수단이 되기 때문이다. 누가 밖에서 권력을 휘두르기를 바라는가! 누가 집에서 상투를 잡을 수 있는가! 나는 아주 화난 어느 부인이 이 잘 묶여진 장치를 잡고 살롱에서 취한 그의 남편을 집으로 끌고 오는 것을 보았다. 화난 부인이 이것을 단단히 거머잡음으로써 남편이자 가장이 마땅히 받아야 할 체형을 가하는 것을 여러 번 보아 왔다. 한국의 부인은 남편이 식사하는 동안 서서 시중을 들어주며 그가 담배를 피우고 있을 동안에 일을 하지만, 가정 문제가 어

떤 위기에 처하게 되었을 때는 그가 손에 키(상투)를 잡고 배의 방향을 바꾼다.[46] (언더우드)

한국 여성들은 남성 헤게모니 밑에서 몇백 년 간 역사 속 약자로만 살아왔다. 원래 온순한 기질도 있는 터라 이 억압적인 기제에도 현모양처로서 잘 살았다. 그러나 이들에게도 숨 쉴 공간이 필요했다. 여성들이 숨을 쉬며 살아가는 방식은 집안에서 남편을 쥐고 흔드는 것이었다. 사회가 여자를 존중해 주지 않으니 폐쇄적인 공간에서 은밀하게 헤게모니를 휘둘러야 했던 것이다.

아내는 스스로 통치자가 되는 대신에 비록 드러내 놓고 그렇게 하지는 않지만 현명하고도 은밀한 방법으로 무기력한 남편을 마음대로 주무른다. 나는 한국의 여인이 일단 악한 마음을 먹기로 작정하면 무엇이든지 할 수 있다고 확신한다![47] (랜도어)

당시 이러한 한국 여성들의 숨은 파워가 바로 '아줌마 기질의 원조'라고 생각한다. 사회는 여성을 하대하는 분위기였지만 실질적으로는 하대할 수 없는 존재였다. 더욱이 노동을 우습게 보는 양반들을 받들다 보니 여자는 강해질 수밖에 없었다. 남존여비의 사회에서 여성은 내면적으로 점점 더 강인해진 것이다.
한국의 '아줌마'는 이렇게 해서 탄생했다. '아줌마 군단'이 원래 체면도 염치도 없는 이상한 존재들이 아니라, 자신들이 갖고 있는 기질에 비해 사회가 대접하는 그릇이 너무 작다 보니, 이 강한 의지를 분출할 곳을 찾지 못해 계속 안으로 강철처럼 단단해진 것이다. '아줌마'는 바로 이러한 역사의 산물이다.

'공처가'임을 숨기고 싶어 하는 한국 남자들

당시 이국에서 온 여행자들에게 한국 여자들은 '정숙'할 거라는 인상이 짙었다. 그들의 눈에 비친 한국 여성은 "일본 여성이 따라오지 못하는 조신함"을 지니고 있었다. 특히 상류층 여성들은 대체로 마음이 부드럽고 행동이 얌전하며 '훌륭하고 근면한 주부이자, 자상한 어머니, 성실한 아내'라고 추측했다.

여성들이 어릴 때를 빼놓고는 적당한 이름을 갖지 못한 것도 관심거리였다. 여자들이 결혼하면 시집간 지역의 이름을 따서 '원산댁,' '서울댁' 등으로 불렸다. 가끔 남편들은 아내를 '거시기!'('그녀를 무엇으로 불러야 할까'라는 뜻)라고 부르기도 했다. 이런 현상은 현대의 기혼 여성들에게도 마찬가지인데, 우리는 친구 사이가 아니면 흔히 '철수 엄마' 내지는 '철수댁'으로 촌스럽게 부른다. 옆집 여자의 이름을 알고 있는지 생각해보라.

그렙스트에게는 상상도 할 수 없는 일이었다. 스웨덴 여성들이 이런 식으로 불린다면 당장 이혼서류를 내밀 것이다!(스웨덴은 20세기 초부터 양성평등투쟁이 대단했던 모양이다.) 한국의 상류층에는 이혼이 드물었지만, 하류층에선 자식이 없거나 태만하거나 수다스럽거나 조상에 대한 제사를 소홀히 하거나, 도심盜心이나 시기심 등이 있다는 이유로 이혼을 당할 수 있다는 말을 듣고 그렙스트는 또 한 번 놀랐다. 한국 여성들이 아시아 여성들 중에 가장 불행해 보였다. 도대체 이들은 무슨 재미로 살까.

그러던 어느 날, 그렙스트는 어떤 일본인으로부터 '거시기'라는 말은 아내를 무시하는 듯하나 실은 그렇지 않다는 말을 들었다. 한국 남성들 중에는 '공처가'가 많으며 체면상 남자들은 이러한 사실을 숨기고 싶어 한다는 것이다. 이 사실을 알고 난 그렙스트는, 사실 자신은 단기간의 체류자로서 한국 사회의 결혼제도를 알 수 없고 여성들의 내밀한 삶도 알 수 없으니, 자기가 한국 여성들에 대해 말한 부분은 대개 이전 텍스트의 도움을 받았다고 털어 놓았다.

한국인들은 조혼을 하기 때문에 부부 간에 진심어린 애정을 나누는지에 대해서도 추측이 무성했다. 비숍은 가부장제 하의 한국 여성에겐 행복이란 없다고 못 박았다. 특히 아내가 아들을 낳지 못하면 남자가 첩을 얻는다는데 이 축첩의 관습에 대해서 다음과 같이 비꼬았다.

축첩은 관습적으로 인정되고는 있지만 중국처럼 당연하게 받아들여지지는 않는다. 우리가 하인이나 집사를 고를 때처럼 남자의 아내나 어머니가 첩을 고르는 일이 드물지 않다. 너그러운 본처에게 있어서 첩은 남편의 재산이나 지위에 적절한 부속물로 간주된다. …… 가정의 행복은 아내가 돌보는 어떤 것이 아니다. 한국인에게 집은 있으나 가정은 없다. 남편은 대부분 아내와 떨어져 생활한다. 부부 사이의 친밀함을 맺어주는 어떤 공통된 유대나 외적인 이해에 대해서는 알려져 있지 않다. 한국에 있어서의 결혼 관계란 그 주제에 관해 나와 대화한 한 한국 선비의 언급에서 잘 요약된다. '우리는 아내와 결혼하고 첩과 사랑을 나눕니다'.[48] (비숍)

그러나 길모어처럼 한국에 오랫동안 체류했던 외국인들은 결혼 제도에 대해 다른 서술을 하기도 했다.

계약 결혼 방식은 가정을 불행하게 만든다고 생각할 수 있지만 반드시 그런 것 같지는 않다. …… 외국의 가정에서 볼 수 있는 것보

• 개화기 어느 한국인 가족

다 훨씬 더 행복한 모습을 볼 수 있었다. 아내와 함께 우리를 방문한 나의 한국어 선생은 지나칠 정도로 어린 약혼녀를 좋아하는 듯했다. 길을 지나가다 보면 두 손으로 어린이와 놀아 주고 애정과 사랑을 담은 모든 표시로 아이들을 안아 주는 것을 보면서 사랑은 한국 사람의 가정에서 강력한 요소라고 단언하는 사람도 있다. 이혼은 놀라울 정도로 쉽지만 흔하지는 않다. …… 한국 사람들은 가정적이며 일반적으로 순수하다. 순수함이라는 면에서 본다면 그들은 이웃인 일본인보다 훨씬 더 높다.[49] (길모어)

한국 여성이 노예처럼 일하고 아무 권리도 갖지 않는 것처럼 보일지 몰라도, '권리 없음'이 곧 '불행'이나 '하찮은 존재'를 의미하지는 않는다는 말이다. 장기 체류자 중에는 이러한 '가정의 비밀'을 포착한 사람들이 꽤 많았다. 샌즈는 "극심하게 격리되어 있음에도 불구하고 (한국 여성들은) 가정을 지배"하고 있다고 했고, 길모어도 여성들은 "집안에서 힘을 가지고 있다"면서, 한국 여성도 미국처럼 가족의 행복에 중요한 열쇠를 쥐고 있다고 보았다.

여성의 지위가 외국인이 생각하는 것만큼이나 그렇게 열악하지 않다는 사실을 보여 주는 사례는 허다하다. 나는 여성이 존경받고 있다는 사실을 이미 밝힌 바 있다. 남편과 자녀들은 그에게 말할 때 예의 바르고 정중한 용어를 사용한다. 사업 문제에 대해 자신의 부인과 상의하는 것은 남성들의 습관이며 여성의 선천적인 섬세함은 종종 여유 자금을 사용할 때 나타난다. 한마디로 말해서 미국에서와 같이 한국에서는 가정주부가 매우 중요한 인물이며, 그가 그러한 상황에서 열쇠를 쥐고 있는 것과 마찬가지로 가정을 화목하게 만들거나 혹은 그 반대로 만들 수 있는 수많은 일을 행할 수 있다.[50] (길모어)

그리피스도 일본에서는 여자가 공직에 취임하지 않으나, 한국의 역사를 보면 여왕이 정치권력을 잡고 나라를 움직인 일이 있다는 사실만으로도 가정 내 한국 여성들의 '숨은 파워'를 상상할 수 있다고 했다. 헐버트는 "극동에서 오늘날과 같은 도덕적 상황이 존속하는 한 여성의 은둔은 욕된 것이 아니라 미덕"이며, 여성을 어떻게 대우하느냐에 따라 한 민족의 '문명도'를 측정하는 것은 옳지 않다면서 가부장제도의 급격한 변화보다 점진적인 변화가 바람직하다고 했다.

아무튼, '숨은 파워'를 가진 한국 여성들의 본보기는 고종의 왕후였다. 당시 거의 모든 이방인들이 명성왕후에 대해서 언급했는데, 그 중에서 그녀를 직접 만난 언더우드 여사는 다음과 같이 왕후를 기억하고 있었다.

약간 창백하고 아주 가냘프며 어느 정도 뚜렷한 얼굴과 명석하고 날카로운 눈을 가진 그는, 언뜻 보기에 아름답게 보이지는 않았지만 어느 누가 보기에도 그 얼굴에서 보이는 힘과 지적인 강한 성격을 읽을 수 있었다. 그가 말을 시작했을 때 쾌활함, 순수성, 기지, 이 모두가 그의 용모를 밝게 해 주었으며 단순한 육체적인 아름다움보다 훨씬 크고 놀라운 매력을 주었다. …… 왕비가 고상한 정신적 자질을 소유하고 있다는 것을 나는 곧 알게 되었으며, 모든 아시아인들처럼 그도 주로 중국의 고전을 배우고 있었다. 그는 많은 것을 물었다. 그는 자기가 들었던 것은 잊지 않았기 때문에 세계의 많은 나라와 정부에 대한 아주 많은 지식을 갖고 있었다. 그는 섬세하고 유능한 외교가였으며, 그에 대해 아주 적대적인 무리들의 허를 찌르기가 일쑤였다. 게다가 그는 폭넓고 진보적인 정책에 탁월성을 보였고 애국적이었으며 또 조국의 최대 이익에 헌신했고 동양의 왕비들에게 기대되는 것보다 훨씬 더 적극적으로 백성에게 이익을 주었다.[51]
(언더우드)

왕후를 직접 만난 것 같지는 않으나 고종의 고문으로 오랫동안 궁궐 생활을 했던 샌즈도 명성왕후를 '똑똑한 정치가'로 기억하고 있다. 당시 왕후가 개화파나 일본세력에 반대하고 러시아에 붙으려고 했다는 통설이 있지만, 샌즈가 보기에 왕후는 기득권을 지키는 반외세 인물이 아니었으며, 서구국가들과 평화롭게 존속하기 위해서는 외국 문물을 받아들이고 정부 개혁이 필요하다는 것도 깨닫고 있었던 인물이었다. 왕후는 국가가 자유롭고 풍요로워지는 것을 원했으나 경험이 없었고, 특히 외국을 어디까지 신뢰해야 하는지 몰랐다는 것이다.

왕비는 모든 면에서 특별한 여성이었다. 그녀는 영리하고 교양도 있었지만, 조선 여성이 좀처럼 교육을 받을 수 없었던 점을 고려하면 이것은 극히 드문 일이었다. 그녀는 젊은 남편의 관심사도 잘 알고 있었다. 두드러진 개성과 강인한 의지의 소유자로 연령과 성별을 초월한 정치가였던 그녀는, 대원군에게는 처음부터 무서운 강적이 되었다.[52] (샌즈)

적극적이고 진취적인 여자들이 빨래만 하고 있다니!

원래 한반도에 살고 있던 여성들은 적극적이고 강인하고 진취적인 기질이 강했다. 멀리 삼국 시대에 주몽과 함께 고구려를 건설했던 여장부 소서노召西奴. 그녀는 주몽의 친아들 유리가 나타나자 자기 아들 비류, 온조와 함께 새 땅을 찾아 남쪽으로 떠나지 않았던가. 권력 싸움을 벌이지 않고 자기 갈 길을 찾아 백제라는 또 다른 나라를 창업하는 데 공헌했으니, 이 얼마나 쿨하고 멋진 여인인가. 신라 시대에는 세 명의 여왕이 나라를 통치했던 적도 있고, 고구려 시대에는 여자 군인도 있었다고 한다. 통은 또 얼마나 큰지! 1793년, 제주도에 대가뭄이 들었을 때 자기 전 재산을 털어 제주도 민중들을 구했던 김만덕을 보라. 한국 여성은 정의로움과 배포 면에서 남자들에게 결코 뒤지지 않았다.

그런데 조선 시대에 와서 여성들의 지위는 완전히 거꾸로 갔다. 유교 국가인 조선에서 가장 큰 피해자는 여성이었다. 조선은 여성들의 재능을 써먹지 못하고 집 울타리 안에다 꽁꽁 매두었다.

오로지 하는 일이라고는 바느질하고 빨래하는 일뿐이었다. 19세 말 한국을 찾은 외국인들의 눈에도 한국 여성 하면 "터키의 하렘보다 더 보호되는 안채"에서 인도 여성들보다 더 규제를 받고 있었다. 한국 여성은 "가장 추운 날 겨울밤에 강과 도랑의 두꺼운 얼음장을 깨 그 찬물에 자신의 손을 담가 아마도 집에서 한가롭게 잠에 취해 있을 남편과 주인의 옷을 빨며 시간을 보내는 불쌍한 존재"들이었다. 날씨가 좋으면 고작,

• 구한말 내명부에 속한 여인이 관복을 갖춘 모습

"아, 오늘은 빨래하기 좋겠다!"고 외치는 게 한국 여자였다.

서울 밤거리를 걷다 보면 쉴 새 없이 똑딱거리는 다듬이질 소리가 들려온다. 하루 종일 빨래하고 돌아온 여자들이 밤늦도록 옷을 손질하는 것이다. 이 소리는 큰 잔치나 나라의 공공 행렬이 있는 전날 밤에는 더 부산하게 들렸다. 커즌은 한국 남자들이 흰옷을 입는 이유를 궁금해 했는데, 혹시 여자들을 계속 일하게 하려는 속셈은 아닐까 의심했다.

흰옷은 남성들이 여성들을 계속 일하게 하려는 숨은 뜻을 가지고

있는 것이 아닌가 하는 점이다. 서울 거리에서는 꼭 닫힌 집안으로 부터 온종일 또드락 뚝딱하는 신비한 소리를 들을 수 있다. 이 소리는 부녀자가 나무 방망이로 흰 무명옷을 쉴 새 없이 두들겨서 서방님께서 남성 패션에 맞는 윤나는 흰옷을 입고 다닐 수 있도록 하기 위한 것이다.[53] (커즌)

외국 여행자들이 거리에서 마주치는 여성들은 거의 모두 '박색'인 하류층 여성들뿐이었다. 중산층 여성들은 장옷으로 얼굴을 가렸고, 상류층 여성들은 가마를 타고 다녀서 도통 얼굴을 볼 수 없었다. 우연히 외길에서 양갓집 여자를 만나면 거의 모두 숨어버리거나 길옆에 있는 아무 집으로 쏙 들어가 버렸다. 하류층 여성들은 초라한 옷에 '터번' 같은 천속으로 머리를 아무렇게나 집어넣었고, 얼굴도 드러내놓고 다녔다. 마음이 내키면 먼저 남자들에게 말을 걸었다. 짧은 웃옷 아래로 가슴을 드러내 놓는 여자들도 있었다.

당시 유럽인들이 아프리카나 남미를 여행하고 나서 쓴 여행기에 그곳의 원주민 여성들이 가슴을 가리지 않는 풍습을 '야만'의 이미지로 제시하곤 했는데, 한국 여성들도 다르지 않았다. 그러나 문화상대주의 성향이 강했고 '진짜 한국인'을 보고야 말겠다는 열망이 컸던 겐테만이 다른 해석을 붙였다. 겐테는 시골에서 젊은 여성들이 자기 앞에서 거리낌 없이 아기에게 젖을 물리는 장면을 보고 나서, 이 모습은 어머니들이 아가에게 모성애를 보이는 것이

• 개화기 한국의 상류층 여성들

므로 부끄러워할 필요가 없으며, 이런 이유로 한국 여성들이 가슴을 가리지 않는다고 했다.

아무튼, 이 시기에 나돌았던 '야만적인' 사진의 출처는 명확하지 않았다. 일본이 한국의 식민 지배를 위해 '미개함'의 이미지를 돋보이려고 연출했다는 의견도 있다. 가슴을 드러낸 동일한 여인이 여러 장소에 등장하거나, 관찰자들의 흥미를 유발시키기 위해 거리나 스튜디오에서 연출된 듯한 분위기가 짙었기 때문이다.

18, 19세기 유럽에서는 아프리카나 남아메리카로 탐사를 떠났다가 본국에 돌아온 탐사대원들이 이국땅에서 겪은 체험을 소재로 쓴 기행문이 인기를 끌고 있었다. 유럽의 독자들은 이국적인 스토리에 열광했고 환상적인 꿈을 꾸며 미지의 세계를 동경했다. 겐테가 한국에 체류하고 있는 동안, 궁내부 소속의 미국 고문관 (윌리엄 샌즈로 추정)이 보여준 편지를 읽은 적이 있는데, 이 편지 중에

는 베를린에 살고 있는 '철없는 아가씨'들이 동방의 군주를 동경하며 한국의 황제에게 구애를 하는 편지도 있었다.

그렙스트도 독일 영사에게 들은 데스보르데스라는 어느 젊은 외교관과 기생 사이에 벌어진 사랑 이야기를 적어 넣으며, 자신의 여행기에 이국적인 낭만성을 가미하고 있다.

데스보르데스라는 젊은이가 평양에서 온 기생과 결혼을 한 것으로부터 일이 비롯되었지요. 그 젊은이가 기생에게 푹 빠져버려 저희들이 간곡히 만류해보았으나 구제할 도리가 없었습니다. 그 여자는 개종하여 가톨릭교회에서 세례를 받았고, 결혼식 뒤에 그 부부는 사이공으로 신혼여행을 떠났습니다. 거기에서 젊은 부인은 마카오에서 온 포르투갈 출신의 다이아몬드 상인과 눈이 맞아 도망을 해버렸고, 데스보르데스는 이마에 총을 쏘아 자살했습니다.[54] (그렙스트)

당시 거리를 자유로이 활보하는 여성들은 하류층 여성들이었다. 커즌과 길모어는 다음과 같이 하류층으로 여겨지는 한국 여인과 일본 여인을 비교했는데, 일본 여성이 요기 또는 유혹적인 쾌활함을 드러낸다면 한국 여성은 강인함 또는 우울함으로 나타난다는 것이 흥미롭다.

한국 여성들은 강인하고 힘세며 가정을 꾸리는 반면, 일본 여인들은 헤프고 안짱다리를 가졌으며 잘 웃고 남자를 호리는 요기를 부린

다.[55] (커즌)

일본을 여행할 때면 사람들 속에서 어떤 활기참을 느끼게 된다. 일본 여자들의 눈에는 거의 항상 즐거운 쾌활함이 있고 유쾌한 생기가 감돈다. 그리고 이들의 눈은 미소로 답례하도록 유혹한다. 그들의 인생은 놀이나 소풍처럼 보인다. 그러나 조선 여인들에게서는 이러한 활기참과 쾌활함, 그리고 생기 같은 것이 부족하다. 이들의 인생은 심각하고 진지하다. 그러므로 우울함이 조선 여인들의 특징적인 모습이다.[56] (길모어)

일본 여성들은 한국 여성들처럼 격리되지 않았다. 공공장소에서 남자들을 만나서 인사를 하거나 대화를 나눌 수가 있었다. 손님을 맞이할 때도 남자들과 같이 식사는 하지 않지만, 최소한 손님을 마중하고 절을 한 다음 물러났다. 그러나 한국에서는 외국인들이 몇 주일 동안 한국인 친구 집에서 숙식을 해도 아내나 딸을 볼 수가 없었다. 한국 여성은 너무 엄격하게 보호되고 있었다. 만약 침입자들에게 폭행을 당한다고 해도 이 사실을 고발하지 않고 숨기는 편이 차라리 낫다고 생각할 판이었다.

한국 여성의 미美, 청순, 수수함, 세련됨
이방인들은 안채에 숨어 사는 한국 여자들의 미모가 궁금했다. 어디를 가나 세상의 반은 여자이지 않은가. 이 나라는 거리에서 남녀가 마주치면, 남자는 여자가 지나갈 공간을 마련해주고 서로 얼굴을 쳐다보지 않기 위해 슬쩍 고개를 돌린다. 한국 남자들도 이럴진대, 외국 여행자들에겐 여자들의 얼굴을 볼 기회란 하늘의 별 따기였다. 오페르트는 아슬아슬하게 잡았던 기회를 놓친 순간을 다음과 같이 적었다.

나는 한국 여성들의 외모가 남자들에 못지않게 또한 매력적이라 짐작하고 있었는데, 실제로 이런 추측을 충족시킬 기회를 가진 적이 있다. …… 이 일은 우리가 어느 부농을 방문했을 때 우리를 정성껏 안내해 주던 소작인을 따라 실내로 들어가던 중에 일어났다. 매우 아리따운 소작인의 딸은 평상시처럼 피할 겨를도 없이 우리와 마주쳤다. 그를 다시 보고자 하는 마음을 드러내는 것은 교양 없는 짓이기 때문에 아쉽지만 우리는 그를 언뜻 스쳐본 정도의 행운에 만족해야 했다.[57] (오페르트)

이에 비하면 '종로 거리의 화가' 랜도어는 행운남이었다. 그는 상류층의 집에 불려 다니며 그림을 그렸기에 어느 날, 고관대작의 '소실'을 눈앞에서 그릴 수 있는 기회를 얻었다. 랜도어는 날마다 거리에서 사람들을 그렸으니, 한국 여자들의 특징을 누구보다 잘 관찰할 수 있었다. '세상의 다른 곳에서처럼 조선에도 사내를 녹이는 여자들이 왜 없겠는가?' 하고 운을 뗀 뒤 그는 자세히 한국 여성의 외모를 묘사했다.

운 좋게도 그는 내가 그림을 그릴 수 있도록 자리에 앉아 주었다. 그는 흔히 입는 것보다 훨씬 더 길고 푸른 너울을 입고 있었는데 전혀 어색해 보이지 않았다. 그 너울은 바로 발목 위까지 오는 흰 비단 바지와 그의 작은 발에 꼭 맞는 푸르고 흰 예쁜 신발을 가렸다. 그는 입고 있던 작고 붉은 저고리를 매우 자랑했다. 그리고 그는 파이프 담배를 피웠는데 내가 알기로 그의 나이는 열일곱 살에 불과했다.[58] (랜도어)

몇 달 동안 내가 날마다 거리에서 스케치하고 있는 것을 보고서 사람들은 나를 잘 알게 되었다. …… 나는 대부분의 우연한 여행자들보다 한국의 처녀를 더 많이 볼 수 있었다. 우리가 한국 여성의 매력을 분석하게 될 때 찬반양론에 부딪치는 것은 사실이지만 평균적으로 한국의 처녀들의 매력이 다른 나라보다 더 못하다고 말할 수는 없다. 그는 아름다울 수도 있고 추할 수도 있다. …… 일단 아름답게 생긴 한 처녀를 택하기로 하자. 슬픈 듯한 모습의 작은 달걀형의 얼굴을 가진 그를 보라. 그는 아치형의 눈썹과 긴 속눈썹 때문에 타원형의 새까만 눈이 부드러워 보인다. …… 당신은 그를 처음 보게 된다면, 그의 행동을 상당히 고결하고 침착하게 느끼게 되어 그를 거의 작은 조상彫像으로 여길 것이다. 그는 수줍음 때문에 거의 얼굴을 돌리거나 고개를 들어 당신을 쳐다보지 않을 것이다.[59] (랜도어)

랜도어는 곧이어 한국 여자의 미美를 일본 여자와 유럽 여자들과 비교했다. 앞에서 말한 커즌과 길모어는 일본 여자들을 주로, 요기와 호림, 헤픔, 생기, 유혹, 쾌활함으로 묘사했고, 한국여자들은 심각, 진지함, 우울, 힘셈, 강인함 등으로 묘사했다. 반면 랜도어는 이들이 전혀 보지 못한 청순, 자연스러움, 수수함, 세련됨을 포착했다.

그러나 일단 그의 수줍음이 가시면, 그는 놀라울 정도로 밝아진다. 그의 화사한 얼굴과 부드럽고 애정 어린 눈길로 먼 곳을 응시하는 모습은 아무리 강직한 남자라도 애간장을 녹이기에 충분하다. 그는 청순하고 자연스러운 데에 주로 매력이 있다. 유럽 여인의 아름다움은 한국 여인의 아름다움에 비견할 바가 못 된다. 왜냐하면 그는 그렇게 키가 크지도 않고 체형이 빼어나지도 않지만, 내 생각에는 극동 민족의 여성들 가운데에서 보기 드문 세련된 미모를 갖추고 있기 때문이다. 사람들이 매우 흔히 들어온 일본 여성은 보다 예술적으로 차려 입지만 한국의 비너스와는 비교가 되지 않는다. 밝은 살빛과 위에 열거한 특성들을 고려해 볼 때, 한국 여성은 나에게 유럽 여성 아름다움의 표준에 가장 가깝게 근접해 있는 것처럼 보였다.[60] (랜도어)

랜도어의 미적 취향을 믿어 준다면, 그는 한국 남자들뿐만 아니라 한국 여자들에 대해서 후한 점수를 주었다. 한국 여성의 미모는 일본 여자들이 '예술적으로' 차려 입어도 비교할 수 없다고 했으니, 그가 얼마나 객관적인 미美의 기준을 갖고 있는지는 몰라도 최소한 '꾸며짐'보다는 '자연스러운 미美'를 선호했음은 틀림없다. 19세기 말에 한국을 찾은 사람들 중에 랜도어만큼 한국 사람들의 외적 특징에 몰두한 사람은 없었다. 화가라는 직업과 평민층과 상류층을 두루 만나 보았기에 가능했던 일이다. 여성들이 안채에만 있던 터라 미모를 관찰할 기회가 귀했을 시기에, 한국 여자들에 대한 랜도어의 기록은 그야말로 희귀본이라고 할 수 있다. 아무튼, 그에 따르면 그윽하면서도 우아한 멋이 한국 여인들의 미美의 특징이었다.

나 또한 한국 여성들의 얼굴에 어려있는 수수하고 고상한 멋을 좋아한다. 이 분위기는 은근히 강하고 독립적이면서도 깊은 멋이 있다. 스웨덴에 있을 때 그곳 여성들이 건강하고 고상하며 세련되었다는 느낌을 받은 적이 있었다. 그들은 화려하고 요란하게 치장하길 좋아하는 서구의 다른 나라 여자들과 분명히 달랐다. 내가 스웨덴 여성들이 '다르다'고 느꼈듯이, 랜도어도 한국 여성들에게는 다른 나라의 여성들과 사뭇 다

• 새비지 랜도어가 그린 한국 여성

른, 청순하고 세련된 미美가 있다고 느낀 것이다.

한 가지 더, 랜도어는 한국 여성들이 일본인이나 중국인처럼 '몸 성형'을 하지 않으며 자연스러운 아름다움을 추구한다는 점을 빼놓지 않았다. 일본 여자들은 눈썹을 밀거나 치아를 검게 칠하고 몸에 문신을 하는가 하면, 중국 여자들은 전족을 만들기 위해 발을 볼품없이 '비틀어' 놓는데, 한국 여자들은 이러한 인위적인 치장을 하지 않는다는 것이다. 오늘 날 성형 왕국 속에 사는 한국 여자들이 자연스러움이야말로 훨씬 세련되고 고상한 멋이라는 걸 깨닫게 될 날이 오길.

백인 우월주의를 공격한 다부진 논객, 박마리아

20세기 초, 한국 사회에 새로운 캐릭터의 여성들이 등장하기 시작한다. 가부장제에 반발하는 여성, 장옷을 벗고 3·1운동에 참여한 여성들이 그들이다. 여자가 스물이 넘도록 시집을 가지 않거나, 과부가 재혼을 하면 수치로 여겨지던 세태가 바뀌어 가고 있었다. 과거에는 대부분 여성들이 가사 일을 하고 남자들은 남존여비제도의 혜택을 받았지만, 젊은 남자들도 집안일을 분담하고 있었다. 점점 전통적인 풍습에 반발하는 여성들이 나타나기 시작했다.

신식 교육을 받은 신부 중에는 그런 구식 풍습을 배척하는 사람도 있다. 교육도 받고 영어도 잘하는 신식 여자가 구식 집안에 시집을 갔는데, 자존심이 강하고 고집도 센 그녀는 다른 가족이 식사할 때 여자는 기다려야 한다는 관습을 거부했다. 시아버지가 며느리의 고집을 꺾어보려 했지만 성공하지 못했다. 그나마 생활의 위안이 되어주던 아이가 죽자 그녀는 오래된 풍습에 도전하면서 시집에서 나와버렸다. 새로운 사조가 차차 고루한 풍속을 바꾸어가고 있으며, 요즘은 젊은 남자들도 여자들 못지않게 새로운 풍습을 받아들이고 있다.[61] (엘리자베스 키스)

여성들이 하나둘씩 장옷을 벗기 시작하자, 한국 여자들의 독립적이고 강인한 성격이 바깥으로 드러나기 시작했다. 1919년에는 여성들이 남성들 못지않게 용감했다. 과거에는 11살이 지나면 안채에서 살아야만 했고, 담 밖의 세상을 엿보기 위해 마당에서 널뛰기를 했던 양반가 여자아이들이, 3·1 독립만세 운동 때는 비밀문서를 전달하고 〈한국독립신문〉을 배포하며 지하조직에 참여했다. 고문을 당해도 굽히지 않았다.

이 시기 한국을 방문했던 영국의 여류 화가 엘리자베스 키스는 감옥에 들어갔다가 나온 여자를 스케치하면서 그녀의 몸에서 고문의 흔적을 보았다. 그러나 "그녀의 표정은 평온하였고, 원한에 찬 모습이 아니었다." 그녀의 아들도 3·1운동에 가담하여 감옥에 끌려가 있었지만 그녀는 얼굴에 어떠한 아픔도 내비치지 않았다고 쓰고 있다.

키스는 이화학당의 미국인 교장과 함께 3월 독립운동 시위를

엘리자베스 키스
(Elizabeth keith, 1897~1956, 영국)

엘리자베스 키스는 1897년 스코틀랜드에서 태어나, 1915년부터 20여 년 간 일본, 한국, 중국, 필리핀, 인도네시아 등을 여행하면서 그림을 그렸다. 그녀는 판화, 수채화 등 다양한 작품을 남겼는데, 특히 동양의 색채를 감각적으로 표현한 판화가로 널리 인정받았다. 평생 미혼으로 살면서 그림을 그리다가 1956년 세상을 떠났다. 그림과 해설을 곁들인 『Old Korea: The land of morning calm』은 세계2차 대전으로 지연되다가 전쟁이 끝난 후인 1946년 런던에서 출간되었다. 한국에는 『영국 화가 엘리자베스 키스의 코리아 1920-1940』로 번역되었다.

1915년, 키스는 일본에 살고 있었던 여동생을 방문했다가 예기치 않게 동양적 정취에 흠뻑 빠졌다. 영국으로 돌아가는 배편을 취소하고 일본에 머물면서 목판화 기술을 배우기 시작했다. 당시 일본에는 서양의 후기 인상파에 영향을 준 '우키요에'라는 목판화 기풍을 배우러 온 서양화가들이 많았다. 키스가 여동생과 함께 한국을 방문한 것은 1919년 3월 28일, 독립만세운동이 한창이던 때였다. 두 자매는 3·1운동의 생생한 목격자가 된 셈이다.

일본적인 정취에 빠져 있던 키스는 한국에서 전혀 다른 일본의 얼굴을 보게 된다. 당시 한국을 여행하는 외국인은 일본의 감시를 받고 있었는데, 키스는 일본 총독에게 받은 명함 덕분에 3·1운동을 지켜보며 적은 글을 무사히 일본으로 가져갈 수 있었다. 1936년 마지막으로 한국을 방문하기 전까지 몇 차례 더 한국을 찾아와 사라져가는 한국의 풍속을 섬세한 필치로 묘사했다. 흰옷에 검은 잉크가 뿌려진 것, 한국의 전통의상이 일본식 교복과 칼 모양의 모자로 바뀌어 가는 것 등을 목격하고 안타까운 심정을 피력하고 있다.

하다가 붙잡힌 여학생을 면회하러 갔다. '루스'라고 불리는 이 여학생을 볼 수 있는 방법은 감옥의 작은 구멍을 통해서였다.

구멍이 어쩌나 작은지 이쪽저쪽으로 머리를 움직여야만 여학생의 얼굴 전체를 볼 수 있었다. 여학생은 우리 모습을 다 볼 수는 없고 목소리를 듣고 누구인지 알아보는 정도였다. 학교에서 루스(Ruth)라고 불리는 이 여학생은 반질거리는 까만 머리를 등 뒤로 땋아 내렸다. 기품이 고고한 얼굴이었고, 치아는 하얗고 뺨은 불그스레했으며 새까만 눈동자는 반짝거렸다. 슬픈 표정이라기보다는 오히려 환희에 넘치는 표정이었다. 여학생은 왜 자기가 학교의 명령을 어기고 독립운동에 참가했는지 또 어떻게 체포되었는지 말했다. 동정을 구하는 표정이라기보다는 승리한 자의 모습이었다. 선생은 그런 이야기를 들으면서 울었지만 루스는 조용하고 침착하였다.[62] (키스)

헨리 드레이크의 책에는 '박마리아'라는 독특한 한국 여성이 등장한다. 드레이크는 1928년을 전후하여 2년여 동안 일본에 고용되어 서울의 고등학교와 경성제국대학에서 영어회화와 작문을 가르쳤다. 한국에 오기 전에는 영국에서 몇 편의 작품을 발표한 소설가였다. 박마리아는 드레이크가 머물고 있었던 하숙집의 딸로 7살 때 미국 선교사의 도움으로 미국으로 건너가 교육을 받고, 21살에 한국으로 돌아왔다. 어렸을 때부터 그녀는 '재간둥이'였고 '특이한 사고의 소유자'였다.

그는 대학졸업자라는 화려한 이력을 가지고 있다. 그는 다부진 논객이었다. 그는 자유자재로 영어를 구사할 수 있었으며 바이올린을 연주할 수도 있었다. 그의 선생이자 매우 훌륭한 나의 친구인 한 체코슬로바키아인은 '그는 음악에 대해 천부적인 재질을 가지고 있고 연주 솜씨 또한 훌륭하지만 연습하지 않는다' 고 말했다.[63] (헨리 드레이크)

드레이크가 보기에 박마리아는 한국 사회에 적응하지 못했다. 그녀는 서구화된 열렬한 개인주의자로서 설날에 무릎을 꿇고 바닥에 고개를 조아리는 세배도 싫어했다. 드레이크는 한국 사회에서 남성이 아닌 여성이, 더구나 아름답지 않은 여성이 이렇게 개인주의적인 성향을 가졌음으로, 박마리아가 '외톨이'일 수밖에 없을 거라고 생각했다. 그녀는 자유를 갈구하나 한국은 아직도 그녀를 보수적인 사회관습의 틀 안에 묶어 두고 있다는 것이다.

그러나 박마리아에게 한국 사람과의 결혼은 상상도 할 수 없는 일이었으며 외국인과의 결혼 또한 엄두도 낼 수 없는 일이었다. 그러한 현실은 그로 하여금 결혼은 노예 제도라는 단호한 선언을 불필요할 만치 반복하게끔 몰고 갔다. 그는 결코 결혼하지 않을 것이다. 그에게는 자유가 필요했다. 그는 개인주의적인 신조에 매몰되어 있었다. 그는 완전히 외톨이였다.[64] (드레이크)

박마리아의 아버지는 구한국의 고관대작이었으나 일본이 제안하는 공직을 거절하고, 이후 어떤 역모사건에 연루되어 3년 간 옥고를 치룬 적이 있었다. 일본에 대한 저항의 피가 딸에게도 흐르고 있었다. 드레이크와 박마리아는 일본에 대한 견해 차이로 종종 충돌했다.

어느 날, 두 사람은 일본의 식민주의와 한국의 자유에 대해 논쟁을 벌였다. 박마리아는 '자유'란 "햇빛 가득한 공기와 같은 자연의 산물"이며 인간은 자기만족을 추구하며 행동하는 존재라고 말했다. 자유란 '시대정신'과 같은 것이므로 한국의 자유를 억압하는 일본은 한국에서 식민 통치를 철회해야 한다는 것이다. 그러자 드레이크는 박마리아가 말하는 자유는 어린아이들이 졸라대는 자유와 같다고 비유했다. 어린아이는 질서를 가져올 수 없으므로 자유를 가질 수 없다. 자유란 '우연한 계기의 산물'이 아니고 '세대를 이어온 노고의 산물'이다. 드레이크가 말하는 자유란 결국 강자의 산물이라는 것이다. 스스로 질서를 지킬 수 없는 한국의 자유는 존재하지 않으며, 한국을 지켜주는 일본의 자유만 존재한다는 것이다.[65]

논쟁 중에 박마리아는 드레이크를 향해 당신은 '영국인'이라며 날카롭게 되받아치고, '논리적이면서 민감'한 성격이라고 퍼부었다. 박마리아와 논쟁을 마치고 방으로 돌아온 드레이크는 그녀가 했던 말을 곱씹으며 이 소리가 아부인지 조소인지 모르겠다고 혼자 중얼거렸다.

헨리 드레이크
(Henry B. Drake, 1894~?, 영국)

영국인 소설가. 1928년 전후로 2년 여간 서울에 머물렀으며, 서울의 고등학교와 경성제국대학에서 영어회화와 작문을 가르쳤다. 영국으로 돌아가서 『Korea of the Japanese』(1930)을 발표했다. 한국어로는 『일제 시대의 조선 생활상』으로 번역되었다. 이 책은 한국에 대한 책이지만 사실적인 서술보다 은유와 상징이 많고 상념과 독설이 난무하다. 독자를 위해서 글을 썼다기보다는 마치 자신의 미적 감각을 시험하며 개인적 만족을 위해 글을 쓰고 있는 것 같은 느낌이 든다.

드레이크는 왜 한국에 왔는지 분명하지 않다. 그는 책 어디에서도 어떤 계기로 동양에 오게 되었는지 말하지 않았다. 그는 영국에서 『치료』(The remedy, 1925), 『저주받은 보물』(Cursed Be the Treasure, 1926), 『여호와호의 선장』(The Captiain of the Jehovah, 1936) 등을 출간하기도 했다. 소설가였던 그는 일본에 의해 고용되어 도쿄도 아닌 식민지 도시 서울에 와서 교편을 잡았다. 새로운 소재를 찾고 싶어서 동양에 온 걸까, 추측해볼 따름이다. 한국에 대해서 말하는 그의 목소리는 두서가 없고 비약적이며 시니컬하다. 한국에 관해 시종일관 무관심한 태도를 일관하고 있지만, 한국 여성 박마리아를 말할 때만큼은 인상적인 필치로 매우 진솔하게 서술하고 있다.

어느 날은 일본의 식민주의에 대해서 논쟁을 벌였다. 박마리아는 "일본인들은 한국 사람들의 동의 없이 일본의 법률을 강제로 한국에 이식"했다고 비난하고, 조국의 분노는 정당한 것이며, 힘이 있다면 그들과 맞서 싸울 거라고 했다. 드레이크는 한국인은 누구나 일본인을 저주하지만 자신은 일본을 옹호한다면서, 그 이유는 일본이 한국에 하는 것처럼, 영국이 인도에서 하고 있기 때문이라고 맞섰다. 박마리아는 드레이크를 향해 당신은 '제국주의자이며 약자를 괴롭히는 무자비한 인물'이라고 매섭게 비난했다. 드레이크는 그날 박마리아가 퍼부은 말을 상기하며 이렇게 고백했다.

기억나는 것은 내가 무척 놀라운 태도를 취했다는 것이다. 그에게 비친 나의 모습은 제국주의자이며, 강력하고 무자비한 정부의 앞잡이이며, '백인의 짐'을 지고 있는 인물이며, 자신의 이익을 위해 약한 자를 억압하는 강렬한 의무를 지고 있는 인물이었다. 자유를 옹호하며 투쟁하는 침략 당한 땅의 마지막 보루였던 박마리아에 의해 나는 이러한 인물로 몰렸다.[66] (드레이크)

드레이크는 박마리아의 공격에 상당히 큰 충격을 받았다. 그는 타인으로부터 자신의 실존을 건드리는 말을 처음 들어본 것 같다. 지금까지 누구도 그의 성격이나 정체성을 건드리는 사람은 없었던 것이다. 그런데 식민지 한국에 사는 식민지 여성이 그의 실

113

체를 '까발리고', 그의 자부심의 원천인 대영제국을 공격하고 있었다. 드레이크는 방으로 돌아와 민감하게 자신을 들여다보았다. 그는 굴욕감을 느꼈고 스스로를 조소했다고 회상했다.

아름답고 강한 한국 여자들

당시, 불과 20년 전만 해도 한국 사회에는 박마리아와 같은 여성은 존재하지 않았다. 안채에 들어 앉아 바느질과 잡담만으로 하루를 소일하던 여자들이 밖으로 나와 자유로운 공기를 호흡하자 안에서만 은밀하게 남자들의 상투를 쥐고 흔들던 기질이 사회를 향해 건강하게 확장되기 시작했다. '루스'라고 불리던 소녀와 박마리아. 이 얼마나 당차고 멋진 여성들인가!

한국 여성에겐 집안에만 가둬두기엔 너무 아까운 독립적이고 강인한 기질이 있다. 스웨덴 여성들이 양성평등시스템 속에서 쿨하고 멋지게 키워졌다면, 한국 여성들은 원래부터 이런 끼가 농후했다. 없는 기질을 만들어 내려면 힘이 들지만, 원래부터 있는 기질을 끄집어내어 단련시키는 것은 어렵지 않다. 그런데 아직도 한국 사회는 한국 여성의 끼를 제대로 써먹지 못하고 있다. 여성은 아직도 남성에 비하면 '아랫것'이다.

스웨덴 사회가 세계에서 '행복한 나라'로 자리 잡은 데에는 여성 파워가 기여한 공이 크다. 스웨덴의 경우 국회에서 여성의원이 차지하는 비율이 거의 50%이니 스웨덴 여성들은 남성들과 동등하게 국가의 중요한 정책결정 과정에 참여하고 있는 것이다. 여성은 남성보다 '약한 것'에 훨씬 섬세한 감각이 있다. 국가정책결정 과정에 여성들이 진출하면 할수록 그 사회는 '강한 것' 위주로 굴러가는 부조리가 민감하게 탐지되어 해소되어질 가능성이 높다. 한국의 경우는 15%에 불과하니, 이 수치는 한국 여성들이 갖고 있는 잠재력으로 보건대 너무 작다. 우리는 고구려와 백제라는 두 나라를 창업한 여장부 소서노召西奴의 후예 아닌가.

어찌 보면 남성들보다도 한국 여성이 더 매력적인 존재들이다. 부드럽고 섬세한 강인함이, 강하기만 하고 경직된 힘보다 훨씬 파워풀하니 말이다. 한국 여성들의 내재적인 끼와 재능을 잘 쓰면 이 힘은 가히 폭발적일 것이다. 건강한 미래를 위해서 우리는 여성을 어떻게 대우하는 게 좋은지 심각하게 고민해봐야 한다.

오늘 날 내가 느끼고 있는 한국 여성은 부드럽고 강하다. 또한 예쁘고 당당하다. 예컨대, 김연아를 봐도 그렇고, 심지어 한국의 걸 그룹, 소녀시대니 2NE1을 봐도 이 두 가지 매력이 다 함께 느껴진다. 아시아 여성으로서 부드러움과 강인함이라는 서로 어울리기 힘든 매력을 다 갖기란 쉽지 않다. 한반도에 아름답고 강인한 여성이 존재한다는 것은 이 땅의 행운이다. 여성을 좀 더 존중하는 사회가 도래하면 한국 여성들이 얼마나 쿨하고 멋지게 변할까. 이 모습을 상상하면 나는 벌써부터 가슴이 두근거린다. 한국의 미래는 여성들에 의해 분명히 달라질 것이다. 보다 평등하고, 보다 섬세하게, 그리고 보다 정직하게! 여성들이여, 우리는 우리를 스스로 단련시켜야 한다. 아름답고 강하게! 섬세하고 쿨하게!

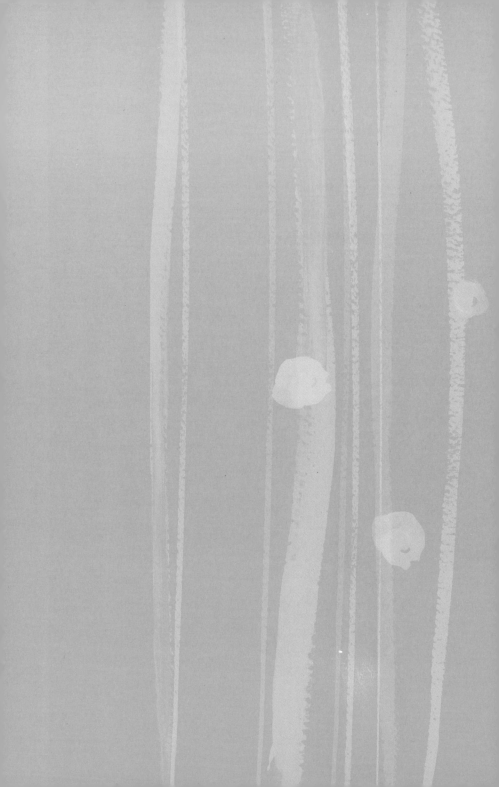

2장

100년 전 우리는 이렇게 살았다

자연과 예술을 사랑하는
한국인

한국인의 자연 예찬, "좋소?"

한국을 떠나보지 않으면 한국의 자연이 얼마나 아름다운지 모른다. 알프스에 가봐야 설악산이 세계적으로 빠지지 않는 명산임을 알게 되고, 파리의 센 강에 가봐야 서울의 한강이 얼마나 장쾌한지 알게 되듯이. 도시만 조금 빠져 나가면 펼쳐지는 한국의 산천초목은 또 어떠한가. 들과 산, 오솔길과 강물이 이렇게 정겹고 조화롭게 모여 있는 풍광은 세계 어디를 가도 없다. 유럽에 있는 동안 한국에서 가장 그리운 것은 바로 '자연'이었다. 친구들이 뭐가 가장 그립니? 하고 물을 때면 나는 단연 'Nature!'라고 대답하곤 했었다. 그렇게도 한국의 산천초목이 보고 싶을 수가 없었다. 마치 엄마의 품처럼. 그때 알았다. 엄마의 품이 나를 길렀듯이 자연이 나를 길렀다는 것을. 자연이 바로 '모국의 품'이라는 것을.

방학을 맞아 한국에 오면 나는 차창 밖의 풍경에 눈을 뗄 수가 없었다. 그동안 어디 달라진 곳은 없는지, 마구잡이로 지어진 건물이나 공사 때문에 풍광이 훼손되지는 않았는지 확인하느라 내 마음은 설레고 바쁘다. 우리가 얼마나 정겹고 아름다운 자연에 살고 있는지 안다면, 엄마가 아가를 다루 듯, 좀 더 조심스럽고 소중하게 자연을 다룰 텐데.

각 나라의 자연에는 자기만의 '얼굴'이 있는데, 한국의 자연에도 한국만의 독특한 '얼굴'이 있다. 실은, 자연에게 등수를 매기는 것은 자연에 대한 모독이다. 예컨대, 나에게 알프스는 근육이 멋지고 잘생기고 기골이 장대한 스포츠 선수라면, 설악산은 어떻게 이런 미美가 세상에 있나 믿을 수가 없어서 자꾸만 확인하고 싶은, 그러나 눈빛을 마주하면 빨려 들어갈 것만 같은 두렵고도 유혹적인 여인이다. '스포츠 스타'와 '미인' 중에서 누가 더 매력적이라고 말할 수 있겠는가.

아무튼, 1세기 전 한국을 찾은 서구의 여행자들이 반한 것은 자연이었다. 화가인 키스는 누구보다도 한국 자연의 예찬자였는데, 나는 그녀가 다음과 같이 말한 것에 절대 동감한다. "(한국의 풍경이) 너무도 아름다워 어떤 예기치 못한 프로젝트가 그 오래된 땅의 매혹적인 풍경을 망가뜨리지 않는지 혹은 파괴하지 않는지 걱정이 되어 한시바삐 그곳으로 되돌아가고 싶은 동경을 느낀다."

한국에 2년여 동안 살면서 한국의 모든 것에 무심하고 무감동했던 영국의 소설가 드레이크도 늘 서울을 떠나 자연으로 가고 싶어 했다. 그는 명성왕후를 '중국인'으로 알고 있을 정도로

120

• 100여 년 전 평양 대동강의 모습

한국의 역사에 무지했고, 사람들이 경성제국대학에서 무얼 가르
치느냐고 물어보면, "아무것도 가르치지 않는다"고 대답하는 시
니컬한 사람이었는데, 자연에 대해서 말할 때는 믿을 수 없을 정
도로 생기 있게 변했다. 문학가로서 동원할 수 있는 최고의 수사
를 동원하여 자연을, 특히 금강산을 찬미했다.

(금강산은) 기이한 마법처럼 환상적이고 기묘한 매력의 정취가 배어있
다. 그것은 우리도 모르는 사이에 우리를 옛날의 낭만적인 향수 속
으로 매혹한다. …… 태고의 마법의 자취를 다시 한 번 느끼는 것이
다. 그것을 느낀다는 것은 단순히 영혼의 응답으로서가 아니라 피
와 뼈에 사무친 형용할 수 없는 도취이다.[67] (드레이크)

금강산은 한국인에게도 '꿈의 산'이었던 모양이다. 18세기 말, 제주도에 흉년이 들었을 때 평생 모은 돈으로 쌀을 사 제주도 민중들을 구제했던 김만덕. 후에 이 선행이 알려지고 정조가 제주목사를 통해 김만덕의 소원을 물으니, 김만덕은 한양에서 임금님을 뵙고 '금강산'을 보고 싶다고 말할 정도였으니 말이다. 실제로 김만덕은 한양에서 정조를 알현하고 한 달여 동안 금강산을 돌아보고 제주도로 돌아왔다. 금강산은 당시 사대부들도 좀처럼 유람할 엄두를 내지 못한 명산이었다. 그곳을 여행하기 위해서는 '계'를 조직할 정도였다고 한다.

　　한국을 여행하는 서구인들에게 금강산은 빼놓을 수 없는 여행 코스였다. 금강산에 가면 여행자들은 유점사, 장안사 등 꼭 몇 개의 사찰을 들렀다. 우리가 잘 알고 있듯이, 한국의 사찰은 산속 절경 속에 자리 잡고 있다. 아름다운 자연을 바라볼 수 있는 곳에 사찰이 있는 데에는 이 땅의 역사와 함께해 온 불교와 관련이 있을 것이다. 우리는 지금도 휴가철이 되면 등산을 하거나 사찰에 가서 사진을 찍으며 시간을 보내길 좋아한다. 사계절 설악산에 가보라. 설악산의 거의 모든 계곡 길과 능선 길은 남녀노소를 막론하고 자연을 즐기려는 등반객이 점령하고 있다. 깊은 산속에 있는 오세암과 봉정암에는 이 사찰을 순례하고자 하는 불교 신도들과 일반인들로 늘 북적인다.

　　100년 전의 한국인들도 산과 사찰에서 여가를 보내길 좋아했던 모양이다. 당시 두 명의 서구 여행자가 금강산에 있는 같은 사찰을 방문했다. 그런데 두 사람은 각기 다른 감상을 적었는데 우리는 이들을 통해서 한국 사람들이 자연을 대하는 태도가 어떻게 비춰졌는지 엿볼 수 있다.

커즌은 한국의 사찰에 그다지 매료되지 않았다. 사찰은 게으른 사람들이 불교에 귀의하여 육체노동을 할 필요 없이 '시주'에 의해 살아갈 수 있는 곳이었다. 진정으로 불교에 귀의하여 학문과 수도에 전념하는 사람은 과연 몇 명이나 될까, 그는 의심스러워했다. 한국의 사찰은 '반은 탐미, 반은 미신적인 자연숭배지'로 '유흥지'의 성격이 짙었다. 사찰에서 들리는 모든 종과 북소리는 경건하기보다는 우울한 불협화음이 섞인 소음일 뿐이었다. 사찰에 대한 안 좋은 인상을 증명하기라도 하듯, 커즌은 『하멜 표류기』에서 한 대목을 인용했다

보통 귀족들은 평민 출신의 여인들과 또는 그들이 대동한 사람들과의 유희를 위해서 쾌적한 장소를 물색하는데, 기분 좋은 경치가 있고 훌륭한 공원이기도 한 절이 자주 이용된다. 그러므로 절은 사원이라기보다는 쾌락원으로 부르는 것이 옳을 것이며, 따라서 한국의 일반적인 절이란 곳은 종교적인 사람들이 열심히 술을 마셔대는 장소라고 이해해도 무방할 것이다[68] (커즌)

한국 사람들이 절에 가는 것은 종교적인 의무라기보다는 '여행의 즐거움'을 위해 찾아 간다는 하멜의 말에 커즌은 동의한 것

이다. 커즌은 왜 하멜을 인용했을까? 사찰에서 느낀 인상이 하멜의 묘사와 얼마나 잘 맞아 떨어졌던지, 커즌은 자기 인상의 신빙성을 위해 200여 년 전의 하멜의 권위를 끌어왔던 것이다. 그렇다 해도 커즌이 1668년의 하멜을 인용하는 것은 궁색해 보인다.

또 다른 여행자 겐테도 공교롭게 커즌이 방문한 금강산을 방문했다. 그는 하멜도 읽었고 커즌도 읽었다. 금강산의 한 사찰을 방문했을 때 그의 머릿속에는 커즌이 묘사한 불교사찰의 장면, 즉 "사찰에 온 한국 사람들은 쾌락을 즐기러 온 무리들"이라는 대목이 떠올랐다. 그러나 겐테는 커즌의 말에 동의하지 않았다. 겐테가 보기에 사찰을 찾은 한국인들은 "전망 좋은 장소에서 꼼짝도 하지 않고 아름다운 풍경을 응시"하는 사람들이었다. 경치를 즐기는 것은 한국인들의 삶에서 중요한 부분을 차지하고 있는 것처럼 보였다.

지나가던 승려들이 큰 소리로 묻곤 한다. "좋소?" 즉 아름답지 않느냐는 질문이었다. 이런 심오한 감정 표현은 한국인들이 여행을 하면서 전망이 좋은 명소나 아름다운 자연경관을 즐길 때 자연스럽게 우러나오는 말이다.[69] (겐테)

커즌과 겐테, 두 사람은 한국에서 가장 정신적인 장소인 사찰을 찾아와 완전히 다른 인상을 적었다. 겐테는 지나가던 승려가 경치를 바라보며 앉아 있는 무리들에게 "좋소?"라고 묻는 장면을 통해서, 한국인들끼리 교감하는 순간을 집어냈다. "좋소?"에 담겨 있는 한국인들의 응축된 정서를 이해하기는 쉽지 않았을 텐데, 이러한 포착은 '타자'에 대한 세밀한 관찰과 적극적인 공감이 없이는 쉽게 얻어질 수 없다. 한국인들끼리 던지는 말 한마디를 심오한 감정 표현으로 받아들인 겐테의 태도가 인상적이다.

오늘날, 설악산의 대청봉 아래에 있는 봉정암에 걸터앉은 사람들은 아예 "좋소?"라는 말도 건네지 않는다. 이들은 서로 눈과 눈을 통해서 이 아름다운 경치에 도취되어 있는 감정을 무언으로 나눌 뿐이다. 이렇듯, 우리는 멋진 풍광 앞에서 "좋소?"라는 감정을 이심전심으로 느낄 줄 아는 한국인이지 않은가.

'문명과 야만'의 눈으로 본 서울의 거리풍경

1870~1874년까지 일본의 동경 대학의 교수로 있었던 윌리엄 그리피스는 『은자의 나라 한국』에서, 1876년 5월 한국의 김기수 사절단이 일본에 도착했을 때의 장면을 다음과 같이 서술한 적이 있다.

정거장에서 보여준 옛것과 새것의 대조는 놀라운 것이었다. 일본인들은 이제 다가오고 있는 문명의 외형적 표지를 모두 갖추고 서 있는 반면에 한국 사람들은 이제 사라져 가고 있는 야만의 대표적인 모습들을 모두 갖추고 있었다.[70] (윌리엄 그리피스)

이 장면에서 인상적인 것은 당시 일본과 한국이 '문명과 야만'
이라는 이미지로 극명하게 대조되어 있는 점이다. 한국을 찾은 민
속학자, 바츨라프 세로셰프스키의 눈에도 일본은 '근대', 한국은
'전근대'로 뚜렷하게 구분되어 있었다. 1858년 폴란드에서 태어난
세로셰프스키는 순탄하지 않은 인생을 살았다. 그는 러시아의 속
국인 폴란드인이자 러시아제국주의의 식민지인이었다. 20대에 사
회주의 운동세력에 가담했다가 체포되어, 1880년 22세의 나이에
러시아 동부시베리아로 유배된 특이한 전력도 있다. 그는 유배지
에서 『야쿠트족』이라는 문화인류학적 보고서를 썼는데, 이 보고
서가 러시아 황실지리학회에서 주는 금메달을 받았다. 이 경력으
로 러시아 황실지리학회 탐험대의 일원이 되어 일본 북부지역의
아이누족Ainu을 연구하기 위해 1902~1903년 일본에 머물렀다. 그
가 한국을 찾은 것은 이 연구를 마친 1903년이었다.

　세로셰프스키는 일본의 근대성에 얼마나 매료되어 있었던지
부산항에 내린 첫 날부터 일본과 한국을 선명하게 대조시키고 있
다. 일본인들은 나비처럼 형형색색의 옷을 입고, 웃는 얼굴에 균형
잡히고 세련된 모습이었다. 그러나 한국의 아이들은 옷을 입기도
하고 안 입기도 했으며, 한국 여자들은 젖가슴을 늘어뜨리고 다
니고 있었다. 일본의 기술자들과 감독관들은 근대성을 표상하는
장부나 기구를 들고 우아하게 서 있는데, 그 주변으로는 거무스
름하게 맨몸을 드러낸 한국의 노무자들이 졸린 듯이 뒤엉켜 있었
다. 세로셰프스키는 다음과 같이 일본의 근대성을 예찬했다.

왜소한 일본인들이 유능한 민족임에는 의심의 여지가 없다. 그들은 동양 여기저기에 자기 식의 생활방식을 주입하고, 중국인과 한국인은 일본인을 형제로 보기에 그들에게 기꺼이 복종한다. 게다가 우둔하고 무례하고 가난한 한국 상인들은 아직까지 남의 도움 없이 일을 처리할 수 있는 수준에 올라 있지도 못하다.[71] (세로셰프스키)

서울에 와서도 세로셰프스키는 다음과 같이 한국의 전근대적인 모습을 묘사했는데, 일본인들의 거주하고 있는 진고개에 대해서는 이와 대조적으로 말끔하게 잘 정돈되어 있다고 소개하고 있다.

서울의 거리, 특히 아침의 서울 거리는 대단히 활기차다. 모직이나 가는 대나무실로 엮어 만든 투명하고 검은 갓을 쓰고 흰옷을 입은

• 개화기 서울의 풍경

주민들의 행렬이 이어진다. …… 도시의 움직임이 활기차기는 하지만 중국의 도시보다는 덜한 편으로, 이곳 사람들의 말소리는 더 수줍고, 넓게 트인 작업장에서 들리는 망치소리나 쇳소리, 일하느라 분주한 모습 등도 중국보다는 훨씬 조용한 편이다. 또 외양은 일본에 비해서 훨씬 가난하고 거칠고 빈한하다. 흰옷이나 빈약하게 진열된 상품들 때문이겠지만, 한국 도시의 거리에는 선명한 색채가 없다. 검게 그을린 더러운 담벼락에는 거리로 난 창문도 없고, 먼지나 거름더미가 넘쳐나는데다가 보도가 깔린 곳도 없으며, 거리 한가운데에는 웅덩이가 있거나 구정물이 흐르고 있다.[72] (세로셰프스키)

고백하거니와, 서울에서 무엇보다도 마음에 들었던 것은 일본인 거주지역인 진고개였다. 그곳은 말끔하게 잘 정리되어 있었고, 가게와 상점들이 가득하고 통행인도 많았다. …… 비교적 오래 일본에 머문 적이 있어 이미 일본의 생활방식에 익숙해 있었던 나는 만족스러운 마음으로 낯익은 거리들을 돌아다녔다. 마주치는 사람들은 남자나 여자나 모두 친절하게 미소를 짓고, 상점에서는 러시아어나 영어로 대답하는 사람들도 자주 볼 수 있다. 그 지역의 일본 우체국은 깨끗한 이층집에 자리하고 있다. 그곳에서 발송했던 편지는 단 한 통도 유실되지 않았다. 이는 여순항으로 향하던 기선의 러시아 우체국에서 발송한 몇 통의 편지가 모두 사라졌던 것과는 아주 대조적이었다.[73] (세로셰프스키)

당시 대부분의 여행자들은 서울이 일본이나 중국처럼 볼거리가 없어서 실망했다. 도심의 거리들은 더할 수 없이 꾸불꾸불하고 불규칙했다. 거리 사이사이에는 좁은 골목들이 미로처럼 연결되어 있어서 짐을 실은 두 마리 소도 통과할 수 없을 정도였다. 난방을 위해 아궁이에 불을 때는데 불은 방바닥을 돌아 아궁이의 반대편 굴뚝으로 빠져 나갔다. 그 결과 굴뚝은 시커멓게 변해 도시 미관은 더 형편없었다. 집들은 너무 다닥다닥 붙어 있어서 지붕 위로 걸어 다닐 수 있을 정도였다.

눈을 사로잡는 웅장한 건물도 없고, 가옥들은 대개 진흙으로 지어진 단층집으로 초라했다. 서울에는 일정한 규모 이상의 집을 짓는 것이 법으로 금지되어 있었다고 하는데, 그래도 한국인들이 거리를 아름답게 꾸미지 않는 것을 이해할 수 없었다. 차라리 정동에 위치한 외국 공사나 가톨릭 성당이 훨씬 눈에 잘 띄면서 도시 전체를 압도하고 있었다. 건축 양식을 보자면 한국은 일본이나 중국에 비해 많이 떨어졌다. 서울은 매력적인 도시가 아니었다. 한국에서 진기한 것을 찾으려면 서울보다는 시골로 가야 했다. 시골에는 아름다운 자연이 있었고, 도시보다 훨씬 정돈된 듯한 느낌이 있었다.

(시골은) 극도로 가난한 것 같지는 않았으며 어느 곳에서나 아늑하다는 것이 일반적인 분위기였다. 마을 거리는 매일 청소되어 이른 아침에 그 주변의 정리된 모습을 바라보는 것은 즐거웠다. 소들은 윤기

바츨라프 세로셰프스키
(Watslav Sieroszewski, 1858~1945, 러시아 치하 폴란드)

폴란드 태생의 러시아 민속학자이자 작가. 1902년에서 1903년까지 러시아 정부 탐
사대의 일원으로 일본에서 아이누족(Ainu)을 연구했다. 연구를 마친 1903년, 일본을
떠나 부산항에 도착하였다. 뱃길로 원산에 도착한 뒤 금강산, 평강, 양답, 안양, 양주,
서울로 이어지는 여행길을 도보로 구석구석 탐색하였으며, 이 경험을 통해 한국에 대
해 두 권의 책을 남겼다. 여행기『Корея』(1905)와 장편소설『기생 월선이』(1906). 여
행기『Корея』는『코레야 1903년 가을: 러시아학자 세로셰프스키의 대한제국 견문
록』으로 번역되었다.

세로셰프스키는 러시아의 속국인 폴란드 시민이자 러시아제국주의의 식민지인이
었다. 20대에 사회주의 운동을 하다가 시베리아 베르호얀스크로 유배된 경험이 있다.
유배지에서 탈출을 시도하다가 잡혀 또 다른 유배지 야쿠트(Yakut)로 보내지는데 그
곳에서 몽고계 여인 아리나를 만나 결혼한다. 그러나 얼마 안 있어 아내가 죽고, 슬픔
을 잊기 위해 소설을 쓰기도 한다. 유배지에 있는 동안 쓴『야쿠트족』이라는 보고서가
1896년에 러시아 황실지리학회로부터 인정을 받아 러시아 정부 탐사대의 일원이 된다.
1903년, 한국을 다녀간 후 연이어 중국과 실론, 이집트를 여행했다.

한국에 관한 책,『Корея』는 1905년 폴란드어판과 러시아어판으로 동시에 출간
되었다. 이 책은 러시아 정부 탐사대에 속한 공식적인 기록은 아니지만, 민속학자로서
직업적 감각으로 객관성과 전문성을 보이려고 노력한 점이 엿보인다. 세로셰프스키는
1920년대 폴란드 작가연맹 의장과 1930년대 폴란드 예술원 문학분과위원회 의장을
지내기도 했다.

• 서울 광화문

가 나고 잘 사육되었으며 개들조차 토실토실했다. …… 시골 지방
은 일본인 부랑자들 때문에 아주 위험하다는 말을 들었으나 우리
는 그들을 만나지 않았다. 우리가 판단하건대 어디에나 훌륭하게
질서가 잡혀 있었다.[74] (에밀리 켐프)

한편 서울에 오래 거주한 경험이 있는 언더우드 여사는 나름
대로 서울의 주거 구조가 잘 짜여 있다고 보았다. 평민들은 가난
하지만 런던이나 뉴욕의 빈민들처럼 비참하지 않다는 소감을 적
고 있다. 한국에 오래 머물렀던 랜도어나 매켄지도 한국에서 좀처
럼 거지를 볼 수 없다고 했는데, 가난한 나라였으니 거지가 많았
을 거라고 추측한 나의 상상과 사뭇 다른 기록이다.

에밀리 켐프

(Emily Georgiana Kemp, 1860~ ?, 영국)

풍경화가. 왕립 스코틀랜드지리학회 회원. 한국을 여행하고 쓴 『조선의 모습』(The Face of Korea, Duffeld, 1911)과 중국 견문기 『중국의 모습』(The Face of China)를 남겼다.

평민들은 아주 가난하며 가정은 비참하게 쪼들려 즐거움이 없는 미국 가정과 비슷하다. 그러나 런던이나 뉴욕의 빈민층과 비교하면 서울에서는 얼어 죽거나 굶어 죽는 사람들이 거의 없다. 주거 생활 구조는 아주 잘 짜여 있어서, 안방 혹은 내실이라 불리는 여성들의 방은 거리에서나 문에 들어서는 사람에게는 보이지 않게 되어 있다. 왜냐하면 모든 집들은 적어도 작은 뜰을 가지고 있으며 거기에는 여성들이 사용할 수 있도록 작은 담장이나 가마니 또는 나무와 덤불 등으로 칸막이를 해 놓았기 때문이다.[75] (언더우드)

'혼욕'을 하는 일본인들은 과연 청결한가?

당시 한국은 더럽고, 특히 서울은 위생적인 면에서 불결하다는 인상이 지배적이었다. 하수는 그대로 드러난 채로 가옥을 따라 길과 나란히 흐르고 있었고, 담장 밖에는 채소 쓰레기, 오물, 새의 사체들이 버려져 있어서 역한 냄새를 풍겼다. 그러나 한국이 불결하다는 것에 대해 반박한 여행자는 '진짜 한국'을 보고 말겠다는 일념이 강했던 겐테였다. 그는 여행길에 우연히 시골 부엌을 들여다 본 모양이다. 황토를 바른 부엌에는 반짝거리는 놋쇠 식기들이 소박하지만 깨끗하게 정리되어 있었다. 다음 글은 한국이 불결하다는 것은 피상적인 관찰에 불과하다는 겐테의 긴 항변인데, 이 항변을 위해 독일의 노동자를 언급하고 있다는 점이 흥미롭다.

지금까지 조악한 항구들을 통해 다소 피상적으로 알고 있던 관광객들이, 한국을 지구상에서 가장 불결한 나라 중 하나라고 평가한다면, 대단한 오류를 범하는 것이다. 청결 면에서 중국인은 짐승이나 다를 바 없는 수준이었다. 원래 '어디서나 집처럼 거리낌 없이' 행동하는 그들은, 개나 고양이처럼 훈련을 받은 가축들조차 부끄러워할 일을 공공연히 해결하기 위해 북적거리는 길거리 한쪽을 헤매고 다녔다. …… 하지만 한국은 유럽의 마을이나 소도시들이 본받을 만한 시설을 갖추고 있었다. 교양 있는 한국의 남자들은 땅바닥이 오염되는 것을 워낙 싫어해서, 여행 중 이동식 변기는 필수였다. 심지어 귀족이나 관료인 '양반' 들 집에서도 어느 정도 거리를 두고 화장실을 설치했다. …… 한편 한국의 여행객들도 작업복을 입고 일하는 부두 노동자들이나 농가의 머슴들을 보고 독일인의 청결성을 판단한다면, 한국에 대해 세계 관광객들이 내린 성급하고 분별없는 주장처럼, 우리 역시 부끄럽고 부당한 결과가 나올 것은 뻔하다.[76] (겐테)

거리의 화가 랜도어는 색다른 체험을 했다. 당시 한국인들에 비해 일본 사람들은 청결하다고 알려져 있었다. 한국인들은 잘 씻지 않으나, 일본 사람들은 목욕을 자주 한다는 것이다. 랜도어는 일본 체류 중에 혼욕을 해볼 기회가 있었다. 그런데 막상 욕탕에 들어가는 순간 '때'를 불린 기름진 물을 보고 나서 기겁을 하고 뛰쳐나왔다는 에피소드를 유머러스한 문체로 적고 있다.

일본인들이 끓는 물로 매일 목욕하는 습관은 그들의 조국에서와 마찬가지로 조선에서도 지속되고 있으나 나는 일본인들은 매우 불결한 국민이라고 단정한다. …… 만약 깨끗한 물로 목욕한다면 그들은 틀림없이 깨끗할 것이다. 그러나 아둔한 내 생각으로는 목욕을 아예 하지 않는 편이 차라리 열 배는 더 청결해 보일 텐데 그들이 그렇게 더러운 물에서 몸을 씻다니 유감스럽지 않을 수 없다.

당신 차례가 오기 전에 당신 앞에 이미 수백 명까지는 아니더라도 수십 명의 사람들이 조그만 욕탕 속에서 몸을 씻은 결과 그 물 위에 기름진 큰 '무늬'가 떠 있는 것을 직접 상상해 보라. …… 해가 떠오르는 나라(일본)에서 어느 날 저녁 어떤 작은 마을을 방문했을 때, 나는 그들에게 친절의 의미로 함께 목욕하자는 청을 받고는 얼마나 놀랐던가를 선명하게 기억하고 있다. …… 아 그 광경이라니! 욕탕에는 '우아하지 못한' 세 사람의 여위고 늙은 여자들이 목을 수면 위로 내놓고 한 줄로 앉아 때를 불리고 있는 중이었다. …… 당황해서 어쩔 줄 모르는 내 모습을 상상해 보라! 내가 이들…… 늙은 세 도마뱀들과 같이 목욕을 하다니! 아니 안 돼. 난 싫어! 내가 황급히 문 쪽으로 달려 나갔기 때문에, 그들은 대단히 불쾌하여 나를 매우 불결하게 생각하며 자신들의 정중한 초대를 무시한 놈으로 여겼다. …… 이런 일들은 상이한 국민들 간의 관습의 차이에서 비롯된 것이었다.[7] (랜도어)

"일본의 음악은 우리의 음악과 필적할 수 없다"

서울에서 궁중 악단과 궁중 무용을 감상하는 것은 뜻밖의 즐거움이었다. 겐테는 국왕이 베푸는 연회에 참석하여 무희들의 춤을 관람하고 나서 다음과 같은 흥미로운 감상을 남겼다.

이들의 눈빛은 인도의 무희들처럼 이글거리며 불타오르지 않았고, 자바의 나체 무희들처럼 육감적인 몸동작도 없었다. 이집트의 전통 무희들처럼 거북한 배꼽춤도, 부들부들 떠는 근육경련도 없었다. 대개 수평으로 뻗어 있는 팔과 전체적으로 절도 있게 움직이는 상반신으로 예술적이고 숭고한 동작을 만들어냈다. …… 국왕이 흥겨운 분위기를 돋우기 위해 새로이 청한 옛 춤 중에 일부는 생동감이 넘치고 모든 춤의 영원한 근원을 이루는, 사랑의 유희를 상징하는 흔적이 엿보였다.[78] (겐테)

키스는 마침 서울에서 열리는 종묘제례를 관람했는데, 얼마나 넋을 잃었는지 미처 스케치할 틈도 없었다고 했다.

서울의 종묘제례는 베이징의 그것보다 더 전통에 충실한 것이었는데, 사실 이 예식보다 더 고풍스러운 행사는 찾아보기 어려울 것이다. …… 신음하듯 곡하는 음악이 들려왔는데 북 치는 소리에 맞춰 크게 일제히 울려왔다. 내가 도쿄에 있을 때 궁중 무용을 본 적이 있는데, 잘 알려진 바와 같이 일본의 궁중 무용은 한국의 예악을 많이 본뜬 것이다. 이 종묘제례에 사용된 악기들 중에 돌로 만들어진 기이한 악기가 있었다('편경' 을 가리킴). 나는 이 희귀한 장면을 스케치하

• 한국의 궁중 무희들

려고 애써보았지만 허사였다. 넋을 빼앗아가는 장면이 수시로 바뀌면서 어느 장면의 어느 의상이 제일 인상적인지 결정할 수가 없었다. 나는 마침내 포기하고 그냥 앉아서 진행하는 예식을 바라만 보고 있었다.[79] (키스)

서구의 여행자들이 한국의 전통적인 춤과 노래를 감상하고 싶을 때는 기생을 찾았다. 당시 일본과 한국을 여행한 거의 모든 여행자들은 일본의 게이샤와 한국의 기생을 비교하는 글을 썼다. 그래도 일본의 게이샤를 만나는 게 한국의 기생을 만나는 것보다 더 쉬웠다. 그렙스트도 한국에 와서 기생을 만나고 싶었다. 일본에 있을 때는 게이샤들의 공연을 관람한 적이 있는데, 기생과 게이샤의 춤과 노래를 비교하고 싶었던 것이다. 여행 가이드 청년에게 기생을 만나고 싶다고 하자, 청년은 '자신은 기독교도'라며 거절했다. 기생들의 공연을 보지 않고 한국을 떠나면 크게 후회할 것 같았던 그렙스트는 마침내 독일인 영사의 도움을 받아 기생의 공연을 감상할 수 있었다.

이들은 흰 비단으로 된 옷을 입고 있었고, 그 위에 하나는 노랑, 하나는 초록의 외투를 껴입고 있었다. 허리 위 가슴께에 금실로 수놓은 허리띠를 단단히 졸라매었고, 외투의 어깨와 손목 부분에도 허리띠와 비슷한 가는 띠를 두르고 있었다. …… 전체적으로 보아 몸놀림이 자유롭고 우아하면서도 한 가닥의 기품이 서려 있는 듯했다. 이 젊은 여성들이 보여준 것은 일본의 게이샤들이 하는 것과 대충 비슷했다. 그들이 추는 춤은 어떤 사실적인 짤막한 일화나 이야기를 표현하는 무언극의 동작으로 이어져 있었다. 팔의 놀림이라든가 얼굴 표정, 몸의 굽힘이나 다리와 발의 놀림 등이 거의 완벽에 가까웠고, 자세가 한시도 흐트러지지 않았다. 이들의 우아함이나 민첩함은 마치 새끼 고양이를 보는 듯했다. 조용히 앉아 그들을 보는 것은 무엇과도 바꿀 수 없는 큰 즐거움이었다.[80] (그렙스트)

기생의 공연은 즐거웠지만, 음악만큼은 즐길 수가 없었다. 당시 서구의 거의 모든 여행자들이 한국의 음악을 제대로 감상해보려고 했지만 성공하지 못했다. 노래는 박자가 무시되었고 가락은 길게 늘어지고 피리소리는 해괴하기 짝이 없었다. 하소연하는

• 평양 관기 학교의 기생들

듯하고 매우 단조로운 한국 음악은 그들의 귀에 너무 생소했다. 그러나 그렙스트는 어느 한국인으로부터 '한국의 음악은 자연을 닮았다'는 설명을 듣고 나서 한국의 음악이 서양의 음악과 어떻게 다른지, 그 작법을 소개하고 있다.

코레아인들에 따르면 음악이란 자연의 소리를 모방하는 것에 다름 아니며, 따라서 정확히 계산된 박자에 따라 곡을 만들어서는 안 된다고 했다. 바람은 자신이 원하는 대로 자신의 음악을 연구하고, 나뭇잎 떨리는 소리나 해변에 부딪치는 파도 소리는 규칙적이지 않으며, 짐승들의 울음소리나 새들의 노랫소리도 음률로 가다듬을 수 없다. 그렇다면 음악을 억지로 그 고저장단에 따라 나눌 필요가 있을까? 음악은 음악이 모방하는 그것 자체와 똑같이 자유로워야 한

139

다는 것이 코레아인들의 지론이었다.[81] (그렙스트)

한국인들은 춤과 음악을 사랑하는 민족이었다. 그네뛰기, 새
총 놀이, 씨름 등 다양한 놀이를 하면서 늘 춤을 추었다. 춤은 낙
천적인 기질을 가진 한국인들의 정서에 잘 어울리는 오락거리였
다. 춤이 없는 잔칫집은 상상할 수 없었다. 과거시험에 합격한 선
비가 있다면 늘 그곳에는 춤을 추는 무희들이 있었다. 한국인들
은 놀이를 할 때나 일을 할 때도 늘 노래를 불렀다. 일할 때 부르
는 노래는 누군가가 짧게 선창을 하면, 나머지 사람들이 일시에
후렴을 넣어 우렁차게 따라 불렀다. 이 '합창'은 노동에 흥을 돋
워 일의 능률을 높여 주고 있었다. 음악에 대한 한국 사람들의 애
정과 자부심이 어찌나 남달랐던지, 언더우드 여사도 다음과 같은
인상적인 구절을 쓴 적이 있다.

우리와 함께 제물포와 부산에 갔던 한국사람 중 하나에게서 또 다
른 유사한 경우를 보았다. 그는 2층집들, 항구의 배, 여러 가지 문명
의 기적들을 보고는 '가엾은 한국 사람들, 가엾은 한국 사람들' 하
고 외쳤지만, 외국인 악대가 일본의 영사관에서 연주하는 것을 들었
을 때는 기쁨에 넘쳐 '일본인들이 우리와 경쟁하거나 필적할 수 없
는 것이 적어도 한 가지가 있다. 그것은 우리의 음악이다!' 하고 소
리쳤던 것이다.[82] (언더우드)

140

• 엘리자베스 키스가 그린 한국의 악공들

　자연을 닮은 소리. 오늘날 현대음악을 들어보면 한국의 전통음악과 비슷한 구석이 참 많다. 한국의 전통음악은 애초부터 '자연'을 닮아 틀에 박히지 않는 것을 추구했으니 현대음악의 잠재성을 이미 내재적으로 갖고 있다고 봐야하지 않을까? 고전적인 작법에서 벗어나 음계가 이탈하고 잘 짜인 규칙성에서 벗어난 불협화음과 자유로움을 추구하는 현대음악. 정확히 계산된 박자와 정돈된 음률로부터 벗어나 자연처럼 똑같이 자유로워야 한다는 한국 음악.

　이러한 현대음악과 한국의 전통음악의 궁합은 가히 놀랄 정도다. 한국의 윤이상과 박영희Younghi Pagh-Paan의 음악을 들어보면 이 점을 확실하게 느낄 수 있다. 이 두 사람은 현대음악계에 독보적인 존재들이다. 이들이 독보적일 수 있는 것은, 두 음악가가 한국의 전통음악을 자양분으로 현대음악을 작곡하기 때문이다. 수많은 현대음악이 있지만, 서구의 고전적인 전통에서 나온 것과 한국의 전통에서 출발한 현대음악은 다르다. 한마디로 윤이상과 박영희의 음악은 서구의 현대음악사에서 돌연변이다. 유럽 사람들은 그들의 음악이 '한국적'이라는 사실을 '느끼지'도 못하면서 좋아한다. 그저 완전히 다른 '새로움'을 감지하기에 즐길 뿐이다. 그러나 우리는 첫 음만 들어도 알 수 있다. '아, 저건 한국의 전통음악 아닌가!' 하고.

100년 전, 서구인들에게 기괴하기 짝이 없고 쉽게 공감할 수 없었던 한국의 전통음악에는 이미 아방가르드적이고 선진적인 끼가 흐르고 있었다. 윤이상과 박영희를 들어보라. 아름다우면서도 기이한 그리고 우리의 귀에 착 달라붙어, 마치 잠자고 있던 우리의 정신을 일깨우는 듯한 예기치 않은 경이와 정겨움을 느낄 것이다. 그리고 당신들은 그 누구보다 현대음악의 진정한 감상자가 될 수 있을 것이다.

재밌는 풍경들: 과거 시험의 날, 새해 축제, 투석전

100여 년 전, 서울이 아무리 보잘 것 없어도 한국인들은 거의 모두 서울에 살고 싶어 했다. 그럴만한 이유가 있었다. 서울에는 궁궐이 있고 임금이 있었다. 임금의 눈길을 받고 싶은 것은 모든 한국인들의 소망이었다. 임금의 눈길을 받으면 공직의 문이 열리고 권력과 명예, 부를 누릴 수 있었다. 또한 전국 방방곡곡에서 일어나는 뉴스를 가장 신속하게 알 수 있는 곳도 서울이었다. 그리고 무엇보다 서울 근처에는 최고의 묏자리가 있었다. "죽은 사람이 산 사람보다 더 좋은 대우를 받는 나라에서 이런 사실은 매우 중대한 의미를 갖는다."[83]

1년에 한 번, 과거 시험을 치르는 날이면 서울 거리는 꽤 볼만했다. 허리에는 리본을 맨 사람들이 치마폭처럼 생긴 얇은 모자를 앞뒤로 길게 늘어뜨리고 거리에 떼 지어 나타났다. 시험을 보는 선비들이었던 것이다. 치마폭같이 얇고 긴 천이 달린 수험생용 모자는 어떻게 생겼을까? 서울 거리는 이 수험생들을 따라 전국 각지에서 올라온 친지들로 북적였다. 친지들은 시험장 밖에서 노름판을 벌이고, 대목을 노린 장사꾼들은 엿을 팔거나 필기도구를 비싼 값에 팔았다. 오늘날 전국이 긴장과 혼란, 기원으로 북새통을 이루는 대학수학능력시험을 보는 날과 비슷했던 모양이다.

"과거를 보는 날의 서울은 볼 만하다. 그곳은 문예를 겨루는 곳이라기보다는 흡사 시골의 장터 같은데, 북적대는 소리가 귀에 거슬린다. 그 가운데 수천 명의 수험생들을 따라온 부모와 친구들도 떼 지어 쭈그려 앉아 술을 마시고 노름을 한다. …… 엿을 파는 상인들은 빨갛고 노란 큰 차양막을 쳐 놓았으며 다른 상인들은 미처 준비하지 못한 수험생들을 위해 시험용 모자, 먹물, 종이를 비싼 값으로 팔고 있었다." [84]

음력 정월 대보름날 벌어지는 '석전石戰'[85]도 볼만했다. 석전은 일종의 전 국민의 '새해 축제'였다. 집단적으로 돌을 던지며 혈투를 벌이는 이 싸움은 국가가 공인하는 합법적인 싸움이었고 누군가 죽어도 형벌을 받지 않았다. 싸움에 참여하는 사람들은 묵은 빚이나 묵은 해의 분노를 이날로 다 해소해야 했다. 몇백 명의 남자들이 양 편으로 갈려, 돌과 곤봉을 들고 격전장에 모여 들었다. 도축업자들은 고기를 다질 때 쓰는 커다란 나무토막을 들고와 괴성을 지르며 "마치 견과를 때려 부수듯" 상대방을 내리칠 준비를 했다. 때로는 아이들도 경기에 참여했다. "어른들은 아이들을 강인하고 대담하게 만들기 위해 그들이 이러한 경기에도 참여하도록 종용한다. 나는 엄마들이 기껏해야 8살이나 9살밖에 되지 않은 어린아이들을 출발선에 데려나와 같은 수의 동년배들과 싸우게 하는 것을 실제로 보았다."[86]

나는 물론 싸움에는 적극 참여하지 않았으나 난투극을 끝까지 보기 위해서는 머리통이 부서질 각오를 해야 한다고 생각했다. …… 싸움은 3시간 남짓 동안 활기차게 계속되었고 수많은 사람들의 머리통이 깨졌다. …… 성의 폐문을 알리는 대종이 울림에 따라 그들이 떠난 뒤에 싸움터에 남은 시체는 도합 여섯 구에 불과했다. …… 2주간의 무시무시한 싸움이 끝나면 나라는 다시 평온한 일상으로 되돌아간다.[87] (랜도어)

싸움이 끝나면 나라는 다시 평온한 일상으로 되돌아가고, 이 싸움에 각별한 관심이 있었던 한국의 왕은 승리한 쪽의 지휘자나 고위 관리를 통해서 싸움의 결과를 보고 받았다. 새해 정월 대보름날에 왜 이렇게 무시무시한 싸움을 벌이는 것일까? 조용하고 온순한 기질을 지닌 한국 사람들이 이렇게 혈흔이 낭자한 격투를 벌이다니! '고요한 아침의 나라'가 지나칠 정도로 고요해서일까? 유순할 대로 유순한 사람들. 그러나 그 속에 흐르는 격정적인 피. 이곳 사람들이 초목처럼 단조로운 삶을 살기에, 1년에 한 번 정도는 디오니소스의 축제처럼 미칠 듯한 욕구를 분출해야 할 필요를 느꼈던 걸까?

누리기만 한 특권층,
한국 발전의 걸림돌

서구인들 중에는 한국인들을 신뢰하고 한국인들의 잠재력을 높이 평가한 사람들이 많았지만, 그렇다고 한국인들의 단점에 대해서 그냥 넘어갔던 것은 아니었다. 서구인들은 한국 사회가 오랫동안 정체되어 온 이유에 대해 각자 의견들을 쏟아냈다. 헐버트는 그 누구보다도 한국을 잘 알고 있었는데, 그는 다른 어떤 요인보다도 한국의 사대주의가 한국의 발전을 저해해왔다고 보았다. 한국인들은 일본과 중국의 장점인 이상주의적인 기질과 합리성을 고루 갖추었는데, 이 훌륭한 기질을 발산시키지 못한 이유는 바로 한국이 '중화사상의 노예'였기 때문이라는 것이다.

한국인들에게는 냉정과 정열이 함께 갖추어져 있다. 평온 속에서 냉정을 잃지 않을 수도 있으며 격노할 줄도 안다. 앵글로색슨 민족이

146

그토록 강인한 것도 바로 이 두 가지의 상이하면서도 모순되지 않는 기질이 융합된 까닭이다. 그렇다면 한국인들이 그와 같은 유별난 기질을 그토록 발산시키지 못한 이유는 무엇인지를 지적할 필요가 있다. …… 그때부터 지금에 이르기까지 한국은 중화사상의 노예가 되었으며 자주성과 독자성을 잃었던 것이다. …… 본성을 보나 능력 면에서 볼 때에 한국인은 고도의 지적인 능력이 있는 민족이지만 천박하게도 남들이 시키면 시키는 대로, 가르치면 가르치는 대로 행동한다.[88] (헐버트)

세로셰프스키는 한국의 특권층과 관료제도가 한국의 발전을 방해한 가장 큰 이유라고 보았다. 한국 사회에서 만성적인 병폐의 화신은 바로 관리와 양반들이었다. 양반은 세습계층으로 유럽

• 19세기 말, 갑오개혁으로 신분제가 폐지되었지만, 실질적으로는 신분 구별의 잔재가 남아 있었다.

의 귀족들처럼 모든 종류의 세금과 병무가 면제되는 특권층이었다. 노동을 경시하고, 경쟁과 위기가 닥쳐도 무사태평이고, 스페인의 하급 귀족인 '이달고Hidalgo'처럼 격식만 차리는 오만하고 뻔뻔한 계층이었다.

양반들은 걸음걸이부터 달랐다. "매우 계산적으로 보폭을 크게 하여 느리게 움직"였으며 "우스꽝스럽게 몸체를 흔들며" 걸었다. 이들은 일하며 생계를 벌어야 하는 사람들이 아니므로 대체로 게을렀다. 체면과 자존심은 또 얼마나 센지 "육체노동같이 우아하지 못한 일을 할 바에는 차라리 자살을 택할 것"이고, 남에게 구걸하거나 돈을 빌려 쓰느니 오히려 굶어죽는 편을 택할 것이다. 남산 밑에 가보면 이렇게 춥고 배고픈 몰락한 선비들이 많이 살고 있는 마을이 있었는데, 이곳에 사는 사람들을 '남산골 선비'라 불렀다.

내가 관찰한 바로는 부자들은 그들의 삶을 완전히 먹고 자는 데 소비한다. 내가 양반을 방문했을 적마다 그들은 항상 무엇을 먹고 있거나 잠을 자고 있었다. 자연히 이런 종류의 생활은 상류층을 연약하고 다소 여성스럽게 만든다. 많은 남자들은 감각적인 쾌락에 빠져 말년에는 완전히 파멸하게 된다. 과음이 조선에서는 일종의 국민적 습관이며 과식이나 음주 및 다른 악습은 귀족들도 그다지 예외가 아니다. 조선 사람들은 매우 불규칙하게 생활한다.[89] (랜도어)

늘 무언가를 먹거나 잠을 자고 있는 특권층

한국의 양반들은 아무리 가난해도 상업이나 수공업에 종사하지 않았고, 관직 이외에는 다른 직업이나 삶의 수단을 가지려고 하지 않았다. 따라서 양반과 관료는 계급적으로 밀착되어 있었고, 혈연주의와 한탕주의에 기초하여 사회와 정치의 만성적인 병폐를 낳고 있었다. 그리고 이러한 병폐는 군대로 이어져 관리들의 착복과 뇌물로 군사력까지도 쇠퇴하게 만들었다. 특권층은 기득권을 지키기 위해 왕권과 구습을 고수하며 어떠한 개혁도 '휴지조각'으로 만들어 버렸다.

한국의 민중들은 잉여분을 생산해봤자 합법적 비합법적으로 빼앗긴다는 것을 알고 있었기 때문에 어떠한 잉여분도 생산하지 않으려고 했다. 과거 일본에 예술과 과학을 전수해 주었던 한국이 창조와 진취적인 면에서 불모지로 변한 것은, 바로 몇백 년 간

• 가마를 타고 있는 한국의 귀족층

고여 있는 관료제 때문이었다. 한국에는 예술가나 장인들이 사라지고 수공업과 예술도 몰락했다. 외세의 침략을 많이 받은 한국은 이웃나라의 욕망과 탐욕을 부추기지 않기 위해 좋은 집을 짓지도 않았고, 예술품이나 사치품을 생산하지도 않았으며, 금이나 철, 은과 같은 지하자원도 개발하지 않았다. 해안도시는 나무를 심지 않아 황폐했는데, 이는 외세의 침략을 저지하기 위해 나라를 '덜 매력적으로' 보이게 하려는 작전이었던 것이다.

> 이런 체제로 인해 한국인의 삶에는 초상집 같은 무거운 분위기가 깔려 있나보다. 모든 것이 억눌려 있어 옆 나라 일본에서 느껴지는 생동감이나 진취성을 찾아볼 수가 없다. 한국인들은 사소한 변화에도 깜짝깜짝 놀라고, 사회는 마치 오래 앓아 욕창 생긴 몸처럼 조금만 바깥바람을 쐬어도 바짝 움츠러든다. 사방에 불신과 의심이 만연해 있어 사적인 관계에 있어서는 아주 폐쇄적이고 공적인 문제에 대해서는 전혀 관심을 두지 않는다. 사고의 폭은 사회 전체에 대한 넓은 성찰로 이어지지 못하고, 지식은 여전히 중국으로부터 전승되는 것에만 국한되어 있고, 따라서 세계관 또한 저 전형적인 관료 선비의 메마른 유교적 기회주의 안에서 쪼그라들고 마는 것이다.[90]
> (세로셰프스키)

젊은 시절 황제에 대항하며 사회주의 운동을 한 세로셰프스키는 다른 여행자보다 특권층에 대한 반감이 유독 컸다. 사실 개

150

항 이후, 한국을 찾은 대부분의 서구의 여행자들에겐 이미 한국의 특권층에 대한 반감이 있었다고 볼 수 있다. 이 반감은 시민혁명을 경험한 유럽인들이 공통적으로 갖고 있는 정신적인 유산이기도 했다. 1세기 이전에 이미 귀족계급과 왕권에 맞서 싸웠던 유럽인들의 관점에서 보면, 한국 사회가 고수하고 있는 특권층은 가장 전근대적이면서도 가장 시대착오적인 것이었다. 한국에서 7년간 체류한 적이 있는 길모어도 다음과 같이 특권층을 비난했다.

> 한국에서 의심할 여지없이 국가 발전의 장애물이 되고 있는 전통이 있는데 그것은 다름 아닌 양반들이다. 비록 그들의 재산이 자신의 삶을 영위할 수 없을지라도 그들은 생계를 위하여 육체적인 일이나 생산 활동을 하지 말아야 한다. 양반은 굶거나 구걸할지라도 일하지 않는다. 친척의 도움을 받거나 아내가 생계를 꾸려 나가는 한이 있더라도 양반은 절대로 그의 손에 흙을 묻히지 않는다.[91] (길모어)

세로셰프스키가 보는 한국인들은 시종일관 어둡고 우울했다. 그렙스트나 겐테도 한국의 관료주의의 폐해를 지적했지만 사회 분위기를 묘사할 때는 쾌활하고 낙천적인 면을 집어내기도 했다. 그러나 세로셰프스키에게 있어서 한국은 어디를 가나 '초상집'과 같았다. 그는 한국 사회가 관료제의 부패로부터 쉽게 벗어나지 못할 거라고 예언했다.

백성은 무조건 복종만 하지는 않았다

한국의 구체제는 한국의 개항 이후 20년 동안 서양의 근대성 앞에 서서히 힘을 잃어 신성불가침한 왕권 개념이 위축되어 가고 있었다. 당시 서구인들은 서구문명을 수용하는 한국의 군주제를 바라보며 한국 왕실이 어느 정도 정부의 구실을 하는지, 이 구체제가 어떻게 서구의 제도와 가치를 받아들여 근대적으로 바뀌는지에 관심이 많았다. 엄밀히 말하자면, 한국에서는 아직 왕실과 정부의 기능조차 분리되어 있지 않았고 정부 기능이 수행된 적도 없었다. 따라서 서구인들은 한국 왕정의 정부체제를 논할 때 '민주주의'와 같은 시각으로 접근하려는 시도조차 하지 않았다. 아직 한국은 '입헌군주제'를 논하기에도 시기상조였던 것이다.

• 아손 그렙스트가 촬영한 서울의 궁궐

그러나 일본은 달랐다. 일본에서는 의회를 소집하여 민주주의를 도입하려는 시도가 이루어지고 있었다. 일본은 개항 후 서양 의회의 외양적 틀을 수용해 1890년 11월, 처음으로 의회를 소집했다. 그러나 일본 의회가 민주주의를 시도하며 성공한 듯 보이지만, 봉건제의 잔재는 완전히 없어지지 않았다. 일본 정부는 여전히 "민주적인 씨눈"(의회)을 신정체제의 유산에 접붙이려는 시도를 하고 있었다. 그런데 일본에서는 "'민주Demon'라는 말을 자주 듣게 되는데 너무 흔하게 되풀이 되어 일본 정치의 봉건적 특질을 알고 있는 역사학자들에게 흥밋거리가 되고 있었다."[92]

한편, 한국의 왕정에 대해 다소 현실적으로 접근을 하는 사람도 있었다. 길모어의 경우, 한국은 실로 '왕은 곧 국가'인 절대 군주제지만 여기에는 두 가지 오해가 있다고 보았다. 그 오해는 첫째, 군주의 개인적 성격과 의향이 시정의 형태를 결정한다는 것이고, 둘째, 백성은 복종하기만 한다는 것이다.

길모어가 보기에 군주의 개인적 성향이 시정에 미치는 영향은 그리 크지 않았다. 유교가 지배하는 한국에서는 통치자가 어겨서는 안 되는 전통적인 제약이 있어서 왕과 관리들이 범죄를 다스릴 때 불문법 같은 관습을 따른다는 것이다. 그리고 백성도 한국의 군주제 내에서 정부에 어느 정도 영향력을 미친다고 보았다. 즉, 백성들이 원치 않는 정책에 대해서는 대중 집회 등을 통해 그 소식을 왕궁에 전달한다는 것이다. 그 항의가 정당함에 기초해 있다면 왕실은 곧 정책의 변화를 이끌어 내고, 만약 그 항의가 잘못

된 것이라면 오해를 바로 잡기 위해 거리 곳곳에 '방'을 붙인다. 처음에는 정중하고 부드러운 어조로 시작했다가 효력이 없으면 그 다음에는 좀 더 단호한 어조로 두 번째 '방'을 붙인다. 그래도 동요가 진정되지 않으면 그때는 군대가 투입되어 평화파괴자는 체포된다. 따라서 일반적인 절대군주제와는 달리 한국의 백성은 무조건 복종만 하는 것이 아니라 치자와 피치자 간에 어떤 '인간적인 양심'이 있다는 것이다.

고종에 대한 기억들

궁정 생활을 오래 했던 샌즈는 특히 관직 임용에 혈연주의와 친분, 뇌물이 얽혀 있는 사례들을 많이 봐왔다. 뇌물 수수가 얼마나 심했던지 돈을 빌려주는 고리대금업까지 등장해서 지방 관직을 얻는 데 필요한 돈을 빌려주고 한 달에 12%의 이자를 받기도 했다. 관직을 얻은 사람은 이 경비를 마련하기 위해서 백성들에게 과도하게 세금을 거둘 수밖에 없었다. 이렇게 되풀이되는 악순환은 한국 사회의 무질서의 원인이 되었다. 관료가 되고자 하는 사람들은 궁정의 관리나 황실의 친척들에게 연줄을 대려고 애를 썼다. 황제에게 상납할 돈을 들고 직접 황제를 만날 수 있다면 그 사람은 '행운아'였다.

뇌물은 황제에게까지 올라가는데 한국 사람들은 우리가 생각하는 것처럼 뇌물을 그렇게 비도덕적인 것으로 생각하지 않았다. 왜냐하

면 땅과 백성은 황제가 원하는 대로 처분할 수 있는 소유물이기 때
문이다. 왕은 곧 국가이다. 모든 땅과 백성은 황제의 것이고, 모든
소득은 황제의 것이며 누구의 통제도 받지 않고 처분된다. 관리들은
황제의 징세 청부업자일 뿐이다.[93] (샌즈)

당시 재야 지식인 황현도 『매천야록』에서 "임금은 벼슬을 자
주 팔수록 돈이 많아지므로 일 년도 채 되지 않아서 관직을 교체
했다"고 쓰고 있다. 돈을 바치고 관직을 얻은 사람은 부임하자마
자 백성들을 제멋대로 착취했는데, 들어간 돈이 워낙 많아서 본
전을 다 챙기지 못했다고 한다. "관찰사는 십만 냥에서 이십만 냥
이었고, 일등 수령은 아무리 적어도 오만 냥 밑으로 내려가지 않
았다." 박영익이란 자는 '삼십오만 냥'을 바치고 경주 군수가 되
었다고 한다. 이들은 공금을 끌어다가 상환하기도 했고, 이를 본
아전이나 서리들도 똑같이 공금을 횡령해 땅과 재산을 축적했다.
공금은 나랏돈인데, 임금은 '국고'를 '공물'로 여겨 가득 차건 텅
비었건 신경 쓰지 않았다고 한다.[94]

궁정 고문관 샌즈가 보기에 고종은 결코 진보적인 인물이 될
수 없었다. 친절하고 상냥한 성품을 지녔으나 감정을 조절하지
못했고, 여전히 자신은 '백성의 주인이고 모든 것의 소유자'라는
의식을 떨치지 못했다.

(고종은) 점점 복잡하게 변해가는 문화 속에서 자신의 위치가 복잡해

지는 것에 적응하려 했으나 그러기에는 적절치 않은 인물이었다. 그는 자신이 이해하지 못하고 통제할 수 없으며 뿌리치려고 노력했던 세력들에 의해 어린 시절부터 고통을 받고 있었다.[95] (샌즈)

샌즈가 고종을 알현할 때는 언제나 장막 뒤에서 부스럭거림과 속삭임, 웃음소리가 들렸다. 누군가 늘 그들의 말을 엿듣고 있었다. 고종은 항상 누군가에 의해 둘러싸여 있었고 혼자 있는 법이 없었다. 샌즈는 궁중 고문으로 일했지만 자유롭게 고종을 만날 수가 없었다. 고종을 알현하는 절차는 매우 까다로웠다. 만약 샌즈가 궁정 밖으로 나와 있을 때 콜레라가 유행하거나 어떤 끔찍한 참변을 목격했다면, 몇 달 동안 궁정 안으로 출입하는 것이 금지되었다.

어느 날 샌즈는 고종을 만나, 한국이 열강의 틈에서 살아남으려면 '중립화'의 길밖에 없다는 의견을 피력했다. 고종은 샌즈의 말을 경청했으나 그의 말을 이해한 것 같지는 않았다. 샌즈는 그날의 알현을 다음과 같이 회상했다.

물론 나는 황제에게 자주 그리고 상세히 내 소박한 계획을 역설했었다. 그는 항상 점잖고 진지하게 나의 말을 경청했다, 그러나 그 불쌍한 황제는 내가 수립한 그 계획과 관련된 모든 것을 첫마디도 알아들을 수 없는 사람이었다. 그의 철학의 골자는 자신이 백성의 주인이고 모든 것이 그의 소유라는 것이었다. 더구나 의사소통은 복

• 조선 제26대 왕 고종(1864~1907)

잡했고 어려웠다. 왜냐하면 그의 곁에 있는 시종들이 그를 홀로 남겨 두지 않았기 때문이다. 심지어 외국인과의 사사로운 접견에서조차도 그 뒤에는 대화 전부나 그 반이라도 듣기 위해 귀를 쫑긋 세운 이들이 있었다. 따라서 그의 절친한 친구들과 의논했던 내용이 나중에 왜곡된다는 것은 두말할 나위도 없다. 몇몇 낭만적인 발루아 Valois처럼, 그는 항상 국가에 대한 문제를 털어놓지 않았다. 나랏일이 그를 지겹게 만들었다. 그는 잦은 하품을 섬세한 상아 손으로 가릴 때마다 솔직히 부끄러워하고 너무 졸리다고 말하며 정중하게 사과했다.[96] (샌즈)

고종의 유약하고 반개혁적 성향에 대해서는 매켄지도 지적하고 있다. 고종은 어린 나이에 왕위에 올라 자신이 이해하지 못하고 통제하지 못한 세력들 속에서 시달려 왔으며, 특히 1895년 왕비가 일본에 의해 시해된 이후에는 마음이 더욱 심약해져서 매사를 의심하고 있었다.

왕은 자신의 대권 하나 이외에는 어느 곳에도 마음을 의지할 수가 없었다. 그리하여 그는 그 대권을 놓치지 않으려고 몹시 노력했다. 그러던 중 그의 충신들과 외교 고문들이 왕권을 제한하는 입헌군주제를 수립하려고 노력한다는 확신이 서게 되자 그는 끝내 반진보적인 집단에다 자신의 운명을 내던지고 말았다.[97] (매켄지)

매켄지가 보기에 한국에서 개혁이 순조롭게 이루어지지 못하는 것은 왕 때문만이 아니라 왕권을 견제할 수 있는 세력이 존재하지 않기 때문이기도 했다. 한국에는 영국의 '노르만Norman' 귀족처럼 국왕에 대항하여 왕권을 견제할 수 있는 세력이 없었다. 양반 귀족이 있었지만, 이들은 오랜 군주제 속에서 왕에게 대항할만한 권력을 가질 수가 없었다. 500년 간 견제 세력 없이 왕정이 지속되었으니 그야말로 '정부'라는 기능이 제대로 돌아갈 리가 없는 것이다. 한국의 특권층의 반개혁적인 성향은 당시 거의 모든 서구인들이 한결같이 비난하는 부분이었다. 그리피스도 한국 귀족의 보수적인 성향은 한국 사람들이 극동에서 유교의식이 가장 철저했기 때문이라고 보았다.

샌즈와 매켄지가 보기에 한국의 개혁을 바라지 않았던 것은 서구열강도 마찬가지였다. 한국에 와 있는 외국의 고문관들이나 영사들은 한국 정부의 반개혁성을 방조하거나 부추겼다. 서구열강은 진정으로 한국의 개혁을 원하지 않았다. 어떻게 보면 이들은 한국에서 '무질서'를 원했다고도 볼 수 있었다. 왜냐하면 간섭할 구실이 생겨야 계속해서 자신들의 국가 이익을 챙길 수 있었기 때문이었다. 유럽의 외교관들은 영토를 장악하지 못하면 이권이라도 차지하려고 달려들었다. 이권을 따내지 못하면 본국의 지위는 땅에 떨어졌고, 이들은 본국에서 무능한 외교관으로 찍혔다. 그래서 한국에 있는 외교관들은 이권을 독점하려고 혈안이 되어 있었고, 이로 인해 한국의 천연자원은 끊임없이 외부로 흘러나갔다.

한국에서 이권 외교의 치명적인 결과는 한국 독립의 상실로까지 갔다고 볼 수 있었다. 샌즈가 보기에 한국은 이런 식으로 나가다가는 독립을 잃을 게 뻔했다. "한국이 독립 국가로서의 지위를 잃어버린 이유는 일본과 러시아 사이에 벌어진 경쟁 때문"이었다. 일본과 러시아가 한국을 집어삼키려고 혈안이 되어 있을 때, 유럽 국가들은 일본과 러시아의 경쟁을 막기는커녕, 그 속에 뛰어들어 경쟁을 부추기고 있었다. 저마다 '경쟁심과 질시'의 이권 외교 속에서 자신들에게 떨어지는 '무언가'를 기대하고 있었기 때문이었다. 샌즈는 이러한 과정에서 유럽 국가들이 오랫동안 다져온 제국주의적 속성을 보았다.

앞에서 한국 관료제의 병폐를 신랄하게 비판했던 세로셰프스키도 서구열강들이 한국에서 진정한 개혁을 바라지 않았다는 점에서 의견을 같이 했다. 서구는 유리한 이권만을 챙기기 위해 한국의 관료들을 음모하고 매수하는 수법을 썼으며, 훗날 한국의 분할을 위해 한국 정권이 빈약한 것이 유리했으므로 반동적인 성향의 정권을 지지했다.

그러나 샌즈는 한국을 간섭하는 열강 중에 미국은 유럽의 제국주의와 다르다고 생각했다. 샌즈가 보기에 미국은 유럽 국가들이 아프리카나 다른 지역에서 영토 분할을 하는 것 같은 '극단적인 제국주의'로 나갈 필요가 없었다. 특히 극동에서 영토를 차지하려는 음모나 야망을 갖고 있지 않았다. 1853년 미국이 일본을 '개방'시켰을 때 미국은 일본을 복원하는 데 도움을 주었고, 일본으로부터 진심으로 문호를 개방시킨 것에 대해 좋은 평판을 받았다. 미국은 사업이든, 교육이든, 종교적 목적이든, 인도주의적 사명감을 갖고 있는 "신문명의 복음을 전하는 복음주의자"일 뿐이라는 것이다.

샌즈는 한국이 살아남는 길은 '중립화'라고 믿었다. 한국의 '중립화'는 열강의 세력 속에서 한국을 지킬 수 있는 유일한 길이었다. 중립안은 "내가 애지중지하는 아들과 같은 것"이었다고 회상했다. 샌즈는 한국의 중립화를 위해서 행정 개선, 교육 진작 등의 진보와 개혁적인 정책에 관심을 기울였다. 그러나 자신이 추

• 한국의 왕족이 외국사절을 접견하고 있다.

구한 개혁 의지는 일본의 무조건적인 반대에 부딪친 것은 물론,
스스로를 자국의 '요원'으로 생각하는 세계열강의 고문관들에게
'악랄한 음모'로 간주되는 경우가 허다했다.

중립화와 다국 평화 조약에 대한 희망은 러시아 공사 파블로프와
일본 공사 하야시 곤스케의 공공연한 반대에 부딪쳐 사라져 버렸
다······ 개혁에 대한 모든 희망은 그들의 국가 이익이 그것을 원치
않기 때문에 개혁에 반대하는 사람들의 적대감에 의해 사라졌다. 왜
냐하면 무질서는 간섭의 구실이 되기 때문이었다.[98] (샌즈)

가치 있는 통치 기구가 될 수 있었던 독립협회

한국 사회의 개혁 세력에 관심이 높았던 샌즈와 매켄지가 구
한말의 역사에서 가장 아쉬워했던 것은 1896년 7월부터 1898년
12월까지 약 2년여 동안 활동했던 '독립협회'의 해체였다. 독립협

회는 어수선한 정세 속에서 토론과 집회를 통해 민주주의의 싹을 보였던 한국 최초의 근대적인 단체였다. 매켄지는 서재필이 직접 쓴 글을 인용하며 독립신문과 독립협회의 태동에 대해 다음과 같이 소개하고 있다.

나(서재필)는 우선 '독립신문'이라는 한글판 신문과 'The Independent'라고 하는 영자 신문의 발행을 시작했다…… 국민들은 국자지國子紙를 열심히 읽어 발행 부수는 급속히 증가했다. 나는 매우 고무적이었으며 그것이 뭔가 좋은 일을 위해서 상당한 영향력을 행사하고 있다고 믿었다. 신문은 관리들의 극악무도한 부패 행위를 중단시켰으며 백성들은 이 신문이야말로 그들이 지배자에게 의견을 전달할 수 있는 언로言路라고 생각했다. 이 작은 종이쪽지는 서울과 그 근교뿐만 아니라 전국의 벽지에까지 퍼져 나갔다. 한 구독자가 그것을 받아 보고 다 읽은 다음에는 이웃에게 넘겨주었는데, 이런 식으로 해서 한 신문을 적어도 200명 이상이 읽었다는 것은 서글픈 일이면서도 흥미 있는 일이다.[9] (매켄지)

매켄지는 독립신문을 발행하던 단체가 어떻게 독립협회를 결성하게 되었는지 계속해서 서재필의 목소리를 빌어 이야기하고 있다.

신문이 고무적으로 전파되자 나는 독립협회라는 한 토론회를 창설

하였다…… 당초에 이 모임이 조직되었을 때는 5~6명의 회원만이 있었지만 3개월이 지나자 회원은 거의 1만 명으로 증가했다…… 토의된 주제는 대체적으로 정치와 경제의 문제였으나 종교와 교육의 문제도 짚고 넘어갔다. 처음에는 한국인들이 청중 앞에 서서 공개 연설을 하는 데 수줍어했으나 몇 번 지도해 주고 격려해 준 다음에는 그중 수백 명이 매우 효과적인 연설을 할 수 있다는 점을 나는 발견했다…… 창립 1년 만에 독립협회의 영향력이 매우 강대해지자 회원들은 독립협회야말로 이제까지 한국에서 생성했던 조직 중에서 가장 찬란한 것이라고 생각했다. 내가 목격한 것 중에서 가장 주목할 만한 것은 한국의 젊은이들이 그토록 복잡한 의회 제도의 규율을 이해하고 터득하는 데 매우 빠르고도 이지적인 태도를 보였다는 사실이다. 몇몇 젊은이들이 절차상의 문제를 지적하는 것을 나는 흔히 목격했는데 이는 매우 주요한 일로서 서구라파의 노련한 의회 지도자들에게도 가치 있는 일이었다.[100] (매켄지)

황현도 「매천야록」을 쓸 때 늘 객관적인 어조를 유지했지만, 독립협회에 대해 말할 때는 차분한 어조에서 벗어나 다소 격앙된 기색을 띄었다. "당시 장안의 군사와 백성들은 정부에 대해 이를 갈았지만 일어설 기회를 잡지 못"하다가, 독립협회가 결성되자 고관에서 민간에 이르기까지 '비분강개'하던 자들이 앞 다투어 달려왔다는 것이다. "변란의 조짐이 이미 뚜렷이 나타났다"고 술회하고 있다.[101]

독립협회가 정부에 요구했던 것은, 외국의 통제를 배격하고 이권을 줄 때는 신중할 것, 중요 범죄자는 공개재판에 회부할 것, 국고를 정직하게 처리할 것, 모든 사람에게 정의로울 것, 그리고 인민의 대표를 선출할 것 등이었다.

그러나 독립협회에 대한 반대 세력도 만만치 않았다. 독립협회가 몇백 년 간 내려온 군주의 권한을 제한하고 공화국을 세우려고 한다는 여론이 돌자, 이를 확신한 고종은 독립협회의 해산을 명령하고 지도자들을 투옥시켰다. 수만 명의 군중들이 대궐 앞에 앉아 14일 동안 밤낮으로 조용히 독립협회 해산과 투옥을 철회하라는 시위를 벌였다. 이렇게 며칠씩 대궐 앞에 앉아 있는 것은 한국 민중들이 오래전부터 행해온 시위 방식이었다.

결국 독립협회를 성 밖으로 몰아내기 위해 보부상들이 동원되었고, 이 민중파와 수구파 간에 유혈이 낭자한 투석전이 벌어졌다. 마침내 황제는 내각을 개편하고 독립협회의 요구를 승낙하겠다고 약속하면서 시위는 해산되었다. 그러나 승리한 기분이 된 독립협회는 이후에 내부의 불화가 겹치면서 다시 조정의 탄압을 받게 되었고, 마침내 1898년 12월, 대다수의 협회 지도자가 체포됨으로써 해산되었다.

서재필의 회고록의 전문을 독자에게 들려주었던 매켄지는 다음과 같이 아쉬움을 적었다. "황제는 자기가 개화파를 분쇄하도록 했는데, 그 시간이 바로 황실의 어두운 운명을 선언했고 자기의 국토를 외국인에게 넘겨 줄 순간이라는 점을 모르고 있었다."[102] 독립협회가 해체될 즈음에 샌즈는 막 한국에 부임했으므로, 며칠 동안 벌어지는 투석전을 목격할 수 있었다. 샌즈도 독립협회가 해체된 것은 "황제가 독립협회를 반대하는 사람들에게 완전히 세뇌되어" 있었기 때문이라고 보았다. 독립협회는 대한제국과 비교하여 "가치 있는 통치 기구"가 될 수 있었다. "만약 러일전쟁만 일어나지 않았더라면 그들은 쉽사리 혁명을 일으킬 수도 있었다."[103]

한국의 종교,
뿌리가 없다고?

한국은 동아시아에 기독교가 자발적으로 뿌리내린 유일한 나라이다.

18세기, 주자학의 모순과 유교적 지도 이념이 흔들리고 있을 때 이익李瀷을 스승으로 하는 남인 계통의 소장학자들은 북경에서 유입된 한문으로 된 천주교 서적을 연구하면서 한국에서 처음으로 기독교를 신앙으로 받아들이는 계기를 만들었다. 특히 이승훈은 1783년 아버지가 북경의 사신으로 주재하고 있을 때 함께 따라가 그곳의 선교사 그라몽Gramont 신부에게 '베드로'라는 세례명을 받고 한국인 최초의 영세자가 되었다. 그 후 이벽, 이가환, 정약전, 정약종 등 많은 학자들이 이승훈에게 세례를 받음으로써 한국의 기독교는 뿌리를 내리기 시작했다.

민속학자인 세로셰프스키는 이렇게 한국의 기독교가 유럽 선교사의 참여 없이 한국인 학자들 사이에서 처음으로 나타났다는 사실에 주목했다. 1790년경에는 신자들의 수가 4천여 명에 달했으며, 이들은 북경의 가톨릭 주교에게 한국인이 스스로 뽑은 사제와 주교를 인정해 줄 것을 청원하기도 했다. 당시 가톨릭은 '가난하고 억압된 자들의 종교'였기 때문에 더욱 민중들의 가슴 속에 깊이 뿌리를 내릴 수 있었던 것이다.

구한말 한국을 찾은 외국인들에게 한국 기독교의 운명은 가장 큰 관심거리였다. 한국에서 기독교가 자생적으로 일어났다지만, 어쨌든 기독교는 서양의 종교였다. 서양 문명의 정신적인 근원인 기독교가 한국인의 정서에 얼마나 맞을까? 박해와 순교의 역사로 점철된 기독교가 한국에서 새로운 종교로 뿌리내릴 수 있을까?

그로부터 한 세기가 흐른 오늘날, 기독교는 한국의 제1종교가 되었다. 기독교인이건 비기독교인이건, 우리는 종종 질문을 던진다. 어떻게 기독교가 한국에서 '주류 종교'가 되었는가? 한국에는 왜 이리 교회가 많은가? 미국보다 기독교인의 수가 적은 한국이 어떻게 미국보다 더 많은 선교사를 해외로 파견하는가? 한국인의 종교적인 심성에는 어떤 '특별한 것'이 있는 걸까? 우리가 지금 갖고 있는 이러한 의문들은 한 세기 전 서구인들이 가졌던 의문과 다르지 않다. 그들이 펼친 담론을 따라가 보면 우리가 품고 있던 의문들에 대해서도 대답을 구할 수 있지 않을까 생각한다.

사회적으로는 유교, 철학적으로는 불교, 고난에 처했을 때는 영혼
숭배

서구인들이 한국의 종교를 연구하는 것은 매우 복잡했다. 왜
냐하면 한국의 종교와 미신 사이에는 분명한 선이 존재하지 않기
때문이었다. 서구인들이 한국의 종교를 이해하는 방식은 주로, 유
교, 불교, 샤머니즘, 혹은 이것들이 혼합되어 있는 형식이었다. 이
를테면, 어느 하나의 종교가 배타적으로 있기보다는 "사회적으로
는 유교도이며 철학적으로는 불교도이고, 고난에 처했을 때에는
영혼숭배자"[104]가 되는 것처럼, 종교는 한국인들의 생활 속에 혼재
되어 있었다.

한국의 불교와 유교는 모두 5세기경 수입되었다. 10세기에 절

• 외국인들은 죽은 사람이 산 사람보다 더 좋은 대접을 받는 한국사회를 흥미롭게 관
찰했다. 아손 그렙스트가 촬영한 장례식 풍경

정에 달했던 불교는 14세기 이후 자취를 감추어 도시를 떠나 산속 오지로 들어가게 되었다. 따라서 보통 아시아 국가에는 궁전 옆에 사원이나 사찰이 있기 마련인데 한국의 수도에는 사찰이 없었다. 쫓겨난 불교 자리를 대신해 유교가 지배적인 위치에 올라섰다. 상류층의 종교인 유교는 순수한 신앙이라기보다는 '윤리체계'였다. 왕에 대한 맹종이나 효심, 연장자와 친구에 대한 의무 등이 유교로부터 나온 가치들이었다. 조상숭배도 유교의 가치였다. 한국에서 특히 아들이 중요한 이유는, 아들이 사후에 자신들의 혼을 숭배하며 무덤에 제물을 바칠 것이기 때문이었다.

그런데 한국 사람들은 너무 과도하게 죽은 자를 경배했다. 죽

• 그렙스트가 찍은 또 다른 장례식 장면. 거대한 모형 말이 등장한 색다른 모습이다. 순종의 태자비 장례식을 참관한 그렙스트는 살아생전에 이런 진경을 다시는 볼 수 없을 거라고 회상했다.

은 자를 경배하는 데 들어가는 비용은 관료나 양반이 수탈하는 것만큼 많았다. 조상의 좋은 묏자리를 중시하는 풍습은 '죽은 사람이 산사람보다 더 좋은 대우를 받는다'는 의미였다. 한국인들은 "죽은 자에게 기원하며 죽은 자를 경배한다, 그들에게 있어서 이미 과거가 되어 버린 죽은 자의 무덤은 미래보다 그 이상을 의미한다."[105]

한국인들은 선량해서 신앙이 필요하지 않을 거라고 보는 사람도 있었다. 한국인들은 어릴 때에는 유교 교육을 받고, 나이가 들면 나무나 돌에 기원하는 토속적인 원시신앙에 마음을 열고, 임종이 다가오면 불교에 귀의하여 불교 관습에 따라 장례를 치르고, 윤회사상으로 죽음을 맞이했다. 한국인들은 하나의 종교에 정착하지 않고 서너 개의 종교를 두루 거치는데, 이 말은 새로운 종교를 수용할 여지 또한 크다는 것을 의미했다.[106]

한국인들에게 '개종'의 문제는 다른 나라보다 확실히 유연해 보인다. 현대의 개신교와 가톨릭을 보더라도 양쪽을 자유롭게 왕래하는 신자들이 많은 편이다. 특히 요즘 가톨릭교회는 주말마다 교리 교육을 받는 사람들로 넘친다는데, 가톨릭 성당에서 치러지는 성스러운 결혼식을 열망하는 젊은 청춘 남녀들이 개신교에서 가톨릭으로 개종하고 싶어 하기 때문이라고 한다. 자유롭게 종교를 왕래하는 것은 다른 나라에서는 보기 드문 현상이다.

세로셰프스키는 한국에서 불교가 부활할 거라고 예측했다. 상류층의 유교가 곧 지배계급과 함께 쇠퇴하면서 불교가 다시

170

살아날 것이라고 보았던 것이다. 또한 14세기 이후 유교에 밀려 박해를 받았던 불교가 실제로 민간신앙에서 유교보다 훨씬 큰 영향력을 갖고 있고, 당시 불교를 연구하는 유럽학자들이 많아서 전 세계의 불교도들 사이에 개혁의 열풍이 불고 있기 때문이었다.

그러나 뭐니 뭐니 해도 유럽인들의 관심은 원시 종교였다. 만약 한 인간이 고난에 처했을 때 진정으로 찾는 것이 종교라면, 한국인들에게 종교란 정령설, 샤머니즘, 자연숭배 등을 아우르는 원시적인 영혼숭배였다. 샤머니즘(무속신앙)은 유교나 불교보다도 더 한국인들에게 밀착되어 있었고 정신세계를 지배하고 있었다. 한국인들은 중요한 일을 하기 전에 빈번히 무녀나 점쟁이를 찾아갔다. 이러한 샤머니즘은 궁궐에도 침투해 있었는데, 이로 말미암아, 무속인이나 예언자, 풍수가들이 정치에 개입함으로써 개혁과 진보에 적대적인 세력이 되기도 했다.

현대의 한국인들도 여전히 무속인을 찾아가서 자신의 미래를 점친다. 점집을 찾는 사람들은 남녀노소를 막론하고, 고학력자건 그렇지 않건, 구분이 없다. 대학가에 즐비하게 늘어선 타로점집은 심각한 표정을 한 젊은이들로 늘 장사진을 이루는데, 이들과 대화를 해보면 결코 '재미삼아' 점을 보러 온 게 아니란 걸 알 수 있다.

기독교인이 되어도 내면에 뿌리박혀 있는 샤머니즘

스웨덴 기자 그렙스트에게는 '윤산갈'이라는 한국인 여행 가

171

이드가 있었다. 이 청년은 선교사 밑에서 공부하고 있는 기독교인이었다. 서울을 여행하는 중에 그렙스트는 여러 차례 이 청년이 성문 옆을 지나다닐 때마다 어느 '돌기둥'을 피해 다니는 것을 관찰했다. 어느 날, 그렙스트는 우연히 선교학당에서 빌려온 책을 읽다가, 그곳이 세 명의 승려가 군인에게 억울하게 죽임을 당한 장소라는 걸 알게 되었다. 승려들의 혼이 나타나 산 자를 괴롭힌다는 말이 돌자, 누군가가 그곳에 돌기둥을 세워 표시를 해놓은 것이다. 한국인 청년은 이 망자의 혼이 무서워 피해 다녔던 것이다.

윤산갈은 선교사 밑에서 종교적인 수업을 받으며 기독교 교리와 서구의 합리성과 사고방식을 배워가던 청년이었다. 그러나 이 청년에게 이식된 기독교는 그의 내면에 자리 잡고 있는 한국인 본연의 정신성을 몰아내지 못하고 있었다. 그의 내면에는 기독교와 샤머니즘이 혼재되어 있었다. 그렙스트는 이 점을 집어내어 다음과 같이 썼다.

나는 윤산갈이 생각나서 미소를 짓지 않을 수 없었다. 윤산갈은 기독교인이 된 지 2년이나 지났고 보기 드문 의지와 정열을 가지고 자신의 새로운 신앙생활을 영위하는 사람이다. 그러나 선교사들은 그의 내면에 깊숙이 뿌리 박혀 있는 코레아의 옛날 미신들을 타파할 수는 없었던 것이다. 윤산갈의 무의식 속에는 아직도 옛날의 미신들이 살아 꿈틀거리고 있는 것이다.[107] (그렙스트)

172

한편, 서구의 여행자들 중에는 한국의 무속신앙을 직접 체험해 본 사람도 있었다. 영국 화가 키스는 여동생과 함께 무당의 집을 찾았는데, 멀리서 북소리를 듣는 순간부터 그녀는 한국의 낯선 주술의 세계에 빠질 준비를 하고 있었다.

갑자기 세상이 완전히 옛날로 돌아간 듯한 이 느낌은 무엇일까? 아 바로 저거구나! 무당의 저 원시적인 북소리, 쿵 쿵 쿵덕쿵. 반음 내려 앉은 듯한 그 북소리에 뒤이어 조금 얄팍한 북소리가 장단을 맞추듯이 계속해서 딩딩 딩다딩 울려왔다.[108] (키스)

무당이 춤을 추고 굿을 하는 모습은 어디에서도 본적이 없는 생경한 종교의식이었다. 키스는 이 낯선 의식에 매료되었고, 굿을 관람한 뒤 이렇게 감상을 적었다.

무당의 춤과 호곡은 저 오래된 태곳적의 기이한 느낌을 인간의 의식 속으로 불러들이는 소환의 주문이었다. 그 느낌은 너무나 오래된 시절에 인간들이 체험했던 원초적 본능 같은 것이어서 역사가들도 일찍이 기록해 놓은 바가 없는 그런 느낌이었다.[109] (키스)

키스는 비록 기독교도였지만 한국의 무속 신앙에 대해 어떠한 거부감이나 이질감을 보이지 않았다. 이교도에 대한 배타적인 입장을 벗어나 한국의 토속 신앙을 풍습과 문화로 이해하기 위해 섬세하게 감정이입한 것이다.

한국인들이 두려워하기도 하고 숭배하는 귀신은 수백 종에 이르렀다. 마을 어귀나 도시에 이 악령을 쫓기 위한 이정표가 많다는 것만 보아도 알 수 있었다. 그러나 이 귀신들은 "악한 귀신이 아니라 상대적으로 인간에게 해가 되는, 즉 복수와 일시적인 변덕에 사로잡힌 귀신"일 뿐이었다. 한국의 무속 신앙은 북아시아와 달리 불교의 영향을 받아 온화함이 깃들어 있는 게 특징이었다. 귀신들이 수백 종인 것도 "자연의 냉혹함이 비교적 적어 자연에 거리를 두고 대상화하기보다 정서적, 감정적으로 동화되려는 경향이 강하게 나타나는 환경의 영향"때문이었다.[110]

불교와 샤머니즘은 서로 침투하여 영향력을 주고받기도 했다. 한국의 불교는 라마교로 변질된 몽고나 티벳의 불교만큼 강하지 않은데, 공식적인 제례행사에 샤머니즘적 주술을 많이 사용하는 특징이 있었다. 또한 샤머니즘도 불교의 영향을 받았는데, 이를테면 최고 무속인인 '판수'[111]는 불교 경전에서 차용된 주문을 외우거나, 불교와 유교의 전문적인 수련 과정을 거쳐야 했던 것이다.[112]

동아시아는 불교 전통이 강하므로 서구 문명을 수용할 가능성이 높다는 의견도 있었다. 예컨대 서아시아는 '칼'과 같은 이슬람 전통으로 경직되어 있어서 서구 문명을 받아들이는 데 문제가 많지만, 동아시아는 불교라는 온유한 종교가 있어서 서구 문명에 적대적이지 않을 거라는 것이다.

커즌과 세로셰프스키는 동학에도 관심을 가졌다. 커즌이 한국을 방문했을 때(1892년)는 동학이 활성 중에 있었고, 세로셰프스키가 방문했을 때(1903년)는 이미 동학이 진압된 이후였지만, 관료주의의 폭압에 맞서 생겨난 정치적인 종교 단체라는 점에서 동학에 관심이 컸다. 그러나 두 사람이 동학에서 초점을 맞추고 있는 부분은 달랐다. 커즌은 동학이 '외국 종교 철폐, 외국 상인 축출' 등을 내건 정치 종교 운동으로, 한국인에게 본성적으로 잠재되어 있는 '무신경한 보수주의'에 호소하고 있다고 보았다. 이에 비해 세로셰프스키는 동학을 서양 문명에 맞선 보수성보다는, 한국 관료주의의 수탈과 폭압에 맞선 저항 운동으로 접근했다. 즉 커즌은 '반외세'로, 세로셰프스키는 '반봉건 반정부'의 저항운동으로 동학에 접근한 것이다.

사회주의 운동에 가담한 적이 있으며 진보적인 기질이 다분한 세로셰프스키는 상당히 많은 지면을 할애하여 동학에 대해 썼다. 동학은 중국 의화단과 유사한 성격으로 현존 질서를 근본적으로 적대시하지 않지만, 대내적인 계몽과 지배계층의 개선을 촉구한 운동이었다. 그는 당시 한국에서 발행한 영문 잡지인『코리안리포지터리Korean Repository』를 읽거나, 한국인 통역관 신문균의 말을 참조하여 동학의 태동과 교리에 대해 상세하게 소개하고 있다. 다음은 그가 동학을 소개한 글 중에 일부분이다.

한국인들의 생각에 따르면, 동학의 가르침은 기독교를 근간으로 하고 있다. 동학의 창시자인 최제우는 경상도의 한 지방인 경주 출신인데, 가톨릭의 성공회 선교사들의 영웅적 행동에 감화를 받고 새로운 교리를 배우기 시작했다. 아마도 그는 한국의 왕들이 기독교를 박해하지 않았더라면 이를 받아들였을 것이다. 최제우는 '만일 그것이 좋은 것이면 어째서 전도사들이 죽음을 당하는가?' 라고 생각했고, 중병을 앓고 사경을 헤맬 정도로 그 생각에 몰두했다. ……
그 후 그는 새로운 교리의 원리가 들어 있는 '동경대전' 이라는 책을 썼다. 그 책에는 '다섯 가지 현세에서의 처신' 에 관한 유교의 가

• 동학의 제2대 교주 최시형(1904년 촬영)

176

르침(오류), '마음의 정화'에 관한 불교의 가르침, '정신적이고 물질적인 더러움으로부터 신체를 정화하는 것'에 대한 도교의 가르침이 모두 들어 있다. 최제우는 유일신 명칭인 천주(하늘님)를 기독교로부터 차용했고, 서구와 기독교의 가르침이라는 서학과 다른 동양의 가르침이라는 의미로 종교의 명칭을 '동학'으로 정했다. 동학은 일신교이지만, 그 교리상 내세의 문제를 전혀 다루지 않는다. 동학교도들에게는 사당도 없고 우상도 없다.[113] (세로셰프스키)

19세기 후반, 동학은 대내적인 계몽과 지배층의 개선을 주장하며 대규모 봉기를 일으켜 정부를 위협했다. 동학교도들의 봉기가 번지자 조정은 난을 진압하기 위해 청나라에게 군사 원조를 요청했다. 한국 왕실의 요청을 받고 청나라가 한국에 군대를 파견하자, 1885년 갑신정변으로 맺은 천진조약[114]에 따라 일본 또한 약 5천 명의 해군과 육군을 한국에 파병했다. 졸지에 한국에는 두 나라의 군대가 주둔하게 된 것이다.

조정이 청에게 군대를 요청할 때, 일각에서는 일본 군대가 한국에 주둔하는 것에 대해 경각심을 갖고 있던 사람들이 있었다. 민영준의 경우, '청은 악의가 없다'고 할 수 있으나, 일본은 오랫동안 틈만 엿보고 있으니 일본 군대까지 따라 들어오는 것이 위험하지 않겠느냐며 원병 요청을 재고해볼 것을 청원했다. 그러나 목전의 권력을 유지하는데 위태로움을 느낀 왕실은 "왜놈의 포로가 될지언정 임오년의 일을 당하지 않겠다"며 청원을 묵살했다.[115]

서울에 입성한 두 나라의 군대는 같은 해 1894년, 한국에서 청일 전쟁을 일으켰다. 전쟁에서 승리한 일본은 이후 한국을 식민지화하는데 더욱 유리한 입지에 서게 되었다. '개혁'을 바라는 자국의 민중들을 진압하기 위해 외국 군대를 끌어들인 대가는 너무 컸다. 한국의 주권을 노리던 더 큰 도적, 그것도 대대적으로 무장한 일본 도적들을 불러들였으니, 이들의 도움으로 동학도 3만 6천여 명의 목을 벤 것보다 더 큰 비극이 앞으로 벌어질 터였다.

기독교는 한국인의 정신에 얼마나 맞을까

불교나 유교, 샤머니즘에 대한 담론은 점차 기독교로 옮아갔다. 서구의 새로운 종교가 한국인의 정신에 얼마나 맞을 것인가? 특히, 서구인들은 한국인들이 기독교의 '절대자'라는 추상적인 관념에 얼마나 접근할 수 있을지 궁금했다. 대부분의 선교사들은 한국인에게는 '하느님'이라는 개념이 있어서 '절대자'라는 개념을 이해하기가 쉬웠다고 보았다.

'하느님' 이란 말은 하늘의 주인이라는 뜻인데 '하느' 는 하늘에 해당하고 '님' 은 주인에 해당합니다. 한국인들의 믿음에 의하면 이 하느님은 전 우주의 통치자입니다. 하느님은 하늘과 땅에 있는 모든 신을 통치하며 기독교에서 말하는 신의 개념과 일치하는 점이 놀라울 정도로 많기 때문에, 선교사들은 편의상 기독교의 신을 의미하는 말로 하느님이란 말을 그대로 이용하고 있습니다. …… 하느님은 눈에 보이지 않으나 절대적인 힘을 소유하고 있고, 비와 햇빛을 관장하며, 죄 지은 자들에게 번개나 마마 등으로 벌을 줍니다.[116] (그렙스트)

한국인이 추상적으로 갖고 있는 '하느님'이라는 개념은 기독교의 유일신을 이해하는 통로였다. 한국에 비해 유일신 개념이 없는 중국이나 일본은 기독교가 쉽게 뿌리내리지 못했다. 또한 인도와 중국과는 달리 한국에는 '한글'이라는 쉬운 언어가 있어서, 한글로 번역된 성경을 쉽게 배울 수 있었다. 외국인들이 보기에 한글은 매우 독창적인 문자였다. "직선과 원"만을 사용하는 한글은 "심지어 영어보다도 더 실용적"일 수 있는 뛰어난 표음문자였다. 한글로 된 성경을 읽을 수 있다는 점은 분명히 기독교 전파를 용이하게 만든다고 보았다.

게다가 한국인들에게는 학자와 스승을 존경하는 풍토가 있었다. 스승에 대한 존경심이 깊은 한국인들은 기독교 교리를 가르치는 선교사에게도 같은 존경심을 품었고, 사도 바울과 제자들의 행적을 이해할 때에도 진지하게 접근했다. 한국의 불교에는 수도생활, 명상, 성직자 제도 등이 있는데, 이러한 종교적인 제도와 의식도 기독교와 유사하여 한국인들이 기독교를 이해하는 데 도움을 주었다.

오늘날 한국이 인구당 성직자를 배출하는 비율이 세계에서 가장 높다고 한다. 한국에는 수많은 신학교가 있고, 이곳을 졸업한 목사들은 사회 곳곳에 교회를 개척한다. 한국은 성직자를 교육하기에 매우 좋은 여건이고, 성직자에 대한 사회적인 인식은 상당히 높은 편이다. 과거나 지금이나 성직자를 스승처럼 대하는 한국의 풍토는 기독교가 널리 확장되는 데 기여했음을 쉽게 상상할 수 있다. 그런데 1세기 전에도 한국의 기독교에는 특이한 점이 있었다. 기독교가 이식된 나라 중에서 유일하게 다른 나라로 '선교활동'을 보낸다는 점이다.

중국 사람들은 서양 선교사보다 한국인 선교사를 더 쉽게 받아들인다고 한다. 또 들리는 말에 의하면, 고집 세기로 유명한 노바 스코샤(Nova Scotia, 캐나다 남동쪽에 위치한 지역) 사람들이 한국인 목사를 두었다는 이야기도 있다. …… 혹시 독자들 중에 '선교활동'이라는 것에 대해 약간의 편견을 가진 분이 있을지도 모른다. 하지만 공평한 마음을 가지고 한국을 방문한 사람이라면 기독교 선교활동이 한국을 근대화하는 데 크게 기여했다는 것을 선선히 인정할 것이다.[117] (키스)

오늘날에도 한국인들이 적극적으로 선교활동을 펼치는 것이 종종 논란거리가 되곤 하는데, 기독교가 이식된 지 얼마 되지 않은 당시에도 한국의 기독교인들은 해외에서 선교활동을 벌인 모양이다. 당시 기독교는 가난하고 신분이 낮은 사람들의 마음을 파고들었다. 신 앞에 만인은 평등하다는 사상은 단순히 믿음 체계를 넘어서 민중들의 삶을 완전히 바꾸어 놓았다. 한국의 기독교도들은 이러한 해방 사상으로서의 종교에 대한 감동과 충성의 마음이 너무 컸던 걸까.

한국인을 가장 잘 안다고 알려진 헐버트는 무엇보다도 기독교가 한국인의 기질과 잘 맞는다고 보았다. 유교는 너무 '현실적'이어서 한국인의 이상주의적인 갈망을 충족시켜 주지 못하고, 불교는 너무 '철학적'이어서 공식상의 종교적인 구실밖에 할 수 없었다. 그러나 기독교는 합리적이고 신비스러운 면을 동시에 갖고 있기 때문에, '냉정'과 '정열'을 함께 갖고 있는 한국인들의 기질을 사로잡았다는 것이다.

> 유교는 신비적인 요소가 전혀 없기 때문에 한국인과 같은 사람들의 종교적 갈망을 충족시켜 줄 수가 없는 것이다. …… 유교는 한국인에게 신비주의적인 영향을 거의 미치지 않았으나 불교는 그 농도가 짙다. 그러나 한국인들은 두 가지를 모두 흡수하면서도 그 중의 어느 하나도 자기의 고유한 것으로 만들지 않았다. …… 기독교는 인간에 있어서의 모든 허식을 떼어 버림으로써 한국인의 합리주의적인 감정적 기질을 완전히 사로잡게 된다고 나는 감히 주장할 수가 있다. 기독교가 그토록 빠르게 한국인에게 흡수될 수 있었던 것은 어느 면에서 볼 때에 이와 같은 완전한 적응성 때문이기도 하다. 기독교는 종교 중에서 가장 합리적이고도 가장 신비한 것이므로 인간적으로 표현해 본다면 한국인에게 가장 적합한 종교이다.[118] (헐버트)

1866년과 1868년, 천주교 박해시기에 세 차례나 한국을 방문한 적이 있는 오페르트는 한국인들이 정신적인 면에서 순수하고 종교를 대하는 태도가 성실하고 완고하기 때문에, 다른 민족들보다도 더 깊이 종교적인 심성에 몰입할 수 있다고 보았다.

내가 보기에 아시아의 모든 민족들 중에서 한국인들만큼 순수하고 진실 되게 신앙심을 가질 수 있는 민족은 없으며, 또 일단 기독교로 개종한 한국 사람들은 중국인들보다도 훨씬 더 마음속 깊은 곳에서부터 교리를 받아들이고 더욱 성실하고 완고하게 고수한다는 점을 주장하고 싶다. 중국인들은 교활하고 타산적이어서 신앙을 통해 물질적인 이익을 구하는 데에만 정신이 팔려 있기 때문에 기독교에 귀의하는 것도 거의 일종의 영업상의 거래라고 나는 생각한다. 그리고 중국의 신자들은 자신에게 이익을 수혜 하는 원천이 고갈되어 버릴 경우에 아무런 거리낌 없이 전에 믿고 있던 신앙이나 무신앙으로 되돌아가 버리는데, 그 이유는 바로 그들이 물질적인 이익을 좇아 개종했기 때문이다.

한국 사람들에게는 그런 종류의 동기를 찾아볼 수 없다. 그들은 품행이 어린아이 같고 소박해서 그들 대부분이 그런 것처럼 종교에 대해 무관심한 상태에서부터 그들을 인도하기 위해서는 다만 몇 가지의 동기만 있으면 충분하다. 그들은 생활상의 요구가 없기 때문에 결코 물질적으로 풍요로운 삶을 누리기 위해서 기독교로 개종하지는 않으며 오히려 그 반대이다. 현재 관헌의 감시와 탄압이 그치지 않는 이 나라의 정치적 상황에서는 기독교에 귀의했다는 단순한 혐의만

받아도 모진 고문과 가장 참혹한 죽음을 당하게 된다.[119] (오페르트)

왜 3·1운동을 선교사들에게 비밀로 했나

기독교가 한국인의 삶속에 점차 깊이 뿌리내리기 시작하면서 서구인들이 제기하는 종교적인 담론 또한 복잡해졌다. 구교와 신교 간의 선교 사업에 대한 논쟁에서부터 기독교의 물질성과 종교성 간의 충돌 문제, 그리고 기독교가 한국의 서구화와 자유에 얼마나 기여하고 있는가, 하는 점들은 특히 기독교가 당시 한국의 근대화 과정과 연동되어 그 귀추가 주목되었다.

샌즈는 한국 기독교의 성격에 대해 좀 더 깊이 들어갔다. 샌즈가 보기에 프랑스 신부들은 한국의 토착 풍습에 순응하며 한국인을 '기독교도'로 만드는 데에 관심이 있었지, '서구화'시키는 데에는 관심이 없었다. 이에 비해 미국의 선교 사업은 병원과 학교를 짓고, 근대 지식을 가르치면서 한국의 서구화와 자유의 토대를 위해 노력하고 있었다. 그 결과 미국의 선교 사업으로 기독교도가 된 한국인들 중에는 진보주의적인 개혁 운동가가 많았다. 이들은 특히 일본의 식민주의에 저항하며 민족주의적 색채를 강하게 띠었다.

이러한 종교의 정치적인 영향력으로 인해, 일부 한국인들은 "(서구가) 정치적 힘을 위해 정신적인 사업(종교)에 몰두한다"고 이해하기도 했다. 서구가 과거에 포교활동을 하다가 처형된 선교사를 볼모로 정치적인 영향력을 얻어내는 사례는 많았다. 한국인들

은 이러한 전통이 강한 서구 선교사들의 몸에서 "국가의 냄새"를 맡는다는 것이다.[120]

영국인 드레이크는 미국의 선교 사업에 부정적이었다. 그가 보기에 미국의 기독교는 영혼의 구제뿐 아니라 물질적인 것을 위해서도 설교했다. 미국의 선교사들은 기독교 윤리와 서구의 물질적 진보를 혼동하고 한국에 값비싼 병원과 서구교육을 들여왔다. 한국인들은 이러한 '물질성'에 관심이 있었지 진정한 기독교도가 되는 것에는 관심이 없었다. 다음의 드레이크 글에는 미국의 물질적인 선교 사업과 출세하고 싶은 한국인들의 욕구가 잘 맞아 떨어졌다는 내용이 담겨 있다.

초기의 선교사들은 자신의 신조에 필경 물질적인 향상을 포함시켰을 것이다. 그들은 영혼의 구제뿐만 아니라 더 좋은 음식과 더 좋은 옷과 더 좋은 집을 위해 설교하지 않을 수가 없었다. 이러한 물질적인 것들이 없다면 영혼은 구제될 기미가 보이지 않기 때문이다. 그러나 이런 것들을 설교한다는 것은 교육을 의미했고 거기에서 문제가 불거졌다. 선교단은 한국의 소박한 요구에 부응하는 교육에 만족하지 않고 공을 들여 교육 시설과 값비싼 건물을 짓고 서구 교육을 그대로 들여왔다. 그러나 학생들은 기독교인이 되기 위해 선교 학교에 출석하는 것을 거부했다. 그들의 뜻이 진심으로 선교사가 되는 것이라고 추측하는 것은 어리석은 생각이었다. 그들의 교육이란 개인의 출세를 위한 방편이라고 생각했고 그러한 경향은 점점 두드러

졌다.[121] (드레이크)

　또한 드레이크가 보기에 미국의 선교사들은 본국이 생각하는 것만큼 한국에 와서 곤경과 위험을 겪지도 않았다. 처음으로 외지에서 희생적인 삶에 헌신하기로 결심한 신출내기 선교사들은 "대학을 졸업할 때까지 한 번도 예복을 입을 필요가 없었는데, 선교지역에 와보니 예복도 사고 저녁 식사 초대 중 반을 거절해야" 할 판이었다.

　그러나 드레이크는 한국에 온 영국 국교는 물질성을 배제하고 오로지 종교성만을 강조했다고 보았다. 영국의 성공회 신부들은 독신 생활을 유지하며 자만하지 않았다. 이들은 영국 옥스퍼드풍의 말투와 유머를 구사하는 훌륭하게 육성된 부류들로, 물질적이며 팽창적인 선교 사업을 하는 미국인 선교사들과 달랐다. 영국 선교사들이 한국에서 하는 활동은 집중적인 선교 사업이었다. 즉, 무분별한 대중 교육보다 소수의 독실한 기독교도를 육성하는 것이었다. 그러나 영국식 선교는 한국에서 실패했다. 영국의 선교 사업의 영향 하에 있던 한국인들은 "어떠한 영적인 호소에도 목석처럼 묵묵부답"이었다.

　이렇게 한국의 기독교 선교 사업에 대해서 서구인들은 자신이 속한 종파에 따라 논쟁을 벌였다. 만약 기독교에 입문하는 것이 모든 것을 버리고 철저하게 수도승의 삶을 사는 것이었다면 한국인들은 기독교를 열렬하게 수용했을까? 당시 어느 쪽이 이상적인 선교활동이었을까? 교육과 의료, 지식 등 한국의 근대화에 일조했던 미국식 선교일까, 순수하게 종교적인 심성만을 키우려 했던 영국식 선교일까? 한국의 기독교는 구한말 근대화의 시기와 맞물려 있었다. 하류층이건 상류층이건, 한국인들은 종교적인 활동을 통해서 보다 풍요롭고 보다 나은 문화와 사회적인 지위를 꿈꾸었음을 상상하는 것은 어렵지 않다.

매켄지는 드레이크와 달리, 미국식 선교 사업의 '물질성'과 한국인의 수용 자세에 대해 유연한 접근을 했다. 당시 한국인들은 근대문물을 수용하길 원했고 배우기를 갈망했다. 당시 기독교는 이 열망을 채워주고 있었다. 특히 기독교는 가정을 개혁하고 여성에게 자유를 허락했으며 자녀들에게 신식교육을 시키는 문명의 개척자였다. 기독교의 교육 덕분에 안방과 사회의 벽이 허물어져서 한국의 여성들은 서구의 이상과 사상을 흡수했다.

또한 일제 강점기, 가장 위험하고 암울한 시대에도 기독교는 한국인과 같이 있었다. 기독교는 일본의 동화 정책에 반감을 품고 있었다. 그래서 일본은 한국의 기독교를 달가워하지 않았다. 일본은 선교사들의 교재를 압수하거나 교회에 직접적인 박해를 가하기 시작했다. 1911년 '데라우치 마사타케寺內正毅 총독암살음모'라는 죄명으로 105인을 체포한 것도 기독교를 탄압하기 위해 일본이 조작한 사건이었다. 이 사건으로 선교사들이 운영하는 학교는 점차 폐쇄되었고, 기독교 교육을 제약하는 새로운 법규가 제정되었다. 일본이 원하는 것은 선교사들이 자신들 편에 서 주는 것이었지만 일본은 교회를 자기편으로 끌어들이는 것에 실패했다. 한국의 기독교도들은 선교사들과 일본 간의 알력을 잘 알고 있었다. 그래서 1919년 3월 운동을 조직하면서 선교사들에게 피해를 주지 않기 위해 그 계획을 일절 선교사들에게 알리지 않았던 것이다.[122]

문화와 종교가 다른 나라로 이식될 때 '순수한 상태'를 유지하는 것은 불가능할 것이다. 한국의 기독교가 다른 아시아나 유럽 국가들과 신앙체계가 다른 것은 기독교가 한국에 정착할 때 한국만의 고유한 상황이 있었기 때문이다. 한국의 기독교는 토착민의 기질과 욕구와 섞여 일부는 변형되고 일부는 존속하면서 새로운 형태의 기독교로 진화한 것이다.

한국인은 누구인가? 서구인들이 본 한국인들의 모습은 부정적인 것에서부터 긍정적인 것에까지 다양했다. 어느 독자는 그렇다면 '그들이 한국을 제대로 보았는가?' '참 한국인은 누구인가?' 하는 질문을 제기할지 모른다. 그러나 나는 이 책에서 '참 한국인은 누구인가?'하는 문제를 다루는 게 아니다. 그 문제는 한 종족에 대한 '진리론'을 다뤄야 하는 보다 복잡한 문제이다. 누가 '진짜 나'에 대해 알 수 있는가?

그러나 우리는 저마다의 가슴속에, 현재의 상象이든 과거의 상象이든 '한국인'에 대한 어떤 상象을 갖고 있다. 바로 우리의 자화상이기 때문이다. 그것은 내 몸 속에 흐르는 '피'이기도 하고, 주위 사람들에게서 느끼는 인상이기도 하다. 이 책을 읽으면서 과거 한국인의 모습에서 현재 우리의 모습을 유추하거나 반추할 수 있다면, 그리고 왜곡된 우리의 모습을 바로 볼 수 있다면, 나는 이 작업이 '참 한국은 누구인가'라는 고정불변의 것을 파헤치는 거의 불가능에 가까운 작업보다 더 의미 있는 일이라고 생각한다.

나는 무엇보다 우리는 왜 우리 자신에 대해 부정적인 것에 더 익숙한가, 라는 질문을 던지고 싶다. 우리는 1세기 전의 한국에 대해, 미개함, 더러움, 게으름 같은 어둡고 칙칙한 표현들에 더 익숙하다. 그러나 우리에겐 이것과 전혀 다른 특징 또한 있다. '자연스럽고 쾌활하며 호탕하고 명석한 한국인'. '신뢰가 깊고 성실하며 대범한 한국인'. 우리는 왜 이렇게 유쾌하고 매력적인 특징에 대해 모르고 있는 걸까.

'한국인'에 대한 정체성 논쟁이 활발하던 시기는 19세기 말 20세기 초, 세계의 식민주의가 절정에 달했던 시기였다. 이 시기 제국주의는 세계에서 마지막 '미지의 땅'으로 남아 있던 한국에도 눈독을 들였다. 그들은 '쾌활하고 명석한 한국'보다는 '무기력하고 무질서한 한국'이 더 필요했다. 그래야 이 '게으르고 무질서하며 자기 통제가 없는' 종족을, 자신들처럼 우등한 종족이 구제해야 한다는 논리로 식민주의적 침탈과 지배를 정당화할 수 있기 때문이었다.

그러나 제국주의가 기승을 부리던 시기에도 한국의 긍정성을 본 사람들은 존재했다. 이들은 당시 강자의 주류 이데올로기로부터 자유로운 사람들이었고 특히 한국인들과 깊은 교류를 나눈 사람들이었다. 이들은 한국에 대해 잘못 알려진 표상들을 적극적으로 수정하고 이전의 텍스트가 뭐라 하건 자신이 경험한 바대로 한국에 대해 썼다.

그러나 한국인들과 제대로 교류하지 않은 사람들은 부정적인 눈으로 한국을 보았다. 서구와 일본이 한국은 '가망성이 없는 종족'이어서 지배를 받아 마땅하다고 선전할 때, 한국인과 교류하지 않은 사람들은 아무런 회의나 저항 없이 이 말을 따랐다.

그러므로 '한국인들과 얼마나 교류했는가?'하는 문제는 한국의 긍정성을 발굴할 때 상당히 중요한 포인트이다. 한국인과 나눈 교류의 정도에 따라 한국에 대한 인식이 긍정/부정으로 갈린다는 것은 지금 생각해 보면 참 당연하다. 간단히 말하면, '타자와 충실히 교류를 하면 그들을 잘 알게 된다'는 것인데, 이 말은 오늘날에도 타자를 이해할 때 얼마나 타당한 진리인지 말 할 필요조차 없지 않은가.

앞으로 나는 주로 서구인들이 구체적으로 어떤 한국인을 만나 어떤 교류를 나눴는지 살펴볼 것이다. 총 여덟 명의 이방인이 등장한다. 나는 이 여덟 명을 신중하게 골랐다. '서구인들이 한국인들과 얼마나 교류하고 책을 썼는가?' 라는 테마에 집중하기 위해서는 '교류의 접점'을 볼 수 있는 텍스트가 필요했다. 그리고 무엇보다 나는 '살아 있는 한국인'을 만나고 싶었다. 서구인들이 구한말에 대해 남긴 수십 종의 책에서 '피'와 '살'을 가진 생동감 넘치는 한국인을 만나기란 쉽지 않다. 또한 나는 한국인을 대하는 서구인들의 '마음'과 '태도'도 알고 싶었다. 그러니까 나는 교류의 접점 속에서 '살아 있는 한국인'과 '작가의 감정'을 모두 느낄 수 있는 텍스트가 필요했다. 호머 헐버트나 이사벨라 버드 비숍 같은 작가는 제외했다. 헐버트는 우리에게 너무 잘 알려진 친한파이고 비숍은 이미 많이 거론되었기 때문이다.

내가 선택한 여덟 명은 러시아치하의 폴란드, 스웨덴, 미국, 독일, 영국의 국적을 갖고 있다. 처음에는 '국적'에 대해 아무런 선입견이 없었는데, 연구를 하다 보니 '국적'이 한국을 인식할 때 '어느 정도' 영향을 미친다는 사실을 알게 되었다. 다소 의외의 발견이었다. 사람들은 자신들이 태어나고 자란 국가의 정체성에 따라 사람과 사물을 인식하는 '필터'를 갖는다. 오늘날에도 우리가 민족 정체성으로부터 자유로운 게 쉽지 않듯이, 1세기 전의 서구인들도 자기가 속한 국가 정체성을 쉽게 벗어나지 못했던 것이다.

한국을 인식할 때 '국적'을 초월하는 게 있다면 그것은 '직업'이었다. 당시 한국을 찾은 서구인들은 학자, 기자, 정치 관료, 소설가, 화가 등 다양한 직업을 갖고 있었다. 그 중에서도 '정치인'과 '기자'라는 직업은 국가 정체성의 필터를 더 촘촘히 채우거나, 더 성글게 하기도 했다. '정치 관료'는 '국가'에 상당히 밀착되어 있었고, '기자'는 국적에 상관없이 객관적으로 한국을 보려는 경향이 강했다.

사실 한 개인의 인식을 결정하는 요인은 이 외에도 더 있을 수 있다. 그러나 내가 이 책에서 말할 수 있는 것은, 국적과 직업 정체성이 한국을 인식할 때 어느 정도 영향을 주긴 했지만, '상호 교류'만큼 독립적인 필터를 준 것은 없다는 점이다. 요컨대, 강한 '상호성'은 한국을 인식할 때 가장 중립적인 요인이었다. 어떠한 편견으로부터도 자유로웠고 직업이나 국가 정체성의 벽도 모두 뛰어 넘었다.

'상호성Reciprocity'은 옥스퍼드 사전에 "두 당사자 간 동등한 입장에서 주고받는 행동과 영향, 그리고 교류의 상태"라고 정의되어 있다. 나는 이 글을 위해 좀 더 풀어서 이 개념을 말하고 싶다. "낯선 곳에서 조우한 서로 다른 두 인종과 문화가 서로를 충실하게 체험하기 위해 주고받는 전일적인 태도."

'상호성'은 오리엔탈리즘 연구에서도 시도된 적이 없었다. '상호성'은 수학적 수치로 측정될 수도 없으므로 이 지표를 정하는 것부터 나의 몫이었다. 나는 다음과 같은 지표로 상호성의 높고 낮음을 가늠하였다.

1. 새로운 공간, 한국에서의 체험이 서구인의 인식에 영향을 주는가? 한국에 오기 전에 편견이 있었다면 그것을 수정하려고 노력하는가?

2. 서구인은 한국에 대해 이전의 진부한 표상을 덧씌우나, 아니면 새로운 견해를 산출하려고 노력하는가?

3. 서구인은 현지인(한국인)을 개별적으로 인식하나, 집단적으로 인식하나? 개별적이라면 한국인을 어떠한 실존적인 존재로 보는가?

4. 서구인들이 쓴 텍스트에서 한국인은 침묵하나 혹은 목소리를 갖는가? 목소리를 갖는다면 그 비중은 어느 정도이며, 한국인들은 어떤 방식으로 자기 재현의 기회를 갖는가?

3장

오인된 역사,
이제 우리도
다시 볼 때다

서구의 지식인, 한국의 지식인과 만나다

윤치호를 닮은 세로셰프스키

"일본인들이 무슨 짓을 했지요?"

한국에서 정체성을 깨닫는 서구의 식민지 지식인

어떤 스웨덴 기자가 목격한 놀라운 현장

애원하는 그렙스트, 버티는 윤산갈

키 작은 일본인에게 매 맞는 덩치 큰 코레아 사람들

그 미국 외교관은 왜 한국과 사랑에 빠졌나

한국의 토속 문화에 푹 빠진 샌즈

샌즈가 길들이고 싶었던 두 명의 한국인

동양의 작은 왕국에서 백인의 짐을 짊어진 소영웅주의자

한 독일 기자의 섬세하고 예민한 시선

나는 '서양 야만인'

나는 한국에 대한 서구의 말을 믿을 수 없다

한국을 함부로 말하지 말라

서구의 지식인,
한국의 지식인과 만나다

윤치호를 닮은 세로셰프스키

"이것 보시오, 통역사. 외국에 나가본 적이 있소? 다른 나라들에 대해 알고 있소?"

1903년 조선을 찾은 폴란드 민속학자, 바츨라프 세로셰프스키가 한국인 안내자 임차길에게 질문을 던졌다.

"아니요 Sir. 다른 나라엔 가본 적이 없고, 오로지 한국 땅만 알고 있습니다. 나리의 나라는 여기서 먼가요? 나리는 그래도 어느 정도 러시아인이지 않습니까? Pole······ Pole······."

통역사는 내가 한 대답을 몇 번이고 되풀이했다.

"그런 민족은 모르고, 들어본 적도 없는데요······ 어디에 있나요?"

나는 그에게 간략한 지리 강의를 해주었다. 그는 주의 깊게 듣더니,

한국어와 영어로 맞장구를 쳤다.

"옳소! 옳아!⋯⋯ Yes!"

그리고 끝에 가서는 평소의 그답지 않은 심각한 표정으로 다음과 같이 말하는 것이다.

"영국인들은 부유하고 막강한 민족입니다. 하지만 한국도 꽃이 피고 들판이 푸르러지면 좋답니다!"

이 대답에 당황한 나는 물론 입을 다물었다. 러시아인과 일본인이 아닌 모든 외국인들이 그에게는 다 영국인이었던 것이다.[123]

한국인 임차길은 유럽에서 아는 나라가 영국밖에 없었다. 세로셰프스키는 이 무지한 한국인 안내자에게 큰 흥미를 느끼지 못했다. 두 사람은 꽤 많은 대화를 나누었지만 대화는 주로 '파발마가 뭐요?' '저 집은 뭐요?' 같은 중립적이고 무미건조한 내용들뿐이었다. 두 사람이 나눈 대화에서 흥미로운 점은 세로셰프스키가 자신의 국적을 똑바로 말하지 않는다는 것이다. 세로셰프스키의 말을 들은 임차길이 'Pole⋯⋯ Pole⋯⋯' 이라고 중얼거린 걸로 보아 세로셰프스키는 자신이 '폴란드인'이라고 말했던 것 같다. 그러나 그는 '나는 폴란드인이요'라는 문장을 자신의 책에 적어 넣지 않았다. 당시 폴란드는 러시아의 식민지였다. 왜 세로셰프스키는 자신의 국적 '폴란드'를 자신 있게 쓰지 못했던 걸까?

1890년대 미국으로 유학을 떠난 윤치호는 대학에서 자신을 소개할 때 스스로 '추한 자'라고 일컬으며 자신을 비하하곤 했었다. 이 고상하고 예민한 성격의 한국의 지식인은 자신의 일기에서, 미국 유학 시절 자신과 타인을 위해서 가능하면 낯선 모임을 피했고 모임에 참석하면 언제나 '죽은 시체'처럼 구석에 앉아 있었다고 했다. 세로셰프스키에게도 윤치호와 같은 자기 모멸감이 있었던 걸까.

자기 비하감 때문에 세로셰프스키가 '폴란드인이오'라고 분명하게 대답하지 않았다고 추측하는 것에는 비약이 있을지 모른다. 그러나 세로셰프스키가 한국에 들어오기 전부터 일본에 대해 맹목적인 선망을 품은 걸 보면, 자기 비하에 빠져서 일본을 맹신한 구한말의 개화파 인사들과 유사한 점이 많아 보인다. 똑똑하고 품위 있는 성품이었으나 나라가 약하여 '자아'에 대해서도 자신감이 없었던 윤치호처럼, 세로셰프스키도 강한 것에 끌려서 '열등한 식민지인'으로서의 정체성을 수치스러워했을지도 모른다. 아무튼, 세로셰프스키가 서울에 오기 전까지의 여정을 보면, 첫 번째 안내자인 임차길과 많은 대화를 나누었어도 한국인의 정서에 들어갈 준비는 되어 있지 않았다. 그러나 두 번째 통역 안내자 신문균은 달랐다.

신문균은 외국에서 생활한 적이 있고 한국 궁중에서 꽤 중직을 맡고 있는 관료였다. 두 사람은 서울에서 부자들이 사는 다방골(다동)뿐만 아니라, 서울의 변두리인 빈민촌이나 나환자촌, 도박꾼들의 은신처 등 어둡고 음침한 곳을 함께 다니며 한국 역사나 왕실 이야기 등을 나누었다. 심지어 '색자지'(포주의 의미로 이해됨-역자주)[124]나, '왜화냥', '상패'(일패(一牌) 이패(二牌)보다 급이 낮은 기생인 삼패(三牌)를 가리키는 듯함-필자주)[125] 같이 한국의 매춘 사업을 담당하는 사람들에 대해서도 신문균은 세로셰프스키에게 솔직하게 이야기해 주었다. 세로셰프스키가 기생들이 어떤 생활을 하는지 궁금하다고 하자, 신문균은 "그걸 봐서 뭐합니까? 그 여자들은 다 가난하고 어렸을 때 팔려온 고아들인걸요" 하고 응수하면서도, 어느 날 민속에 관심이 많은 세로셰프스키를 기생집으로 데려가기도 했다. 세로셰프스키도 다른 여행자들처럼 기생의 공연을 관람한 후에 다음과 같은 인상을 남겼다.

전반적으로 보자면 한국의 춤은 일본의 춤과 비슷하지만, 완결성 풍부함 예술성의 측면에서 보자면 일본 춤의 반도 못 따라간다. 대

• 어린 관기들

신 한국의 노래는 극동지역의 노래들과 비교하면 유럽인에게 대단히 좋은 느낌을 준다. 귀가 먹먹해질 정도의 음악은 중국의 음악과 유사하다. 춤이 끝나고 음식이 나왔는데, 불같이 매운 한국식 절임에다 절대 빠질 수 없는 무와 순무, 밥, 그리고 술을 듬뿍 따라왔다.[126]

일본인들이 무슨 짓을 했지요?

세로셰프스키는 신문균을 칭할 때 종종 '지적인' 혹은 '내가 존경하는'이라는 수식어를 붙였다. 두 사람은 진보적인 성향이 서로 잘 맞았던 것 같다. 신문균이 한국 사회의 보수성을 비판한다는 점에서도 세로셰프스키와 비슷했다. 어느 날 신문균은 세로셰프스키에게 다음과 같이 한국의 관료 제도를 비난했다.

"도대체 희망이 보이지 않아요. 교육도 하고 학교도 열고 학생들 유학도 보내야 하는데, 돈이 없습니다. 돈이 없는 건 관료들이 도둑질해 가기 때문이고, 관료들이 도둑질 하는 것은 국고에 돈이 없기 때문이지요."

그러고 나서 신문균은 덧붙였다.

"외국인들은 우리를 등쳐먹을 생각밖에는 하지 않습니다…… 최고로 좋은 말과 숲을 차지하고는 자기네 의무는 다하지 않아요.……

외국인들은 우리가 뇌물을 먹는다고 욕을 하지만 누가 우리를 망치는 겁니까? 누가 뇌물을 먹이는 겁니까? 대체 누가 돈으로 꼬드겨 우리가 조국을 배신하도록 만드는 겁니까? 당신네 외국인들이지요, 그렇게 해서 한국은 파멸해가고 있는 겁니다." [127]

신문균은 한국의 부패한 관료들이 한국 사회의 고질적인 병폐의 원인이기도 하지만, 이와 함께 세계열강들의 탐욕과 꼬드김도 한국을 멸망의 길로 재촉하고 있다고 말하고 있었다. 세로셰프스키는 곰곰이 생각하다가 물었다.

"그럼 일본인들은 어떻습니까?" [128]

이 질문은 세로셰프스키에게 매우 의미심장한 것이었다. 왜냐하면 그는 애초부터 흔들리지 않는 일본 근대성의 예찬자였기 때문이다. 영국의 제국주의자 커즌조차도 한국에서의 일본의 개혁을 '강요된 개혁'이라거나 '교조적인 개혁'으로 비난한 것과 달리, 세로셰프스키는 시종일관 한국에서의 일본 개혁의 긍정성만을 예찬했었다. 그는 한국에 와서 다음과 같이 말한 적이 있다.

"이웃나라의 정신적 발전에 발맞춰 경제적 이익을 일구어 나갈 행운을 가진 나라는 행복한 나라(일본)이다. 그러나 그 행운을 제 때에 알아보고 그것에 화답할 줄 아는 나라(한국)는 분명 더욱 행복한 나라

일 것이다. 지난 8년 간 대만의 식인종들을 어떻게든 이끌어 조금이나마 인간답게 만들어온 일본이 진보와 휴머니즘의 정신으로 이 불쌍한 한국 또한 일으켜 세워 주리라 기대해본다." [129]

세로셰프스키가 한국을 여행하는 동안 민감했던 것이 두 가지가 있었는데, 그것은 그의 '민족성'과 '일본'의 존재였다. '민족성'에 민감한 것은 그가 폴란드에 대해서는 언급을 피하는 걸 보면 알 수 있다. '일본'의 존재에 대해서는 좀 더 긴 설명이 필요하다. 여행 초기에 세로셰프스키는 거리낌 없이 일본을 찬양했었다. 그러나 신문균을 만나고부터는 태도가 달라지기 시작했다. 일방적인 찬양을 거두고 한국 사람들이 일본을 어떻게 생각하는지 조심스럽게 살피기 시작한 것이다.

이를테면 어느 날, 세로셰프스키는 서울에서 명승지를 둘러본 적이 있었다. 그곳은 버려진 폐허마냥 관리가 허술했지만 경비만큼은 삼엄했다. 그래서 그는 한국인 경비에게 '동냥하듯' 어렵게 입장 허가를 받아야 했다. 나중에 세로셰프스키는 경비가 삼엄한 이유가 일본인들 때문이라는 것을 알게 되었다. 한국인 경비가 세로셰프스키에게 이렇게 말했다.

"예전엔 모든 곳이 개방되어 있었습니다만, 일본인들이 나쁜 짓들을 하는 바람에 황제께서 다시 폐쇄하셨죠."
"일본인들이 무슨 짓을 했지요?"

• 탑골 원각사10층석탑. 임진왜란때 일본에 의해 제거된 상층부의 3개 탑이 바닥에 놓여 있다.

"떼어가고, 무슨 측량을 하고, 기록하고, 거기다 밥까지 먹고는 땅
에다 쓰레기를 버립지요."
내가 도움을 받은 이곳 사람들은 누구나 이렇게 말했다.[130]

위에서 드러나듯이, 세로셰프스키는 한국인들이 왜 일본 사람
들을 경계하는지 이해하지 못했다. 세로셰프스키는 도리어 한국
인들이 일본에 대해 과민반응을 하고 있다고 생각했다. 문제가
생길 때마다 걸핏하면 "꼭 일본인들을 걸고 넘어간다"는 것이다.
또 하루는 신문균과 함께 궁정 앞 광장을 가다가 보부상들을 만
났다. 그들은 악단과 깃발을 동원하여 황제의 손자 중 한 명이
쾌차한 것을 축하하는 시위를 벌이고 있었다. 신문균이 세로셰프
스키를 잡아끌어 다른 길로 들어서며 말했다.

"저 사람들에게 모습을 보이지 않는 게 좋겠습니다. 그들은 외국인, 특히 일본인들을 혐오하지요. 그런데 여기 구경꾼 중에 일본인들이 꽤 많아서 말썽이 일어날지도 모릅니다."

"무엇 때문에 특히 일본인들을 싫어하는 겁니까?"

"그들의 밥벌이를 빼앗아버렸기 때문이지요. 철도, 우편, 전신을 설치하고는 자기네 물건만 팔아먹는다는 거지요. 보부상들은 옛날식대로 살아가고 싶어 한답니다." [131]

"일본인들이 무슨 짓을 했지요?""무엇 때문에 특히 일본인들을 싫어하는 겁니까?"세로셰프스키는 일본이 관련된 일이라면 이렇게 불필요할 정도로 예민하게 묻곤 했었다. 그러므로 신문균이 외국세력 때문에 한국이 더 파멸해가고 있다고 말할 때 "그럼 일본인들은 어떻습니까?"라고 물은 것은 세로셰프스키로서는 상당히 조심스러우면서도 단도직입적인 질문이었다. 그는 마치 신문균을 통해서 일본의 실체를 확실히 짚어 보고 싶은 것처럼 보였다. 신문균은 대답했다.

"그놈들은 최악입니다. 그들은 산 채로 우리 목에 올가미를 걸고 있습니다. 그놈들은 은행을 열어서 우리한테 돈을 빌려 줍니다. 우리는 곧 그들의 노예가 될 것입니다. 서울 땅의 삼분의 일이 벌써 그들의 소유라는 것을 아십니까? 다들 그들에게 저당을 잡히고 또 잡히고 있습니다." [132]

세로셰프스키는 깜짝 놀랐다. 일본 근대성의 찬미자로서, 그는 일본의 수혜를 받는 한국은 '행운아'라고 믿고 있었다. 그러나 신문균은 분노와 울분을 담은 목소리로 앞으로 한국이 일본의 '노예'가 될 것이며 한국은 이를 알고도 속수무책이라고 말하고 있었다. 세로셰프스키는 한 번 더 확인해야 할 것 같았다. 그는 다시 물었다.

"그래도 그들만이 한국에 유용한 개혁을 시도하고 행정체계를 개선하고 사람들을 교육하고 노예제도를 폐지하고 국가경제를 정비하고자 하지 않습니까?"
"맞는 말입니다."
신문균이 잠시 생각한 후에 대답했다.
"하지만 그들은 겉으로만 우리를 만족시키려고 하고 있어요. 우리의 모습을 바꾸고, 우리의 내면을 다 파내 버려 껍질만 남기려는 것입니다. 그들은 우리의 혼을 없애려고 합니다." [133]

신문균은 일본이 한국에서 하는 개혁은 진정성이 없고 오히려 한국의 '정신'을 파멸시키고 있다고 말하고 있었다. 세로셰프스키의 신념이 깨지는 순간이었다. 그는 일본만이 "진보와 휴머니즘 정신"으로 불쌍한 한국을 돕고 있다고 확신하고 있었으니 말이다. 세로셰프스키는 신문균의 말을 끝으로 아무런 말도 덧붙이지 않았다. 두 사람은 발코니로 나가 안개 낀 서울을 바라보았다.

한국의 암울한 밤하늘에는 창백한 불빛만이 반짝이고 있었다.

세로셰프스키가 한국을 회상하면서 자신과 신문균이 나눈 대화를 책의 마지막 장으로 마무리 짓고 있는 점이 흥미롭다. 그는 신문균의 말을 들으면서 일본과 한국에 대해 어떠한 가치판단도 내리지 않았다. 그저 신문균이 했던 말을 고스란히 들려주며 독자들로 하여금 나름대로 공감하고 판단하길 바랐던 것 같다.

처음에는 한국인들을 향해 닫혀 있었던 세로셰프스키 마음의 문이 신문균을 만나면서부터 열리기 시작했다. 세로셰프스키와 신문균이 나눈 대화를 유심히 보면, 세로셰프스키는 신문균이 어떻게 대답할지 예측하고 있었다. 그럼에도 불구하고 세로셰프스키는 계속해서 일본에 대해 캐물어 들어갔다. 신문균으로부터 어떤 '판결'을 기다리는 심정과도 같았다. 이 '캐들어감'은 자신의 신념이 깨질 수 있음을 인지하면서도 멈출 수 없는 오이디푸스적인 직감과도 같은 것이었다.

그리고 결국 세로셰프스키는 그가 신뢰하는 신문균으로부터 일본에 대한 '실체'를 들었다. 바닥을 보고 말겠다는 세로셰프스키 대화법으로 보건대, 그는 대화하면서 신문균과 자신을 동일화시키며 한국인의 운명을 생각하기 시작했다고 볼 수 있다. 세로셰프스키는 그의 책 『Корея』(1905)에서 러시아를 '침략자'라고 표현하면서도 일본을 '침략자'로 부른 적이 없었다. 사회주의자로서 그리고 러시아제국주의 치하의 식민지인으로서, 그는 한국 땅에 와서 일본은 보려 하지 않고 러시아의 팽창주의에 대해서만 비난하고 있었다. 그러나 세로셰프스키는 신문균을 통해 확실히 일본에 대한 맹목적인 신념을 재고해볼 것이며 한국 땅에서 일본 제국주의의 실체를 인식하겠다는 의지를 보였다.

세로셰프스키가 '일본이 한국에게 유용한 개혁을 해주지 않느냐'고 묻는 심리의 근저에는 그의 내면에서도 '근대성'과 '식민성'이 충돌하고 있음을 알 수 있다. 일본은 한국의 근대화에 도움을 주는 대신 점점 한국을 잠식해 들어가고 있었다. 신문균은 한국의 개화를 바라나 그 과정에서 나라의 독립이 좀먹히는 것을 고뇌하고 있는 지식인이었다. 근대성을 달성하기 위해서는 일본의 식민주의에 의존해야 하고, 식민주의에 의존하자니 나라의 독립이 위태로워지는 상황에서 오도 가도 못하는 처지였던 것이다. 신문균의 입장은 당시 한국이 처해 있던 딜레마였다. 이 딜레마는 바로 '근대성과 식민성 사이의 충돌'[134]이었다.

한국에서 정체성을 깨닫는 서구의 식민지 지식인

당시 한국에는 서양문명을 대하는 세 가지 입장이 존재했다. 첫 번째 입장은 서구문명은 한국의 전통을 파괴하므로 서구 세력이 가져오는 근대화에 대해 비판적인 보수파였다. 보수파는 서구화란 결국 일본에게 종속되는 길임을 간파하고 서양문명뿐 아니라 서양문물을 받아들인 일본에 대해서도 적대적이었다. 대표적인 인물인 최익현은 "지금 온 왜인들이 서양 옷을 입었고 서양 대포를 사용하며 서양 배를 탔으니, 이는 모두 서양과 왜가 일체인 것이 분명한 증거"[135]라고 주장했다.

두 번째 입장인 동도서기파東道西器派는 서구문명을 거스를 수 없는 시대적 조류로 보고 기술은 서양의 것을 받아들이되 정신은 한국의 것을 지켜야 한다는 입장이었다. 이 입장은 '동양의 정신과 서양의 기술Eastern Ways, Western Machines'로 요약될 수 있다.

세 번째 개화파는 서구문명을 수용한 일본을 한국 근대화의 모델로 삼았다. 한국이 일본처럼 서구 문명을 본받아 나라를 강대하게 만드는 것이 서구 열강의 간섭에서 독립을 유지하는 길이라고 보았다. 이들은 서구의 기술뿐만 아니라 정신까지도 서구화해야 한다는 일본의 대표적인 학자 후쿠자와 유기치(福澤諭吉, 1835~1901)의 영향을 받았다. 특히 개화파 지식인들은 일본과 미국을 시찰하거나 유학한 사람들로서 기독교를 받아들이거나 서구의 문명을 직접 목격한 이들이었다.

대표적인 개화파 지식인 윤치호는 당시 강한 종족이 약한 종족을 지배하는 세계열강의 제국주의적 속성을 "국제적 범죄"라고 간파하고 있었다. 그러나 강한 종족이 약한 종족을 사멸시키는 세상의 조류를 도저히 막을 수 없음을 깨닫고, 제국주의적 속성은 "피할 수 없는 필요불가결한 악"이라고 체념할 수밖에 없었다. 윤치호는 세계의 지배적인 조류가 "정의"가 아닌 "힘"이라는 사실을 애통해했으나, 결국 자포자기의 심정으로 종족이 다른 국가들 사이에는 "힘은 정의"임을 인정해야 했다.[136]

개화파 지식인들에게 있어서 한국이 세계열강의 간섭으로부터 벗어나는 유일한 길은 재빨리 근대화하는 것뿐이었다. 그러기 위해서는 일본의 도움이 필요했고 일본의 근대화 경험을 배우고자 했다. 개화파 지식인들의 눈에 일본의 식민주의적 야욕은 '조력자'라는 역할에 가려 잘 보이지 않았다. 근대화를 원하면 원할수록 그들은 일본의 도움을 더 절실히 갈망했으나, 이러한 근대화의 열망은 결국 일본에의 종속성을 심화시키는 딜레마에 봉착하게 되었던 것이다.

신문균은 바로 이러한 '문명과 독립 사이의 딜레마'[137]에 빠진 한국의 개화파 지식인을 대변하고 있었다. 신문균에게 감정이입하기 시작한 세로셰프스키는 이 딜레마에 대해서도 공감하기 시작했다. 세로셰프스키는 젊은 시절 두 번이나 유배된 전력이 있었다. 12년 간 시베리아에서 고독하고 황량한 인생을 살았을 그가 '인간'에게 마음을 여는 것은 쉽지 않아 보였다. 그러나 세로셰프스키는 호텔에서 신문균과 헤어지면서 악수를 하는데 힘주어 쥔 손을 통해 "우정이라고 부를 만한 것이 생기기 시작"했다고 회고했다.

세로셰프스키도 러시아 치하의 식민지인이었다. 그는 서구의 식민지인으로서 제3세계의 식민지인에게 공감하기 시작했다. 그리고 자신도 근대성과 독립을 함께 고민해야 하는 동일한 운명에 놓여 있다는 걸 깨달았다. 세로셰프스키는 한국에 와서 자신의 정체성을 생각했던 것이다.

2

어떤 스웨덴 기자가 목격한
놀라운 현장

애원하는 그렙스트, 버티는 윤산갈

스웨덴 기자 아손 그렙스트가 서울에 있는 동안 윤산갈이라
는 한국인 청년이 통역을 해주며 그렙스트의 여정을 도와주고 있
었다. 윤산갈은 가난한 집안 출신이었지만 당시 프랑스 선교사
들에게서 서구 교육을 받고 있었다. 그렙스트의 한국 여행에서 중
요한 동반자였던 이 청년은 이방인에게 한국의 풍속과 역사를 소
개해주는 일에 상당히 적극적이었고 사명감을 느끼고 있었다. 그
렙스트는 이 청년을 거의 자신의 존재만큼 분량을 할애하여 입체
적인 인물로 묘사하고 있다.

윤산갈과 그렙스트 사이에는 당시 서구의 여행자와 현지인
안내자 사이의 '지배-종속'의 관계가 보이지 않는다. 그렙스트가
보기에도 이 청년 또한 자신들의 관계를 '고용인-피고용인'으로
보는 것이 아니라 동등한 '친구'로 대하는 것 같았다. 윤산갈은

209

자기주장이 강한 청년이었다. 이 청년은 그렙스트로부터 하루에
30전의 수고비를 받고 봉사하고 있었지만, 자신이 가고 싶은 곳
에 그렙스트를 데려가기도 하고, 자신이 가고 싶지 않은 곳은 가
지 않겠다고 버티기도 했다.

　하루는 그렙스트가 기생을 보고 싶다고 하자 윤산갈은 청을
들어줄 수 없다며 반대했다. 보수를 두둑이 주겠다고 해도 자신
은 기독교인이라면서 거절했다. 기생을 보려는 것은 순수한 민속
학적인 관심이지 개인적인 호기심이 아니라고 설득해도, 윤산갈은
천하고 타락한 여자들과는 상종할 수 없다며 말을 듣지 않았다.
그렙스트가 보기에 윤산갈의 고집은 기생을 "악습의 노예"로 가
르친 외국 선교사들의 영향 탓인 것 같았다. 그렙스트는 끝내 윤
산갈에게 거절당하고 말았다. 또 다른 날은 사형집행이 벌어지는
감옥을 방문하고 싶다고 하자 윤산갈은 그런 끔찍한 곳에는 가

• 죄인이 형리에게 매를 맞고 있다.

지 않겠다며 버텼다. 그렙스트는 상당히 오랜 시간을 들여 청년을 설득해야 했고, 결국 허락을 받아내 감옥을 견학하게 되었다.

현지인 안내자에게 애원하고 쩔쩔매는 외국인 여행자의 모습은 당시 서구의 여행기에서는 거의 볼 수 없는 장면이다. 18~19세기 제국주의 시대에 서구 여행자와 현지인 안내자 사이는 서구인들의 인종적인 우월감이 쉽게 드러나는 관계이기도 했다. 그러나 그렙스트의 책에 등장하는 한국인 안내자는 감정과 판단력이 있고 고집을 피우는 생동감 넘치는 인물로 그려지고 있다. 그렙스트가 한국을 여행하는 내내 윤산갈은 제2의 주인공이었고, 그렙스트는 이 주인공을 통해 한국인의 정서 속으로 점점 깊이 들어가고 있었다.

윤산갈을 꼬드겨서 간 감옥에서 그렙스트는 서양인을 신기하게 보는 간수를 만났다. 간수는 '스웨덴'이라는 나라가 이마에 눈이 하나만 달린 족속이 사는 곳인지, 등에 뿔은 없는지 알아보기 위해 외국인의 이마와 등을 만지며 몸수색을 했다. 그렙스트는 "난생 처음 당해보는 괴상망측한 신체검사"를 인내심 있게 참다가 웃음을 터뜨렸다. 그 상황을 유머러스하게 넘긴 그는 한국인들의 호기심을 무례하다고 보지 않고 자신이 한국인들을 관찰하듯 한국인에게도 똑같이 자신을 관찰하는 기회를 주었던 것이다.

키 작은 일본인에게 매 맞는 덩치 큰 코레아 사람들

한국에 있는 동안 한국인들과 깊이 교류한 서구인들의 특징을 보면, 한국에 대한 편견을 수정할 기회를 얻었다는 것이다. 그 렙스트는 한국인들이 게으르고 정신적으로 정체되어 있다고 믿었는데 한국에 와서 경험해 보니, 오히려 한국인들은 일 잘하고 총명하다는 것을 깨달았다. 일본에 있었을 때는 한국 내륙의 경치는 보잘것없고 무미건조하다는 말을 들었는데, 한국의 웅장하고 변화무쌍한 내륙의 경치를 보고 나서 "일부를 보고 전체를 평가하는" 다른 여행자들의 판단을 신뢰할 수 없다고 생각했다. 이렇듯 그렙스트에게는 편견을 바로잡는 계기가 있었는데 그 중에서 가장 큰 인식의 변화는 '일본'에 대한 것이었다.

1904년 12월 24일, 나가사키를 출발해 부산포에 도착한 그 렙스트는 운 좋게도 1905년 1월 1일 개통된 부산-서울간 열차를 타고 서울로 올라올 수 있었다. 그렙스트는 부산역의 기차 안에 앉아 열차가 떠나길 기다리면서 기차를 보기 위해 역에 몰려 든 한국인들을 다음과 같이 흥미롭게 묘사했다.

플랫폼은 이 대사건을 구경하러 나온 코레아인들로 온통 흰색 일색이었다. 그들 대부분이 처음 역에 나와 본 것이고, 따라서 기관차도 처음 보는 것이었다. 그들은 기관차의 역학에 대해서는 조금도 아는 바가 없었기에 무슨 일이 일어날지 몰라 대단히 망설이는 눈치였다. 이 마술차를 가까이에서 관찰하기 위해 접근할 때는 무리를 지어 행동했다. 여차하면 도망칠 공간을 확보하기 위하여 서로 밀고 당기고 하였다. 그들 가운데 가장 용기 있는 사나이가 큰 바퀴 중

하나에 손가락을 대자 주위 사람들은 감탄사를 연발하면서 그 용기 있는 사나이를 우러러보았다. 그러나 기관사가 장난삼아 환기통으로 연기를 뿜어내자 도망가느라고 대소동이 일어났다. 이 무리들은 한 떼의 우둔한 양들을 연상케 했다……

나는 객실 창가에 서서 이 소동을 지켜보았다. 흥미진진했다. 가장 웃음이 나오는 것은 키가 난쟁이처럼 조그마한 일본인 역원들이 얼마나 인정사정없이 잔인하게 코레아인들을 다루는가를 지켜보는 것이었다. 그들이 그런 대접을 받는 것은 정말 굴욕적이었다. 그들은 일본인만 보면 두려워서 걸음아 나 살려라 하고 도망갔다. 행동이 잽싸지 못할 때는 등에서 회초리가 바람을 갈랐다. 키가 작은 섬사람들은 손에 회초리를 쥐고 기회만 있으면 언제고 맛을 보여주었다. 그 짓이 재미있는 모양이었다. 사실 사람들이 멍청하고 둔하게 행동할 때 때려주는 것만큼 속 후련한 일이 또 어디 있을까?…… 부산역의 이 북새통에서 내가 본 마지막 장면은, 그 무리에서 제일 왜소한 일본인이 키 크고 어깨가 떡 벌어진 코레아 사람의 멱살을 거머쥐고 흔들면서 발로 차고 때리다가 내동댕이치자, 곤두박질을 당한 그 큰 덩치의 코레아 사람이 땅에 누워 어린애처럼 징징 우는 모습이었다.[138]

한국에 들어온 초기, 그렙스트는 한국인과 일본인 사이에 벌어지는 '충돌'에 대해 그다지 심각하게 생각하지 않았다. 기차를 처음 봐서 우왕좌왕하는 한국인들을 일본인이 회초리질할 때에

213

도, 그는 굼뜨게 행동하는 군중을 향해 매질만큼 후련한 일이 어디 있겠냐며 기차역에서 벌어진 소동을 '야만'과 '문명'의 우스꽝스러운 충돌로 보았다. 그러나 시간이 흐를수록 그렙스트는 한국에서 일본의 행태가 단순히 해프닝으로 끝나지 않는다는 것을 깨닫기 시작했다.

어느 날 그렙스트는 서울에서 한국 군대와 일본 군대가 무력으로 충돌하는 장면을 목격했다. 처음에는 일진회와 한국 군대가 충돌했고, 뒤이어 일진회를 비호하는 일본군과 한국군 사이의 전투가 벌어졌다. 열세였던 한국 군인들이 일본군에 의해 "고양이가 쥐를 쫓듯이" 샅샅이 수색되어 무장해제 되었고 결박당한 채 어디론가 끌려갔다. 이 난동의 소용돌이에서 그는 어느 영자신문의 편집자(당시의 정황으로 보아 〈코리아데일리뉴스Korean Daily News〉의 어니스트 베델인 듯하다)와 마주쳤다. 그는 그렙스트의 옷자락을 붙잡고 자주국인 한국에 와서 천인공노할 월권행위를 하는 일본의 만행을 증언해 달라면서 그렙스트의 신상을 물으며 정신없이 울부짖었다. 끌려간 한국인들이 아직 살해된 것도 아니지 않느냐고 그렙스트가 묻자, 그는 분노에 차서 이렇게 말했다.

"무슨 말씀을 하시는 겁니까? 지금 끌려간 사람들은 생전에 다시는 햇빛을 볼 수 없을 겁니다. 종적도 없이 사라지는 것이지요. 일본의 언론조차도 이들의 운명에 대해서는 입을 다물고 맙니다. 이봐요, 당신에게 한마디 하겠는데, 만약 이 불행한 나라에서 벌어지고 있는

• 일본군에 의해 총살 당한 한국의 양민들

일이 세상에 알려졌을 때 사내대장부라면 누구나 울분을 금치 못하
고 통곡을 할 것이오." [139]

이 사건은 그렙스트에게 상당한 충격을 준 듯했다. 그 일이
있은 후 그는 독일 영사와 함께 세 명의 한국인 양민들이 일본군
에 의해 학살당한 현장에 가보았다. 이들은 일본에게 강제로 토
지를 빼앗긴 것에 대한 분풀이로 최근에 개통된 철로를 부수다가
발각되어 처형된 사람들이었다. 현장에는 그들의 몸이 묶여 있던
세 개의 십자가가 덩그마니 서 있었다. 독일 영사는 이들이 '57'발
의 총알을 맞아 벌집이 되었고 엿새 동안 이곳에 버려져 있었다고

215

말해 주었다. 그렙스트는 참담한 심정으로 다음과 같이 적었다.

한국에서 본 일본인의 인상은 일본에서 받은 그들의 인상과 너무나
도 달랐다. 거기에는 모든 사물의 외면이 매혹적인 아름다움을 가
지고 있어서 그 이면에 대해 생각해볼 겨를이 없었는데 이곳에서야
비로소 그 진면목을 볼 수 있었다. 여기서야 비로소 일본의 잔인함
과 냉정함이 적나라하게 드러난 것이다. 세상 사람들이 '일본은 서
구식으로 개화된 나라'라고 생각한다면 그것은 잘못된 것이다. 비
록 일본인들이 빠른 두뇌회전과 명석함을 무기 삼아 큰 힘을 과시
하고 있고 자신들끼리 자화자찬하면서 착각하고 있는지는 모르지
만, 그들이 서구 문명이 도달해 있는 지점까지 쫓아오려면 아직 수
천 마일을 질주해야 한다.[140]

일본의 제국주의적 기질을 감지한 그렙스트는 일본을 지칭하
는 표현도 바꾸었다. 이를테면, 한국의 수천 년 전통을 야비하게
왜곡 말살하고 "부끄러운 줄 모르고 설쳐대는 일본인들의 호전
적인 태도" 혹은 "난쟁이족" 같은 노골적인 말로 일본을 수식했
다. 그러나 한국 사람들에게 때는 이미 늦은 것 같았다. 그가 보
기에 유구한 생활 풍속을 지켜온 한국은 세상조류에 편승하지
못하고 곧 도태될 것 같았다. 세상은 힘이 약한 종족이 스스로 일
어서도록 기다려주지 않았다.
그렙스트가 한국에 있던 시기는 일본이 러일전쟁에서 승리하

고 그 위세를 몰아 한국의 숨통을 더욱 죄여오던 시기였다. 일본이 한국의 외교권을 박탈하기(을사조약) 이전이었지만, 그렙스트는 한국이 곧 일본 제국주의에 의해 잠식될 운명을 보았다. 일본은 그저 느긋하게 한국의 멸망을 기다리고 있었다. 세계 각국은 한국에서 벌어지는 부당한 탈법적 행위를 다 알고 있지만 모르는 척했다. 세상에 불쌍한 한국인들이 잘 되기를 바라는 자는 아무도 없었다. 그렙스트가 다음과 같이 펜을 움직여 강자 중심의 역사에 저항했지만, 당시 약육강식의 제국주의 시대에 약자를 옹호하는 목소리는 공허하게 울릴 뿐이었다.

필시 '세상'은 자신들의 외교 사절단을 통하여 이 나라에서 무슨 일이 벌어지고 있는지 훤히 알고 있을 것이며, 그 결말 또한 잘 알고 있으리라. 그렇지만 '세상'은 회피할 길만 있다면 끓는 물에 손을 집어넣는 미련스러운 행동은 하지 않을 것이다, 역사의 바퀴는 이런 식으로 지금까지 굴러왔던 것이다. 강자는 내키는 대로 별의별 일을 다 해온 반면 약자는 비명에 대한 메아리조차 듣지 못했던 것이다.[141]

3

그 미국 외교관은 왜
한국과 사랑에 빠졌나

한국의 토속문화에 푹 빠진 샌즈

한국이 바로 그곳이다. 누구도 그곳을 원하지 않는다. 한국은 너무
나도 무의미한 나라이다. 그러나 당신은 거기에서 풋풋한 외교를
보게 될 것이다. 장갑도 끼지 않고, 향수도 뿌리지 않고, 미사여구도
없는 곳이 한국이다.[142]

1898년, 워싱턴의 백악관은 24살의 젊은 청년 윌리엄 샌즈를
서울로 보내면서 이렇게 말했다. 샌즈는 이 말을 들으며 '너무도
무의미한 나라, 누구도 가고 싶어 하지 않은 나라 한국'이라며 몇
번이고 되뇌었다. 그러나 그는 모험을 하고 싶었다. 외교관의 경
력을 쌓기에 아직 새파란 '풋내기'에 불과했지만 샌즈는 젊고 혈
기왕성했다. 한국이 어떤 나라인지 궁금했다. 일본에게 시달리고

있는 이 약한 나라가 오히려 자신의 '순수하고 이상적인 기질'에 더 잘 맞을 것 같았다.

20대를 한국에서 보내는 동안, 샌즈는 '미국인'으로서의 자기 정체성을 골똘히 생각했다. 그는 이 가난한 나라에 와서 이권 쟁탈에 눈이 먼 제국주의 국가들을 이해할 수 없었다. 자신의 모국 미국은 유럽의 제국주의처럼 식민지 영토를 빼앗거나 다른 민족을 병합하거나 하는 노골적인 침탈은 하지 않았다.

그러나 미국의 공사이자 총영사인 알렌을 보면, 미국도 어쩔 수 없이 유럽의 제국주의와 같은 길을 걷고 있다는 생각을 지울 수가 없었다. 알렌은 한국인들의 신뢰를 받고 있는 인물이었다. 한국의 황제는 늘 알렌의 충고와 위안을 얻고 싶어 했다. 하지만 샌즈가 보기에 알렌은 한국에서 미국의 이해가 걸린 철도나 금광, 발전소와 같은 사업에서 전형적인 제국주의의 자세를 보였다. 알렌이 이끄는 미국인 무리들은 "제국주의 동기를 가지고 있지 않은 제국주의 도구"였다.

샌즈는 같은 미국인이지만 자신은 알렌과 엄연히 다르다고 생각했다. 샌즈는 루즈벨트와 키플링의 영향을 받고 자라면서, '백인의 책임white man's burden'을 느끼고 있던 세대였다. 자신의 세대는 유럽의 침략정책에 반대했고 일본이나 중국, 한국의 영토를 차지하려는 야망은 더더욱 없다고 생각했다.

나는 한국을 미국화할 생각은 없었다. 오히려 나는 한국이 단지 그

219

들이 불필요한 분쟁에 말리지 않을 정도로 서구문물에 친숙해짐으로써 가능한 한 토착문화는 지켜지길 바랐다. 나는 외국인들이 서로 경쟁하기보다는 협력함으로써 국제적으로 한국을 돕기를 원했다.[143]

샌즈는 미국 공사관 1등서기관으로 일하다가 1년 후 고종의 궁중 고문이 되었다. 한국의 왕실로부터 고문관의 제의를 받았을 때 그는 한껏 고무되었다. 알렌조차도 "누군가 한국 사람들을 구원할 수 있다면 그것은 미국인"이라며 샌즈에게 기운을 북돋아 주었다. 한국인들의 삶과 운명에 더 가까이 가고 싶었던 샌즈는 고문관직을 수락하며 이렇게 생각했다.

혈기왕성한 25세였던 나는 온갖 어려움으로부터 황제를 구출할 수 있을 거란 생각을 했으며 또한 한국 사람들을 좋아했다.[144]

궁중 고문관 시절, 샌즈는 한국인을 알기 위해 전국 각지를 돌아다니며 다양한 계층의 한국인을 만났다. 시골 결혼식의 왁자지껄한 축제 분위기에 어울려 사당패들의 연극을 관람하기도 하고, 세상 어디에도 없는 이 흥겨운 연극을 서울의 극장에서 상연하도록 데려오기도 했다. 떠돌이 연극패와는 다른 품위를 느낀 〈춘향전〉을 한성전기회사가 서울에서 처음으로 개관한 한국 극장에서 공연하도록 돕기도 했다.

대궐에만 안주하지 않고 공무가 없을 때는 일을 찾아 지방으로 내려갔다. 동학도를 만나러 가기도 했고, 1901년 제주도에서 천주교도와 주민들 사이에 충돌(이재수의 난)이 일어났을 때도 반란의 진상을 알아보기 위해 제주도에 내려갔다. 100여 명의 군사를 이끌고 간 샌즈는 포졸과 천주교인들을 포위하고 있는 1만여 명의 성난 반란군들과 대면하여 협상을 벌이기도 했다.[145]

어느 지방에서 고문을 했다는 말을 들으면 즉시 그곳으로 달려가 관리에게 더 이상 폭력은 행사하지 말라고 설득하기도 했다. 만주 지역에서 활동하는 중국 마적단이 한국에 들어와 마을을 약탈한다는 소문이 돌자, 샌즈는 이 두목(장작림)을 잡기 위해 4~6인의 한국인 장교들을 이끌고 국경을 넘어 중국 땅까지 들어가기도 했다.[146] 강행 도중에 장질부사에 걸리는 등 죽을 고비를 여러 번 넘겼는데, 산속의 광부들은 샌즈가 죽었다고 판단해서 그를 매장하려 했던 적도 있었다.

내가 도우려고 애를 썼던 한국을 알기 위하여 나는 갈 수 있는 모든 곳을 다녀봐야만 했다. 양반들과 함께 살아보고 비공식적인 삶을 나누어 보고, 수행원도 없이 낯선 지방으로 내려가 가능하면 그들과 함께 지냄으로써 하층민의 삶을 알려고 했다.[147]

샌즈가 길들이고 싶었던 두 명의 한국인

샌즈는 한국에서 상류층과 교류하며 꽤 많은 엘리트 친구들을 사귀었다. 한복을 입고 관모를 쓴 샌즈는 온돌방에 앉아 장죽으로 담배를 피우며 친구들과 여흥을 즐기곤 했다. 그러나 나는 샌즈의 한국 친구들이 어떤 사고를 하고 어떤 감정을 갖고 있는지 상상할 수 없다. 샌즈의 책에는 당시 궁정 권력에 가까이 있었던 민영환, 민승호, 민영기, 강석호, 박제순 등의 이름이 간단한 이력과 함께 나열되어 있을 뿐, 목소리를 갖고 살아 움직이지 않는다.

감정을 표출하며 살아 있는 인물로 등장하는 한국인은 두 명 정도이다. 한 사람은 샌즈가 데리고 있던 하인이었다. 이 자는 산적 출신으로 살인강도를 저질러 교수형에 처할 운명이었는데, 한성부판윤 이채연이 담대하고 사격술이 뛰어난 그를 처형하기에는 아깝다고 생각하여 샌즈에게 하인으로 거두어 달라며 보냈다. 이 자는 샌즈가 광릉으로 사냥을 하러 나간 사이, 샌즈가 조상 대대로 물려받은 시계를 훔쳤다. 시계를 훔친 범인을 잡지 못하고 있던 어느 날, 샌즈의 또 다른 하인이 산적 출신인 이 자의 아내를 취조해 그 시계가 전당포에 잡혀 있다는 사실을 알아냈다. 시계가 돌아오던 날 그 산적은 샌즈와 함께 있었다. 샌즈는 시계를 돌려받자 도리어 그것을 산적에게 건네주면서 말했다. "나에게는 소중한 물건이니 네가 잘 간직하라." 샌즈는 하인을 처벌하지 않고 관용을 베푼 것이다. 그러자 산적은 "나(샌즈)를 뚫어지듯이 쳐다보며 조금은 어두운 미소를 짓더니 '대인!'하며 무릎을 꿇었다." 그런 일이 있은 후로 샌즈에게는 더 이상의 불미스러운 일이 일어나지 않았다.

또 한 사람은 샌즈가 중국인 마적단 두목을 잡으러 만주에 갔을 때, 우여곡절 끝에 마주친 한국인이었다. 샌즈는 서울에서 만주로 떠나기 전 중국의 마적단 두목이 여러 차례 한국으로 넘어와 한국인 출신의 두목을 만난다는 정보를 알고 있었다. 샌즈는 중국인 두목이 한국에 넘어와 있을 때 그를 체포하여 처형할 계획을 갖고 길을 떠났다. 의주에 이르렀을 때 샌즈는 일행과 따로 떨어져 혼자 밤길을 가야만 했다. 샌즈는 기력이 다 떨어지고 이미 병에 걸려 있었다. 날씨는 몹시 추웠다. 말도 지쳐 쓰러져서 그는 말에서 내려 험한 산길을 걸어야만 했다. 이때 등불을 들고 다가와 샌즈를 구해준 사람이 바로 마적단과 연루된 한국인 두목이었다. 두목은 샌즈를 자신의 오두막집으로 데리고 가서 따뜻한 아랫목에 앉히고 자신이 먹다 남은 밥을 주었다.

• 한국식 의복을 갖추고 장죽으로 담배를 피우고 있는 윌리엄 샌즈

아마도 그것은 그가 먹다 남긴 절반의 밥이 틀림없었다. 나는 그것을 먹었다. 왜냐하면 사막에 사는 아랍인들이 그와 함께 밥을 먹은 사람을 일시적으로 보호해 주듯이 이 나라의 많은 사람들도 그런 식으로 사람을 보호해 주기 때문이었다. 식사를 마친 후에 그는 담뱃대의 놋쇠 물뿌리를 닦아서 나에게 주면서 피우다 남은 담배 찌꺼기에 다시 불을 붙였다.[148]

한국인 두목은 어렴풋이 샌즈가 궁정 '고문관'임을 알아차렸고, '나랏일' 때문에 왔느냐고 슬쩍 떠보았다. 샌즈는 그렇다고 대답했지만 여전히 이 자가 자기가 찾고 있는 '한국인 두목'이라는 사실을 알지 못했다. 두 사람이 이런저런 이야기를 나누고 있을 때, 샌즈와 함께 길을 떠났던 한국인 장교가 샌즈의 말을 발견하고 오두막집으로 들이닥쳤다. 장교는 두목에게 총을 겨누며 외쳤다. "나리, 이 자가 바로 그 사람입니다!" 샌즈는 놀랐지만 곧 총을 거두라고 말했다. 그리고 다음과 같이 자신의 말을 한국인 두목에게 통역하라고 명령했다.

"나는 음식과 쉴 곳을 찾았고 안전함과 호의를 받았다고 말하시오. 나는 한국인을 도와주기 위해 이 자의 도움이 필요하다고 말하시오. 한국 사람이 국경 너머에서 중국 사람과 손을 잡고 이 나라를 어지럽힌다면 나는 한국을 도와 줄 수가 없습니다. 만약 이런 일이 계속된다면 나는 군대를 동원할 수밖에 없습니다. 나는 한국 사람이 한국 사람을 죽이는 것을 원치 않습니다. 나는 평화를 바라고 있습니다. 내가 이 자에게 전하고 싶은 말은 바로 이것이오." [149]

이렇게 말하는 동안 샌즈는 생각했다. "내가 찾을 수 있는 정보원을 죽이고 싶지 않았다. 나는 그를 길들여 쓰고 싶었다……."

샌즈에게 벌어진 두 에피소드는 충분히 인상적이다. 이 에피소드에는 극적인 구성과 감동, 반전이 있다. 이곳에서 재현된 두 명의 한국인은 비록 '악인'일지라도 살아 움직이는 개성적인 인물들이다. 그런데 그가 섬세하게 묘사한 이 두 한국인에게는 공통점이 있다. 두 사람은 모두 샌즈의 관대함의 수혜자라는 사실이다. 두 사람은 샌즈가 베푼 아량으로 명예를 회복하거나 살아남는다. 그리고 "대인!" 하면서 무릎을 꿇었다는 하인뿐 아니라, 총살될 위기를 넘긴 한국인 두목은 그의 관용과 대범함에 감복했을 것이다. 두 명의 한국인에게는 생생한 실존성이 있으나 이 실존성은 한 젊은 미국인으로부터 휴머니즘의 은총을 받을 때에야 비로소 의미가 있었다.

샌즈는 한국에 있는 동안 가난한 한국인들에게 연민을 품었다. 그리고 연민을 품었던 한국인들로부터 선망을 받을 때 비로소 자기 실존의 의미를 느꼈다. 그는 한국에서 존경과 경외의 대상이고 싶었던 것이다.

동양의 작은 왕국에서 백인의 짐을 짊어진 소영웅주의자

샌즈는 5년이 넘는 시간을 한국에서 살았고 토착문화를 즐

225

겼으며 열강의 틈에 낀 작은 나라의 독립을 고민했다. 그가 한국인과 교류하고 이해하는 방식은 지적이고 진지했으며 역동적이었다. 샌즈가 한국에서 체험한 일련의 모험을 보면, 당시 젊은 샌즈의 마음을 휘저은 정의를 향한 이상주의적인 기질이 어떤 것이었는가를 충분히 엿볼 수 있다.

그러나 샌즈는 한국인들과 자유롭게 사고와 의견을 교류하지 않았다. 한국인들은 샌즈가 품고 있는 이상과 개혁적인 조언을 따르는 추종자에 불과했다. 그가 한국인 친구들과 나눈 우정은 동등한 것이라기보다는 교화와 훈계가 담긴 우정이었다. 미국인과 한국인 사이에는 결코 평등해질 수 없는 우정의 간극이 있었던 것이다.

샌즈는 한국에서 문명의 개척자로서 살았던 자신의 삶에 뿌듯한 만족감과 성취감을 느꼈다. '문명의 개척자'는 미국이 그에게 부여한 사명감이자 '백인의 짐'이었다. 샌즈가 감지했듯 당시 미국의 정책은 유럽과 달랐다. 1900년 무렵까지 미국은 식민지 영토를 점령하는 유럽식 식민주의에 특별한 관심이 없었다. 그러나 미국은 세계 제국주의의 틈바구니에서 뒤늦게 어떤 '유행fashion'을 좇아야 한다는 사실을 깨달았다. 미국은 뒤늦게 제국주의 대열에 뛰어들었다. 그리고 '영토'를 빼앗는 것보다(영토 분쟁에 뛰어들기엔 이미 늦기도 했지만), 정치적이든 경제적이든 미국의 '영향력'을 행사하는 것에 관심이 컸다.[150]

한국에서 샌즈의 삶은 바로 이렇게 새롭게 부상하는 미국의 제국주의를 반영하고 있었다. 샌즈는 한국에서 유럽식 제국주의는 반대했으나, 백인의 짐을 짊어진 간섭자로서의 삶은 흔쾌히 받아들였다. 샌즈의 개인적인 기질, 요컨대 휴머니즘과 모험적인 이상주의는 타국에 '영향력'을 행사하며 새로운 식민주의를 준비하는 미국의 국가 정체성과 묘하게 섞여 있었다. 그가 한국인을 동등한 주체라기보다는 교화와 훈계의 대상으로 본 것은 바로 그 자신 국가 정체성의 자연스러운 발로였다. 샌즈는 새롭게 싹트는 식민주의, 즉 정치 경제적인 영향력을 행사하려는 모국의 정체성으로부터 완전히 벗어나지 못했던 것이다.

동양의 작은 왕국에서 백인의 무거운 짐을 짊어진 소小영웅주의 휴머니스트. 샌즈는 처음 한국으로 발령을 받았을 때, 일본에 시달리고 있는 약한 나라인 한국이 자신의 이상적인 기질에 더 잘 맞았다고 회상했다. 샌즈는 분명히 '힘'으로 무장한 일본보다 무력했지만 순진한 한국을 더 사랑했다. 그러나 5년 후 러일전쟁 중에 워싱턴에 돌아가 보니, 자기가 이 작은 왕국에서 그렇게 헌신했던 일들이 아무것도 아니라는 걸 깨달았다. 백악관은 한국의 상황을 자기보다 더 많이 알고 있었으나 관심이 없었다. '생존할 가치가 있다'고 믿었던 한국은 여전히 무의미했다. 그는 낙담했고, 자신이 매우 초라함을 느꼈다. 파나마로 가라는 지령이 떨어지자, 그는 극동의 지도를 둘둘 말아 치우고 미련 없이 라틴아메리카로 눈길을 돌렸다.

4

한 독일 기자의
섬세하고 예민한 시선

나는 '서양 야만인'

독일 기자 지그프리트 겐테에게 흥미로운 점은 그 스스로를 '서양 야만인'으로 부른다는 것이다. 그는 이 말을 어쩌다가 사용해보는 게 아니라, 자신의 정체성을 규정할 때 종종 수식어로 사용하곤 했다. 서구문명의 기준으로 보면 '서양 야만인'은 '원시'와 '근대'가 합성된 모순어이다. 당시 서구가 '야만/문명'이라는 잣대로 동서양의 문명도를 일직선상에 놓고 서열화 했는데, 겐테가 자신을 '서양 야만인'으로 부르는 것은 이러한 서열화를 거부하는 태도로 볼 수 있다.

겐테는 한국에 오기 전부터 문화상대주의로 무장되어 있었다. 그래서인지 그는 다른 여행기에 등장하는 한국에 대한 부정적인 표현에 유달리 민감했다. 그리고 이것들을 하나둘씩 골라내어 조목조목 한국에 대한 편견의 오류들을 짚어 나갔다.

한국인이 '게으르다'는 것에 대해서도 광산을 운영하는 독일인 관리자를 만나보고 나서는, 작업인부로 고용된 한국인들이 일을 잘해서 상당히 만족해하고 있다고 쓰고 있다. 한국 사람들의 '지나친 호기심'에 대해서는, 유럽인들은 원주민을 만날 때 두개골을 측정하고 머리를 만져보지 않느냐며 유럽인들의 야비한 호기심은 더 말할 것도 없다고 반박했다.

지금까지 한국을 방문하고 기행문을 썼던 여행자들은 참기 어려운 관심과 지나친 호기심에 대해 불만을 털어놓았는데…… 마을 사람들이 놀라우리만큼 호기심이 강한 것은 사실이다. 그러나 그런 호기심이 여행에 방해가 되지 않았다. 그들의 호기심은 어느 정도 선의와 호의에서 비롯된 것이므로 절대 사람을 해치거나 화나게 하려는 의도는 없다. 공공장소에서 여자를 구경할 수 없는 나라에서 비숍 여사처럼 혼자 여행할 경우, 때로는 매우 곤혹스러울 수도 있다. 그러나 여자 혼자서 여행할 경우 세계 어디를 가나 대부분 그럴 것이다. 주민들의 무지와 호기심 때문에 생기는 그런 불쾌감을 모두 한국인들 탓으로 돌릴 수는 없다.[15]

한국의 풍물을 바라보는 시각도 다른 여행자들에 비해 섬세하고 긍정적이었다. 아마 '짚신'의 장점을 언급한 여행자는 겐테가 유일할 것이다. 그는 짚신 바닥이 단단해서 한국의 뾰족한 돌길이나 바위를 걷는 데 독일산 가죽신보다 유용했다고 썼다. '지

• 지게를 진 한국의 농부들

게'는 한국인들이 발명한 것으로 "등 근육의 힘을 최대한 활용할 수 있는 훌륭한 운반수단"으로, 받침대가 있어서 힘의 낭비 없이 편안하게 바닥에서 짐을 들어 올리거나 내릴 수 있다고 분석했다. 공기는 춥고 바닥은 너무 뜨거워서 거의 모든 여행자들이 불편하게 체험했던 '온돌'에 대해서도, "수많은 동아시아 민족들 중 유독 한국 민족만 겨울에 쾌적하게 방을 데우는 훌륭한 난방기술"을 터득했다고 적었다. 하지만 난방을 위해 벌목을 하는 행위는 생각해 봐야 한다며 다음과 같이 덧붙였다.

한국인은 난방기술에 매우 자부심을 느끼고 있는 것처럼 보인다. 그래서 그런지 여름에도 난방을 한다. 저녁 해질 무렵 그늘에서도 30도가 넘는 날인데 주민들이 밤에 땔 소나무 장작을 준비하는 것을 보았다. 북쪽 산간지방은 밤이면 기온이 10~15도로 뚝 떨어지므로 방바닥을 뜨끈뜨끈하게 데운다. 이처럼 지나치게 난방에 욕심을 내다보면 몇백 년도 되지 않아 중국처럼 곤욕을 치를 것이다. 중국

230

북부지방은 수백 년 간 벌목을 해서 완전히 황폐화되었다.[152]

또한 한국인들이 '느리다'는 것에 대해서도, 겐테는 유럽인들에게 미국인들의 삶이 얼마나 극단적이며 병적으로 보이는가 반문하고 나서, 마찬가지로 한국인들이 유럽인을 보면 우리들의 삶은 '광적'으로 보일 거라고 했다. "그들의(유럽인들) 초조감, 일에 대한 야망, 불안감과 변화에 대한 끊임없는 욕구, 새로운 감동, 새로운 환경, 새로운 일에 대한 욕망들이 고요한 아침의 나라 백성들에게는 이해가 되지 않을 것이다."[153]

나는 한국에 대한 서구의 말을 믿을 수 없다

겐테는 한국에 오기 전에 여러 권의 책을 읽었지만, 직접 한국인들을 체험하지 않고서는 이 기록들을 믿을 수 없다고 생각했다. 그는 19세기 말까지 한국을 직접 보고 쓴 텍스트는 약 2세기 전에 쓰인 『하멜 표류기』(1668)밖에 없고, 그 외의 책들은 대부분 중국이나 일본에서 간접적으로 제작된 것들이라는 사실을 알고 있었다.

겐테는 여행하는 동안 틈틈이 『한국교회사서론Histoire de l'Eglise de Corée』(1874)을 읽었다. 이 책은 한국이 천주교를 박해하던 시기 한국에서 포교와 발각, 처형이라는 끔찍한 순환을 겪으며 비밀리에 선교활동을 하던 다블뤼 주교가 프랑스로 보낸 편지를 달레 신부가 모아 엮은 것이었다. 19세기 말 20세기 초 『한국교회사서론』은 『하멜 표류기』와 함께 한국을 처음 여행하는 서구인들이라면 반드시 읽어야 하는 '필독서'와 같았다. 왜냐하면 한국이 외부를 향해 문을 걸어 잠그고 있던 수세기 동안, 이 두 권의 책 외에는 한국에 대해 쓰인 단행본이 없었기 때문이었다.

그러나 이 책에서 한국은 주로 '미개하고, 더럽고, 풍속이 부패했고, 거짓말과 도둑질을 하며, 완고하고 까다롭고 신경질적인 한국인, 잔인한 고문이 자행되는 나라'와 같은 이미지로 그려져 있었다. 이 책을 읽고 한국을 방문하는 여행가들은 다분히 부정적인 편견을 가질 수밖에 없었다. 그러나 겐테만큼 『한국교회사서론』의 권위를 의심하는 여행가도 없었을 것이다. 겐테는 1천 페이지에 달하는 이 책을 읽고 나서, "한국에 와본 적도 없는 달레 신부가 파리에 앉아, 선교사들이 보내 준 편지만을 모아 엮은 것에 불과하다"고 지적했다.

달레 신부의 그 두꺼운 책은 지금까지 한국에 대해 가장 철저하게 파헤친 글이다. 그러나 한국과 그 국민에 대해 알면 알수록 책의 신빙성에 대한 나의 회의는 커가고 있다는 사실을 고백하지 않을 수 없다. 즉 신부는 보고된 내용을 비판 없이 무조건 믿고 수용한 것 같다.[154]

겐테는 『한국교회사서론』이 후대의 여행가들에게 한국이 동아시아 중에서 "가장 잔인하고 끔찍한 고문을 자행하는 야만적인 나라"라는 편견을 심어주었다고 지적했다. 직접 보고 확인하지 않으면 못 배기는 이 정력적인 서양 야만인은 감옥을 견학해 보았다. 감옥에서 고문 기계를 살펴본 후 한국의 고문 기구들을 중국이나 유럽의 중세 기독교의 고문기술과 비교 분석했는데, 한국의 고문 기구들에서 "중국 법정에서 곧잘 볼 수 있는 끔찍한 장면이나 나사로 엄지손가락을 조여 대는 고문 기구처럼, 중세 기독교의 잔인한 발명품들은 볼 수 없었다"고 썼다.[155]

물론 당시 고문은 있었을 것이다. 그러나 겐테가 부당하다고 느낀 것은 기독교 박해 시대에 끔찍한 수난을 당한 선교사들이 쓴 텍스트대로 한국이 알려지고, 그 인상을 후대의 여행가들이 의심 없이 받아들이는 부당한 메커니즘이었다. 겐테는 계속해서『한국교회사서론』에 대해 다음과 같이 말했다.

(이 책은) 프랑스 선교사들의 영웅적 수난을 보여주는 끔찍하고 피비린내 나는 사례로 가득하다. 살인적 행위를 상세하게 묘사한 내용이 너무 많아 읽을 때 썩 기분이 좋지는 않다. 가엾은 주교와 선교사, 육지의 기독교인들이 고통을 감수할 때, 어떤 처형이나 고문 혹은 어떤 태형도 환희에 찬 언어로 열정적이고 감격적으로 묘사되어 있기 때문이다.[156]

한국을 함부로 말하지 말라

겐테는 여행 중에 우연히 들판에서 식물을 채집하고 있는 프

샤를르 달레
(Claude Charles Dallet, 1829~1878, 프랑스)

　　프랑스 파리 외방선교회 소속의 선교사. 한국에 입국한 적은 없으나 한국에서 여러 차례 박해를 받고 있는 선교사들이 보낸 자료를 보고 집필을 결심했다. 특히 다블뤼(Daveluy) 신부가 전달한 자료를 중심으로 1874년 파리에서 『한국교회사서론』(Histoire de l'Eglise de Corée) 2권을 출간했다. 이는 1594년 임진왜란 당시 왜군을 따라왔던 선교사의 행적부터 1871년 신미양요에 이르기까지 조선 천주교사를 상세하게 서술한 책으로, 한국을 충실히 서술했는지에 대해서는 논란이 있으나, 한국 천주교사 연구에는 중요한 자료이다.

랑스 선교사를 만났다. 이 선교사는 유럽의 박물관과 식물학회에 보낼 식물의 샘플을 모으고 있었다. 그러나 겐테가 보기에 이 선교사는 오랜 기간 한국을 여행했지만 한국의 지리에 대해서 잘 몰랐고 한국말을 한마디도 이해하지 못했다. 그런데도 그는 유럽에 보낼 『지역과 주민, 도덕과 풍습』이라는 완성된 보고서를 들고 있었다. 게다가 작별할 때 그는 '아카데미 회원, 박물관 회원'이라는 명함을 겐테에게 건네주었다. 가뜩이나 달레 신부의 책을 의심하고 있던 겐테는 그가 들고 있는 보고서에 들어 있을 한국과 한국인에 대한 그릇된 정보를 예상하고 다음과 같이 한탄했다.

이런 사람들은 원주민들과 제대로 의사소통한 적도 없으면서 주제넘게 판단해서 글을 쓰고 책을 만들어 세상에 내 놓는다. 주민들의 삶에 대한 편파적이고 시대에 뒤떨어진 일방적인 글을 주워 모은 자료들을 가지고 말이다. 이런 성급한 학문의 아류들은 결코 전형적인 모범으로 제시되면 안 된다. 그의 보고서가 출판되기 전, 파리에서 철저히 검증되기를 바라는 수밖에 없다. (서구가) 낯선 지역에 대해 여과 없이 그대로 보고한 그의 말을 믿을까 두렵다.[157]

겐테는 한국에 와서 강한 노스탤지어를 느꼈다. 그는 제주도에서 금강산까지 한반도를 종횡무진 누비며 문명의 손길이 닿지 않는 한국의 목가적인 정취와 고요함을 예찬했다. 그는 500년 동안 내려오던 한국인의 복장이 더 이상 보존될 수 없는 것이 안타까웠다. "달러만 쫓는 시카고인"보다 "한국의 현자, 은둔자"가 더 매력적이었다. 겐테가 원시성을 예찬하는 것은 산업화를 회의하는 근대인의 노스탤지어였다. 노스탤지어란 그곳으로 돌아가지는 않고 막연히 과거를 동경하는 것을 말한다. 그에게 노스탤지어는 바로 한국이었다.

어느 날, 겐테는 한국에서 독일의 마이어 상사가 특허권을 따낸 광산을 찾아 갔다. 광산은 북부지방의 산속, 당고개(현재 북한에 위치한 강원도 북부 금성군 당현의 산맥 분지)에 위치해 있었다. 험한 산길을 걸으면서 겐테는 한국의 외딴 마을이 남아프리카공화국의 금광 도시인 '요하네스버그'처럼 순식간에 개발되어 번창하는 날이 오기를 갈망했다. 겐테는 한국의 '원시성'을 예찬하면서도 동시에 한국의 '근대성'을 열망했던 것이다. 그는 한국에서 노스탤지어를 느꼈으나 동시에 열강들이 한국에서 특허권을 따내어 개발하는 것이 한국에 부富를 가져다 줄 거라고 믿었다.

이러한 겐테에게 한 가지 특이한 점이 있다면 그것은 다른 여행자들보다 일본의 존재에 대해 둔감하다는 것이다. 그는 일본이 '겸손하지 않고 호전적이며 강압적인 나라'라고 생각했지만, 일본의 식민주의에 대해서 심각하게 생각하지 않았다. 일본이 한국의 존립을 위협할 거라는 긴장감은 그에게 없었다. 오히려 일본의 개혁과 지배가 한국에게 이로울 거라고 생각했다. 어느 순간 겐테는 독일이 좀 더 일찍 한국에 관심을 가졌더라면 한국에서 "평화로운 식민 정책을 할 수" 있었을 텐데 이 "좋은 기회"를 놓친 것을

아쉬워했다. 당시 한국에 독일총영사가 아니라 조졸한 영사만 있
는 것도 아쉬웠다.

젠테는 서양이 한국에 대해서 함부로 말하는 것에는 상당히
민감했다. 그러나 일본이든 독일이든 한국을 식민화하는 제국주
의 세력에는 민감하지 못했다. 세계가 '지식-권력'의 패러다임으로
돌아가는 부당함에 대해서는 그 누구보다도 강하게 비난했으면
서도 세계가 '제국-식민'으로 돌아가는 것에 대해서는 예리하지
못했다.

제국-식민에 대한 희미한 의식은 아마 젠테의 국가 정체성의
영향인 것 같다. 그는 여행 중에 자신과 자신의 국가(독일) 정체성
에 대해서 여러 차례 생각했다. 한국에서 우연히 만난 독일계 미
국인이 아직도 미국식이지만 모국어(독일어)를 잃어버리지 않은 것
에 대해서 그는 깊은 인상을 받았다. 그리고 '독일 민족성'을 언급
할 때마다 다른 국가, 특히 영국을 자주 떠올렸다. 영국인들이 자
국의 "언어와 관습을 지키면서, 혈통에 자부심"을 갖고 있는 것을
부러워했던 것이다. 영국에 대한 부러움이 세계 최절정의 제국주
의 국가에 대한 선망인지 분명하지 않지만 그가 영국인의 "완고
함과 끈기와 집요함"같은 기질을 선망한 것은 분명했다.[158]

당시 독일은 1871년 통일 이후 뒤늦게 식민지 쟁탈전에 뛰어
들어 영국이나 프랑스보다 식민지 영토가 작다는 사실이 늘 불
만이었다.[159] 젠테는 이러한 국가 정체성으로부터 완전히 벗어나지
못하고 있었다. 한국에서 새로운 영토를 갖고 싶은 열망은 바로

자국의 열망을 반영하는 것이었다. 겐테가 아무리 강한 문화상대주의자로서 한국을 함부로 말하는 것을 비난했어도, 당시 선진 제국주의를 부러워한 독일의 국가 정체성으로부터 완전히 자유롭지 못했던 것이다.

4장

편협한 눈으로는
진실을
보지 못 한다

한 영국 제국주의자의 오만한 태도

한국 외무대신과 대화하는 영국 정치가의 태도

커즌은 왜 '한국'에 대해 상투적인 말만 되풀이하나?

일본의 한국 지배는 능력 밖의 일이다

경성제대 외국인 선생과 한국인 제자들 사이엔 어떤 일이?

"우리의 불행한 조국에 대해서 글을 써주실 거죠?"

드레이크는 왜 식민지인의 심성 속으로 들어가지 않았는가

"바마리아 앞에서 나는 노예였다"

일본은 한국인을 너무나 잘 알고 있었으나……

영국인들은 모두 자민족 우월주의자들인가?

서구는 일본을 오판했다

일본은 약탈한 문화재를 돌려주어야 한다

"우리 군부는 미친개와 같아요!"-어느 일본인의 분노

한국인보다 더 분노한 또 한 사람의 영국인

"우리에게 무기를 좀 사다주십시오"-어느 의병장의 간청

"우리는 목석이 아니라 살과 피를 가진 인간입니다."

한 영국 제국주의자의
오만한 태도

한국 외무대신과 대화하는 영국 정치가의 태도

1892년 영국의 정치가 조지 커즌은 한국에 와서 고종을 알현했다. 알현하기 전에 대기실에서 한국의 외무대신과 잠깐 대화를 나누었다. 커즌이 영국에서 온 장관이라고 하자 외무대신이 대뜸 물었다.

"그렇다면 당신은 여왕 폐하의 가까운 친척이겠군요?"

"여왕의 친척이 아닙니다"라고 커즌이 대답했다.

외무대신의 안색이 불편해졌다. (한국에서는 왕과 왕비의 친족이 아니면 조정의 일원이 되기 힘든데, 어찌 영국에서는 여왕의 친척이 아닌 사람이 장관이 될 수 있단 말인가?)

잠시 후 외무대신이 다시 물었다.

"귀하의 봉급은 얼마나 되오?"

커즌으로부터 곧바로 대답이 돌아오지 않자 외무대신이 슬쩍 덧붙였다.

"나는 귀하가 관직의 가장 기분 좋은 점이 봉급에 있다는 것을 알았으리라 짐작하오. 하지만 분명한 것은 부수입이 그보다 더 컸으리라는 거요." [160]

이 부분은 커즌의 책에서 유일하게 '따옴표'를 붙여 한국인을 소개하는 곳이다. 즉 외무대신만이 유일하게 '목소리'를 갖고 등장하는 것이다. '따옴표'란 독자들이 인물의 성격을 맘껏 상상해 볼 수 있는 곳이다. 커즌은 독자들이 이 대화에서 무엇을 느끼기를 바랐을까? 두 사람이 나눈 대화를 잘 보면, 이곳에서 독자들이 상상할 수 있는 것은 뇌물과 혈연주의로 얽힌 한국인들의 부패한 사고방식이다. 요컨대 커즌은 이 대화를 통해 한국의 후진적인 전근대성을 보여주고 싶었던 것이다.

나는 커즌이 '한국인을 잘못 보았다'고 말하려는 게 아니다. 당시 한국의 혈연주의와 관료주의, 뇌물 수수 같은 사회적인 병폐는 수없이 지적되어 왔다. 내가 말하고 싶은 것은 이 말의 진위보다는 '한국인을 다루고 있는 커즌의 태도'이다. 커즌을 읽으면서 내가 알고 싶은 것은, 그가 한국에 와서 누굴 만났고 한국인들을 대하는 태도는 어떠했는지 하는 것들이었다. 그러나 이걸 알아내는 일은 쉽지 않았다. 커즌의 책은 전자제품의 매뉴얼과 같다. 매뉴얼 속에는 한국에 대한 정보가 빼곡하게 적혀 있지만 한국인에 대한 감정은 어떠했는지를 좀처럼 알 수가 없다.

흔히 여행기에서는 비중이 많건 적건 현지인 안내자가 등장한다. 우리는 일차적으로 여행자–안내자의 관계를 통해서 상호교류의 모습을 엿볼 수 있다. 그러나 커즌은 한국인 안내자에 대해서 한마디도 언급하지 않았다. 한국에서 가장 아름다운 금강산의 유서 깊은 사찰을 방문했을 때도, 마당에 도포를 입고 앉아 있는 주지승의 사진을 싣고 있지만 그에 대해서 어떠한 인상도 남기지 않았다. 한국 여행에 도움을 받았다는 유럽인에 대해서도 말하지 않았다. 즉 커즌은 한국을 여행하면서 '사람'과 교류한 흔적을 거의 남기지 않았던 것이다.

그러면서도 커즌은 끊임없이 '한국인'의 기질에 대해 말하고 있다. 무관심, 불감증, 무기력, 유약함, 자기만족적인 나태함, 치료 불능의 게으름, 비도덕성, 구태의연, 고집불통 등. 여기서 '한국인'이란 누구인가? 어떤 경로로 커즌은 이런 특징을 인식하게 된 걸까. 커즌이 좀처럼 한국인들과 교류하지 않았음을 생각해 보면, 이 인식은 '추상'에 불과하다고 할 수 있다. 살아 움직이는 '개별자'가 아니라 살아 있지 않은 '집단적인 무리'인 것이다. 한국에 대해서 들었던 말과 피상적인 관찰, '한국인이라면 ~할 것이다'라는 추측과 선입견이 뒤섞인 것이다.

커즌은 왜 한국에 대해 상투적인 말만 되풀이하나?

어떤 종족을 인식할 때 '개별자'를 무시하고 '집단'으로 보는 커즌의 '버릇'은 비단 한국인뿐만 아니라 다른 아시아인들한테도 마찬가지였다. 커즌은 페르시아인, 터키인, 말레시아인 등을 만나보았는데, 이들은 생김새와 계급, 언어 등에는 차이가 있을지 몰라도 '아시아인들만의 어떤 동질성'이 있다고 보았다. 한국과 페르시아의 정치를 논할 때도 '아시아적 병폐'로 한데 묶어서 말하고 있다.

좀 더 아시아의 특징에 대해서 이야기하자면, 아시아의 지배적 특성은 자연 경관에 있어서는 대조적이며, 그 성격에 있어서 아시아인은 일반적으로 진리에 무관심한 태도를 보이고, 성공적인 책략을 높이 사는 반면에 근엄한 행동을 하고 가족의 결속을 중히 여기는 한편, 백성은 정부에 묵종하고 행정이나 사법에 있어서 관리나 판사는 공공연하게 부패 행위를 일삼으며 일상생활에 있어서는 끝없는 인내심을 보인다. 따라서 시간관념이 박약하여 여간해서 서두르는 법이 없다.[161]

한국의 정치형태는 테헤란에서 서울에 이르는 전근대적 동양국가의 아시아적 특성을 가지고 있었다. …… 그들은 수치심조차 없이 백성의 고혈을 빼는 진드기 그 자체였다. 나약하고 무력한 군대, 빈한한 국고, 가치가 하락한 화폐, 곤궁한 국민들, 바로 이런 것들이 새로운 변화에 적응하지 못한 채 빠르게 소멸해가고 있는 구 동양적 체제에서 발견되는 일반적인 징후들이다.[162]

이곳에서 묘사된 아시아인들은 진리에는 관심이 없고, 책략을 꾸미고, 시간관념이 없고, 무관심하며 부패하다. 그리고 이것은 또한 한국인들의 특징이기도 하다. 커즌에게 아시아인들은 다 똑같다. 서구 문명의 혜택을 받지 못한 동양은 한국이건 페르시아건 하나의 거대한 공간이고, 이곳에는 개성을 결여한 존재들이 '아시아적 성격'을 공유한 채 집단적으로 뭉뚱그려져 살고 있는 것이다. 한국에 오기 전부터 커즌의 머릿속에는 이미 '아시아인'에 대한 스테레오타입이 존재했었다. 한국인을 일일이 겪어보지 않아도 한국인들은 나태하고 무관심하며 부패할 거라는 인상이 이미 있었던 것이다.

그런데 가끔 여행하다 보면, 이전에 읽었던 하멜과 그리피스 책의 문구가 떠오를 때가 있었다. 특히 자신이 본 인상이 잘 맞아떨어진다고 생각하면 선뜻 그 문구를 끌어들였다. 한국의 사찰을 돌아보면서 200여 년 전의 하멜을 끌어들인 것이 그 대표적인 예이고, 한국인이 밑도 끝도 없이 '부도덕하다'고 말한 것도 그렇고, 한국인 중에 유독 외무대신의 '부패함'을 강조한 것도 그런 맥락이다.

하멜이 한국인을 '부도덕하다'고 말할 때와 커즌이 그렇게 말할 때, 두 언술이 주는 신뢰도는 크게 다르다. 하멜은 한국인이 '거짓말 잘하고 사기 치는 경향이 다분하다'고 했다가 '유럽 사람들이 부끄러워할 정도로 선량하다'고 갈피를 잡지 못했는데, 하멜의 이 모순 어법은 커즌에 비하면 차라리 인간적이고 생동감이 있다. 13년 동안 한국 땅에 억류된 하멜이 얼마나 억울한 심정으로『하멜 표류기』를 썼든지 간에, 그는 어쨌든 현실 속에서 느낀 한국인을 말하고 있기 때문이다. 그러나 커즌에게는 이렇게 갈팡질팡하는 모습조차 보이지 않았다. 그는 시치미를 뚝 떼고, 자신이 마치 한 종족의 기질을 다 꿰고 있는 양, 태연하게 한국인의 기질과 정체성을 정의하고 있다.

그런데 커즌의 '펜'은 이 '약점'을 잘 알고 있었던 것 같다. 예컨대 현지인들과 충실하게 교류하지 않았으니 한국에 대해 독자적으로 쓸 게 없다는 것. 그러자니 '아시아적 성격'으로 한국인을 한데 묶어서 말하거나 이전에 읽었던 텍스트를 짜깁기해야 했다. 자연스레 커즌의 책은 판에 박힌 말로 채워질 수밖에 없었다. 명실공히 한 '종족'에 대한 정체성을 논하는 보고서를 이렇게 쓴다는 것은 위선이다. 커즌의 펜은 주인의 위선을 최소화하는 방향으로 움직여야 했다. 감정이 탄로나지 않게 '거리두기' 수법으로 말이다. 이것이 왜 커즌의 책이 전자제품 매뉴얼처럼 건조하고 딱딱했는지, 그리고 끊임없이 '한국인'에 대해 말하는데도 현실의 한국이 느껴지지 않는 것인지의 이유다. 아무튼, 커즌이 한국인은 게으르고, 유약하고, 고집불통이고 부도덕하다는 등의 특징을 나열할 때 이 언술이 얼마나 부합하는가를 따지기보다, 우리는 그가 한 종족에 대해 얼마나 함부로 '정의'를 내리는가 하는 문제를 더 예민하게 생각해봐야 한다.

커즌의 눈은 이미 한국에 오기 전부터 제국주의자의 눈으로 고정되어 있었다. 이것이 왜 한국 사람들을 개별적으로 살아 움직이는 '실존'이 아니라 '집단'으로만 보려고 했는지에 대한 또 다른 이유다. 제국주의자 눈에 한국인은 지배의 가능성을 타진해 보면 되는 뭉뚱그려진 집단일 뿐이었다. 한국인과 일일이 교류하며 기질이나 개성을 알아야 할 필요는 없었다. 그것은 식민지 패권 사업에 효율적이지 않았다. 한국을 누가, 어떻게 지배하는 게 좋을지, 세계지도를 분할하는 문제만이 그에게는 중요했던 것이다. 6년 후 인도 총독이 되는 그의 정체성을 상상해 보라.

이렇다 보니, 한국을 '개별자'로 다룰 필요가 없는 '정세'를 논하는 부분에서는 커즌의 감각이 빛났다. 사실 커즌이 아시아를 여행한 목적은 영국이 동아시아에서 무얼 해야 하는지, 이곳은 과연 서구문명을 수용할 수 있는지를 탐색하는 것이었다. 커즌은 제국주의자로서 자신의 정체성을 숨기지 않았다. 책 첫 페이지에 다음과 같은 헌사를 적은 걸 보면, 그가 얼마나 영국제국을 위해 충성하는 자신의 국가 의식을 노골적으로 드러내는지 알 수 있다.

신이 주관하시는 이 세상에서 영 제국이 인류의 복지를 실현하기 위한 가장 위대한 도구라고 믿고 있는 사람들에게, 그리고 저자와 함께 동아시아에서의 영 제국의 과업이 아직 완성되지 않았다고 생각하는 사람들에게 이 책을 바칩니다.[163]

247

그러나 한국에 와보니, 영국이 주도적인 제국주의 세력이 아니라는 걸 깨달았다. 한국에는 이미 일본이 서구 열강을 제치고 조폐국과 은행을 소유하는 등 한국의 경제를 잠식해 들어가고 있었다. 한국 조정은 일본에 많은 부채를 지고 있었다. 커즌이 볼 때 일본이 몇년 내에 한국의 국가자원을 독점할 날이 멀지 않아 보였다. 따라서 영국은 한국에 대해 독점적 지배권을 주장하기보다는 다른 서구 열강들과 손해 보지 않을 정도의 상업적, 경제적 이득을 챙겨야 했다.

한국에서 일본의 팽창주의를 보는 커즌의 시각은 복잡했다. 두 동양인 간의 지배와 종속. 커즌은 일본이 마음에 들지 않았다. 그들은 너무 광포했다. 일본은 영국처럼 다른 종족을 지배하는 '천재적인 유전자'를 갖고 있지 않았다. 일본의 한국 지배는 "일본이 생각했던 것보다 훨씬 어려운 일이며, 또한 능력 밖의 일"이었다.

> 그들(일본)은 식민지화할 수 있는 역량이 부족하며, 팽창을 위한 유전적인 본능을 결핍하고 있다. 그들의 장구하고 변화무쌍한 역사에서 그들이 다른 혈통의 종족을 지배하거나 교육할 만한 능력을 가졌다는 징표는 없다. 그들의 가치 있는 재산은 주어진 것이 아니라 남에게서 획득한 것이다.[164]

일견 커즌이 일본의 식민주의를 반대한 것처럼 보이나 그는 일본의 한국 지배를 반대하지 않았다. 커즌은 영제국주의를 위해 일생을 바친 정치가였다. 그는 '강자가 약자를 다스리기 마련'이라는 사회진화론의 신봉자였다. 그에게 강한 일본이 약한 한국을 식민지화하는 것은 기정사실이었다. 단지 일본은 영국처럼 다른 혈통의 종족을 지배하는 훌륭한 유전자가 없을 뿐이었다. 이렇듯 커즌은 사회진화론과 자민족 우월주의의 입장을 바꿔가며 일본을 지지하거나 얕보았다.

영국이 세계에서 가장 넓은 식민지를 차지하고 있던 제국주의 최절정의 시기에, 영국 하원의원(1885년), 인도 총독(1898년), 옥스퍼드 대학 총장(1907년), 외무장관(1919년)을 거친 커즌은 일생을 국가와 함께한 전형적인 자민족 우월주의자였다. 그의 우월감은 당시 영국이 차지하고 있는 땅덩어리만큼이나 최고조에 이르렀다. 한국을 방문하고 쓴 『Problems of the Far East. Japan-Korea-China』(1894)는 한국을 위해 쓴 것이 아니라 유럽의 한국 지배를 염두에 두고 쓴 것이다. 감수성을 배제하고 '집단'으로 편리하게 묶어 한국인을 묘사하는 것은, 동양 지배를 염두에 둔 전문적인 오리엔탈리스트들에게 자신의 여행기를 효율적으로 공급하기 위해서였다. 요컨대 커즌이 생각한 독자는 자신과 동일한 정체성을 지닌 유럽의 제국주의자들이었다.

그러므로 책을 쓰는 동안 커즌은 미지의 독자들에게 강한 연대감을 느끼고 있었다. 당시 피어슨이라는 학자가 앞으로 '동아시아에서 중국이 부활할 것'이라는 예측을 했는데, 커즌은 이 말을 소개하면서 다음과 같이 (애석한 어조로) 그동안 조심스럽게 숨겨

왔던 인종주의까지 허물없이 드러내고 말았다.

그의 책에서 우리는 중앙아시아의 일부까지는 아니더라도, 동아시아의 장래는 백인종이 아닌 황인종의 지배권에 있게 될 것이라는 음울한 이론의 장황한 전개를 발견할 수 있다. 동아시아의 패권은 영국도 프랑스도 러시아도 아닌 중국의 손으로 넘어갈 것이라고 한다. 경탄스럽고 서글프기조차 한 피어슨 씨의 전제와 결론에 나는 전적으로 동의하지 않는다.[165]

경성제대 외국인 선생과
한국인 제자들 사이엔 어떤 일이?

"우리의 불행한 조국에 대해서 글을 써주실 거죠?"

1920년대 말, 일제에 의해 고용되어 경성제국대학에서 영어 회화와 작문을 가르친 영국의 소설가 헨리 드레이크가 2년 간의 한국 체류를 마치고 영국으로 떠날 채비를 하고 있었다. 세 명의 식민지 청년이 그를 방문했다. 이들은 드레이크가 경성제국대학에서 가르치던 제자들이었다. 청년들은 드레이크가 영국에 가서 자신들의 '불행한 조국'을 위해 글을 써달라고 부탁하기 위해 찾아왔다. 드레이크는 비통한 표정으로 자기 앞에 앉아 있는 세 명의 제자들을 회상하며 그날의 인상을 다음과 같이 묘사했다.

나는 담배 파이프를 다시 채웠으나, 그들에게 어떻게 대답해야 할지, 웃어야 할지 울어야 할지를 알 수 없었다. 그들의 호소의 밑바탕에 깔려 있는 철부지 같은 잘못된 생각은 딱하다기보다는 차라리 비극적이었다. 놋쇠빛 단추가 달린 부자연스러운 여름철 제복 위로 그들의 거무스레한 피부가 유난히 짙어 보였다. 그들은 나에게 매달렸으나 내가 침묵으로 일관하자 낙담하는 기색이 역력했다.

"제발 부탁드립니다."

그들 중 한 명이 거듭 재촉했다.

"글을 써 주실 거죠. 그렇죠?"

그들에게 영국은 존귀하고 강대하며 의지할 곳 없이 핍박받는 자에게 은총의 손길을 내밀어 주는 존재이기 때문에 영국의 한마디는 자신들의 '불행한 조국'을 속박으로부터 해방시켜 다시 '조용한 아침의 나라'로 복원시켜 줄 것으로 믿고 있었다. 이러한 관념이 머릿속에 꽉 차 있었기 때문에 그들에게 영국은 마술봉이나 요정 같은 어머니로 각인되어 있었다. …… 내가 솔직하게 대답을 하지 못하고 말문이 끊어지자 그것이 마치 외세의 폭압 아래 놓인 자기 나라의 예속의 징표라도 되는 듯이 그들의 구릿빛 얼굴은 절망감에 휩싸였다. …… 신중한 듯했으나 서투르기 그지없었던 학생들은 자리에서 일어날 무렵 완전히 의기소침해 있었다. 그들은 자신의 집에 들어가기 전에 신발을 벗기 때문에, 내가 2년 간의 수입을 들여 산 카펫 위를 더러운 신발을 신은 채 걸었다. 그들의 예의바른 겸양은 다소 충격적이었다. 그러나 조용한 아침의 나라를 떠날 때 나는 역에서 그들과 재회했다. 유력한 교수들이 서 있었기 때문에 거기에서 그들은 나에게 말을 걸 수 없었다. 그러나 나는 그들과 악수를 나누었기 때문에 비밀스러운 호소의 눈빛을 읽을 수 있었다.

"당신은 영어로 글을 쓰실 거죠, 그렇죠? 우리의 불행한 조국의 현실을 알려주세요."

신이 허락한다면 나는 첫 기차를 되돌리고 싶었다. 그것은 감상적인 동정이나 의협심 때문은 아니었다. 나는 금강산으로 가서 만물상을 등정하고 싶었다. 그리고 엄숙하고 아름다운 길들을 품고 있는 대지의 어머니를 묵묵히 바라보고 싶었다.[166]

드레이크는 끝내 제자들에게 대답하지 않고 한국을 떠났다. 그러나 드레이크는 영국으로 돌아가 쓴 『Korea of the Japanese』 (1930)에서 첫 장을 할애해 제자들을 회상했다. 그는 세 명의 청년들이 자신을 찾아올 때도 애원의 눈빛이었고 자신을 떠나보낼 때도 애끓는 눈빛이었다고 기억했다. 드레이크는 독자들에게 무얼 말하고 싶었던 걸까? 그는 제자들의 소원을 들어준 셈인가?

제자들의 눈을 바라보며 드레이크는, 이 어린 학생들이 영국을 자기들의 비운의 조국을 해방시켜 줄 '마술봉'으로 여기고 있다고 썼다. 이 순진한 청년들은 단지 스승의 모국이라는 이유로 영국이라는 나라에 대해 막연한 의존감을 품고 있었던 것이다. 그 순간 드레이크는 자신이 대영제국의 시민이라는 소속감에 안도했다. 지구상에 가장 넓은 식민지를 차지하고 있는 제국의 시민이라는 안도감. 이 의식은 그의 내면에 감춰진 은밀한 자부심이자 비밀스러운 우월감이었다.

한국의 경성대학에서 학생들을 가르친 드레이크는 스승으로서 특권적인 삶을 누렸고 식민지 청년들에게 존경을 받았을 것이다. 그러나 그는 학생들과 냉정하게 거리를 유지하며 좀처럼 식민지인들의 심성으로 들어가려고 하지 않았다. 그는 영국으로 돌아가 한국을 회상하며 책을 쓸 때, 드라마틱하고 애잔한 도입부를 위해 이 청년들의 애처로운 눈빛을 소재로 삼았다. 그의 펜은 한국을 현실적으로 묘사하기보다는 자신의 예술적 상상력을 위한 열망으로 더 많이 움직였다.

그에게 있어 한국이란 '현실'이라기보다는 심미적인 사업을 위한 '허구적인 세계'일 뿐이었다. 또한 그 안에 살고 있는 한국인들은 세 명의 제자들처럼 실존적인 가치를 지닌 존재라기보다는 그의 미적 세계를 위해 소비되는 소재거리에 불과했다.

드레이크는 왜 식민지인의 심성 속으로 들어가지 않았는가

드레이크는 평상시에는 주로 외국인들과 어울리다가, 여행을 하고 싶을 때는 외국인들로부터 '탈출하는 기분'으로 한국인 학생 '유시국'을 대동하곤 했다. 유시국은 드레이크가 한국을 떠나던 날 찾아왔던 제자 중에 한 명이었다. 두 사람은 경주를 여행하며 같은 여관방에서 머물기도 하고, 다리가 델 정도로 뜨거운 일본식 '철제 가마솥'에서 함께 목욕도 했다.

드레이크에게 유시국은 스웨덴 기자 그렙스트를 안내했던 청년 '윤산갈'과 같은 존재였다. 어쩌면 선생과 제자 사이이므로, 여행자와 안내자보다 훨씬 더 친한 사이가 될 수도 있었다. 그러나 드레이크와 유시국에게는 친밀한 분위기를 찾아볼 수가 없다. 드레이크는 유시국을 "한 백인 대학 교수를 동반한 대학생임을 뽐내듯이 거만한 어조로 손뼉을 치며 누군가(여관 주인)를 불러냈다"고 묘사했다. 이 따분하고 노예적인 심성이 드레이크가 한국인 청년에게서 발견한 내적 세계였다. 다음은 드레이크가 유시국을 보여주는 가장 깊이 있는 내면 묘사이다.

나(드레이크)는 그(유시국)의 야망을 알고 있었다. 그는 자신의 가족들 중에서 유일한 학생이었다. 그의 가족들은 우러러 보이는 그를 공부시키기 위해 죽는 날까지 흙을 갈며 노예처럼 일하는 것도 마다하지 않을 것이다. 형제들은 그와 함께 살며 그의 아내와 아이들을 부양할 것이며 그는 공부에만 전념할 것이다. 그는 온돌방의 작은 상에 파묻혀 수많은 책들을 독파할 것이다. 서구 교육이 그에게 성취를 안겨 주리라. 그는 쾌활한 소년이었다. 그는 방학 때 귀향하게 되면 전체 마을 주민들이 경외감을 품고 줄지어 늘어서서 자신을 맞이할 것이라고 겸연쩍게 말한 적이 있었다. 그는 결코 노동에 뛰어들어 손을 더럽혀서는 안 되었다. 그러한 일은 그가 아니라 그의 가족들이 져야 할 의무이기 때문이었다. 그는 공부에만 매진해야 했다.[167]

드레이크가 유시국에 대해 말해주는 것은 '노예처럼 일하는 식구들의 기대를 한 몸에 받고 있으며 성격이 쾌활하고 학업에 열성적인 학생' 정도이다. 그렙스트가 윤산갈의 내면에서 벌어지는 기독교와 원시종교의 충돌을 짚어 냈듯이, 드레이크도 이 식민지 청년의 복잡한 내면을 좀 더 깊이 들여다볼 수도 있었다. 이 청년은 조국을 위해 글을 써줄 것을 기대하며 스승을 찾아오지 않았던가? 그러나 드레이크는 한 번도 충실하게 유시국의 내면에 몰입했던 적이 없었다.

식민지인의 내면에 들어가는 긴장감이 부담스러웠던 걸까? 앞에서 이야기한 커즌을 기억한다면 드레이크와 커즌, 이 두 영국인에게서 어떤 공통점을 발견할 수 있다. 커즌의 책에서는 고종을 알현하기 전에 대기실에서 그에게 질문을 던지는 한국의 외무대신이 등장한 적이 있다. 커즌은 외무대신을 통해 한국 관료의 부패한 이미지를 보여주었다. 즉, '자신이 말하고 싶은 한국'만을 보여주고 싶었던 것이다. 한국인의 심성 속으로 들어가지 않고 한 꺼풀만 보여주는 것, 이것이 커즌과 드레이크, 두 영국인이 한국인을 대하는 자세의 공통점이다.

두 사람이 한국인의 의식 속으로 들어가지 않는 이유는 이미 자신들은 한국인들의 기질 내지 성향을 알고 있다고 생각했기 때문이다. 그들은 영국의 시민이지 않은가. 1933년까지 세계 인구의 4분의 1인 5억 2천만과 세계 땅덩어리의 23.85%를 식민지로 갖고 있던 제국 아닌가.[168] '제국'의 시민이 식민지인의 개성과 영혼에 관심이 있을까? 이른바, '주인'이 '노예'의 심성에 몰입할 필요가 있을까? 열등한 종족의 내면은 뻔하고 따분하다. 일일이 교류하지 않아도 '그들을 알 수 있다'는 허구적인 믿음이 두 영국인에게는 있었다. 한마디로 한국인은 그들에게 아무런 호기심도 영감도 불러일으키지 않는 그저 황량한 땅에 살고 있는 비루한 식민지인일 뿐이었다.

"박마리아 앞에서 나는 노예였다"

두 영국인은 일본을 보는 시각도 비슷했다. 그런데 드레이크는 커즌보다 더 맹목적이었다. 그는 일본만이 동양에서 유일하게 '자치'에 적합한 자격을 갖고 있다고 생각했다. 일본이 한국을 식민지로 삼은 이유는 한국이 전략적으로 필요하고 상업적 이득 때문이기도 하지만, 더욱 중요한 것은 영국이 인도에게 그랬던 것처럼 한국을 변화시키고 싶어 하기 때문이라는 것이다. 1928년을 전후하여 2년여를 서울에 있었던 드레이크는 '한국과 일본은 한 핏줄'이라는 일본의 동화同化 이데올로기를 그대로 믿고 있었다. 실제로 드레이크가 한국을 떠나던 날 찾아온 제자들에게 해주고 싶은 말도 이것이었다. 그러나 그는 차마 입 밖으로 꺼내지 못하고 다음과 같이 마음속에서 되뇌고 있을 뿐이었다.

그러나 나는 그들에게 어떤 대답도 해줄 수 없었다.
"친애하는 나의 제자들. 그대들은 세상에서 가장 아름다운 미소를 가지고 있다. 그러나 신은 이 지상의 만물들 사이에 가장 적합한 관계를 만들어 놓았기 때문에, 불행하게도 그대들의 온화함과 유약함 속에 위험이 도사리고 있다. 따라서 오랫동안 떨어져 살았던 형이 집으로 돌아와 그대들을 다스려야 한다."

이것이 내 마음 속 답변이었다.[169]

드레이크가 보기에 일본이 한국을 다스리는 것은 회피할 수 없는 일이었다. 강자가 약자를 다스리는 것은 '신의 섭리'이자 '세계의 추세'였다. 드레이크만큼 강자의 주류 이데올로기에 완전히 사로잡혀 있는 사람도 없다. 그의 세계관에 의하면, 한국은 식민지인으로서의 운명을 벗어날 수 없고 인류의 조화를 위해 고정되어야 한다. 한 종족, 특히 약한 종족에게는 진화하지 않는 어떤 '고정불변의 본질'이 있는 것이다. 드레이크에게 인류의 가장 아름답고 조화로운 질서는 일본이건 영국이건, 힘센 자를 위주로 돌아가는 세계였다.

커즌과 드레이크, 두 사람이 쓴 책에는 다른 나라의 여행자들에게서는 볼 수 없는 인종주의, 유럽(영국)중심주의, 자민족 우월주의, 약육강식의 사회진화론과 같은 강자의 이데올로기가 총망라되어 있다. 두 영국인을 보면, 개인의 정체성이 제국주의의 최고조에 있는 국가 정체성과 얼마나 강하게 일체감을 이루고 있는지 확연히 느낄 수 있다.

그러나 같은 영국인일지라도 드레이크는 커즌과 조금 달랐다. 26세에 하원의원으로 정계에 입문하여, 훗날 인도 총독이 되는 커즌에게서는 영제국의 식민 사업에 대한 자신감으로 가득 차 있고, 어떠한 회의나 비관적인 정서를 엿볼 수가 없다. 그러나 드레이크에게는 묘한 우수와 방향을 잃은 듯한 우울한 정서가 묻어있다. 드레이크에게서 풍기는 이 느낌은 무얼까? 이 의문을 좇아가다 보면 백인우월주의자로서의 삶을 영위한 그가 왜 동양에 와 있는지, 한국에서 추구했던 것은 무엇인지 궁금해진다.

한국인들과의 상호교류에 무관심한 드레이크가 유일하게 한국인으로서 '박마리아'라는 여성에게 많은 지면을 할애하고 있는 걸 다시 생각해봐야 할 것 같다. 드레이크가 박마리아를 다루는 태도는 분명히 제자 '유시국'을 다룰 때와 다른 '몰입'이 있었다.

앞에서 한국 여성을 다룰 때 살펴보았듯이, 박마리아는 드레이크가 머물렀던 하숙집의 딸로 미국에서 교육받은 신여성이었다(전 부통령 이기붕의 아내이자 이화여자대학교 부총장을 지낸 박마리아와는 다른 인물인 듯하다). 두 사람은 자주 논쟁을 벌였고 충돌했다. 드레이크가 박마리아를 '다부진 논객'이라고 칭한 걸로 보아 그녀는 논쟁에서 실력이 만만치 않았던 모양이다. 어느 날 두 사람은 '조선의 자유'에 대해 논쟁하다가 박마리아가 드레이크를 향해, '당신은 영국인이고 제국주의자이며 강력하나 무자비한 정부의 앞잡이고, 자신의 이익을 위해 약자를 억압하는 사람'이라고 쏘아붙였다.

드레이크는 꽤 큰 충격을 받았다. 지금껏 누구도 그의 실존을 건드린 사람은 없었다. 그의 실존의 근저에는 대영제국의 국가의식이 주는 허영과 허위의식만이 웅크리고 있었다. 그런데 이것을 알아채고 비웃는 사람은 바로 그가 가장 얕보던 식민지인이었다. 그것도 외톨이에다가 못생긴 식민지 여성이었다. 식민지 여성

259

은 그에게 어떠한 긴장감도 주지 못하는 하찮은 존재였다. 그러나 드레이크는 예기치 않은 혼란으로 휘청거렸다. 그는 오랫동안 거울에 비춰보지 않았던 모습을 대면한 듯 자신의 모습을 들여다보았다. 그는 방으로 돌아와 자학적인 어조로 고백했다.

> 그렇다. 그 여인 앞에서 나는 노예였다. 아마도 내가 그의 반골 기질을 거슬렀기 때문이었을 것이다. 그러나 그로부터 벗어나면 나는 그와의 굴욕적인 대면을 더듬으며 스스로를 조소했다.[170]

드레이크는 『Korea of the Japanese』(1930)에서 시종일관 무심하고 시니컬한 어조로 한국에 대해 피상적인 서술로 일관하고 있었다. 그러나 박마리아에 대해서만큼은 눈에 띄게 충실한 묘사를 하고 있는 걸 보면, 그가 이 여성을 통해서 얼마나 자신의 존재를 반추했는가를 추측할 수 있다.

드레이크는 왜 동양에 왔을까? 동양인들과 섞이지 않고 도도하고 고립적인 삶을 영위한 그가 동양 체류에서 추구했던 것은 무엇일까? 그에게서 느껴지는 우수와 우울의 정체는 무얼까? 그가 동양에 온 것은 동양을 탐험하기보다는 자신의 삶의 방향을 찾아가는 여정이었던 것 같다. 한국에 오기 전에도 그는 자신의 존재 의미를 찾아 방황했을 것이다. 그리고 그가 어디를 가도, 그곳이 비록 모국 영국이어도, 개인의 실존성을 찾는 그의 여정은 끝나지 않았을 것이다.

일본은 한국인을
너무나 잘 알고 있었으나……

1978년 에드워드 사이드는 『오리엔탈리즘Orientalism』에서 힘을 가진 서양이 동양을 알아가면서 쌓은 동양에 대한 지식은 '참 동양'이 아니라, 서양이 정의하고 싶은 대로 '재구성한 동양'에 불과하다고 주장했다.[171] 사이드는 이러한 동양에 대한 서구의 편협한 인식방식 내지 담론을 '오리엔탈리즘'이라고 불렀다.

사이드는 '동양을 지배하기 위한 서구의 음모'라는 오리엔탈리즘 담론을 입증하기 위해, 영국과 프랑스에서 나온 텍스트만을 분석 대상으로 삼았다. 왜냐하면, 당시 제국주의가 최고조에 달했던 영국과 프랑스에서 나온 텍스트는 다른 유럽 국가들에 비해 월등하게 동양에 대해 편협한 인식을 생산했다고 보았기 때문이었다. 따라서 사이드는 당시 제국주의 최고조의 국가는 아니었으나 어떤 방식으로든 제국주의 세력에 관여했던 독일이나 러시아,

이탈리아, 미국 등 다른 국가들은 연구 대상에서 제외시켰다.[172]

나는 이 책에서 영국뿐만 아니라 러시아 치하의 폴란드, 스웨덴, 미국, 독일 출신의 여행자들을 다루고 있다. 당시 이들이 한국인들과 얼마나 깊이 교류했느냐에 따라 한국에 대해 갖는 인식이 달랐다. 영국 국적이 아닌 세로셰프스키와, 그렙스트, 샌즈, 그리고 겐테에게는 인종주의나 서구 중심주의 같은 편협한 의식은 별로 보이지 않았다. 이들은 식민주의 담론이나 강자의 주류 이데올로기를 찬성하기도 하고 의심하기도 하면서 엎치락뒤치락하는 양상을 보였다.

그러나 커즌과 드레이크, 두 영국인은 한국에 대한 편견이 심하고 한국에서의 체험이 새로운 인식으로 확장되지 않았다. 이들에게는 다른 나라 사람들에게는 보이지 않는 강자 위주의 초지일관한 자만심과 우월감이 있었다. 사이드가 영국과 프랑스에서 나온 텍스트가 유독 오리엔탈리즘적 속성이 강하다고 보았는데, 두 사람을 보면 사이드의 주장이 절대적으로 옳았음을 알 수 있다.

하지만 앞으로 등장할 프레드릭 매켄지와 엘리자베스 키스를 보면, 영국 국적을 가졌다고 해서 모두 자국 우월주의에 빠졌다고 볼 수 없다는 것을 알게 될 것이다. 매켄지와 키스도 영국인이었으나 이들에게 영국이라는 국가 정체성은 조금도 특별하지 않았다. 이들은 한국인과 교류하면서 어느 누구보다도 섬세하게 한국인의 목소리에 귀 기울였다. 그들은 강자의 이데올로기에 현혹되지 않았다. 그들이 믿은 것은 오로지 현실에 감응하는 자신들의 충실하고도 독자적인 감각이었다.

*

'오리엔탈리즘'이란 용어는 원래 1830년대 프랑스에서 유행하던 동양적 취향 내지는 학풍을 가리키는 말이었다. 당시 유럽인들 사이에는 미지의 동양에 대한 동경으로부터, 문학과 회화 분야에서 동양풍이 유행하기 시작했다. '오리엔탈리즘'은 바로 이러한 환상적이며 이국적인 취향을 가리키는 말에 불과했다. 그러나 사이드가 이 용어를 사용하기 시작하면서부터, 이 말에 들어 있는 중립적이고 낭만적인 풍취는 사라졌다. 순수한 관심으로 시작한 동양에 대한 담론인 '오리엔탈리즘'이 사이드에 이르러, 아카데믹한 범주에서 벗어나 "동양을 지배하고 재구성하며 억압하기 위한 서양의 방식" 내지 '제국주의의 시녀'와 같은 정치적인 음모의 뉘앙스를 풍기기 시작했던 것이다.

에드워드 사이드가 말하는 동양은 유럽에 위협적이었던 동양, 즉 그가 태어나고 자란 이슬람세계였다. 그러나 사이드는 '참 이슬람'이 어딘가에 존재한다고 말하고 싶었던 게 아니었다. 그가 말하고 싶은 것은 동서양 사이에 존재하는 불균형적인 인식 메커니즘이었다. 예컨대 동서양 사이에 존재하는 힘의 불균형 속에서 서구는 자신들이 구성하고 싶은 대로 동양을 주조했다는 것이고, 서구가 꾸며낸 동양관은 동양에 대한 편협한 인식을 넘어 동양을 지배하려는 의지와 음모로 가득 차 있다는 것이다. 강자의 오만한 지식이 권력 의지와 결합되면, 약자를 자기 편의대로 재구성하고, 자신들의 정치적인 이익을 위해 소멸시킬 수도 있다는 메커니즘. 사이드가 주목한 것은 이렇게 강자 위주로 돌아가는 무서운 패러다임이었다.

그런데 사이드는 영국과 프랑스를 제외한 다른 제국주의 국가들을 연구대상에서 제외함으로써 획일적이고 단일한 담론이라는 비판을 받기도 했다. 즉 학문적 오리엔탈리스트의 휴머니즘적 성과에 소홀했다는 비판이 제기되는 것이다. 그러나 엄밀히 말하자면, 사이드는 당시 지배적인 담론 내에 상충하는 담론이 있었음을 부인하지 않는다. 또한 상충하는 담론 중에 '휴머니즘적 오리엔탈리즘'도 있었음을 부인하지 않는다. 따라서 사이드의 오리엔탈리즘 담론이 너무 획일적이고 단일하다거나, 학문적 오리엔탈리스트의 휴머니즘적 성과에 소홀하다는 것은 다소 성급하거나 억울한 비판일 수 있다. 그러나 다양한 담론의 존재를 알고 있었던 사이드가 이러한 비난을 받는 이유는,

사이드 자신이 오리엔탈리즘을 가장 효율적으로 설명하기 위해 설정한 분석 대상의 폐쇄성(영국과 프랑스에서 나온 텍스트를 주로 다룬 점)에서 비롯된다. 게다가 사이드는 휴머니즘적 오리엔탈리즘은 왜 주류 담론에서 탈락하는지에 대한 고찰이 부족하다. 다만'지식/권력 헤게모니 싸움에서 밀려났기 때문'이라는 결과론적인 원리만 되풀이하고 있다.

서구는 일본을 오판했다

1919년 3·1운동 시기에 한국을 방문한 영국 화가 엘리자베스 키스는 집 앞에 쪼그리고 앉아 있는 '우산 모자'를 쓴 노인을 만났다. '모자에 우산이 달려 있다니!' 그녀의 눈에 비친 '우산 모자'는 어느 나라에서도 본 적이 없는 아이디어가 기발한 모자였다. 키스는 노인에게 모델료 1원을 주고 그림을 그리기 시작했다. 그런데 이 노인은 그림을 그리는 동안 움직이지 못하는 게 못마땅했던지, 자기한테는 모델료로 1원을 주었지만 미국에 가면 100원을 줄 게 아니냐면서 불평을 해댔다. 한국의 유교문화를 잘 알고 있는 키스는 "한국에서는 노인들을 지나치게 공경하기 때문에 가끔 노인들은 자기 자신의 가치를 과대평가하는 버릇이 있다"[173]고 꼬집었다.

원산에서도 어떤 고집불통의 학자를 만났다. 이 남성은 그녀가 그린 초상화를 보고 난 후, 얼굴에 화색이 돌지 않고 귀도 관모 바깥으로 튀어나오지 않았다고 불평을 해서 키스는 그림을 수정해줘야 했다. 어느 외국인의 집에서는 '필동이'라는 하인을 만났다. 필동이는 기독교 신자였다. 그런데 기독교를 믿고 난 이후에는 그의 행동이 조신해진 측면도 있지만, 양반들의 예법에 개의치 않는 제멋대로이고 고집이 센 기질은 여전했다고 관찰하고 있다.

그(필동이)는 아내가 무슨 조그마한 일이라도 해 달라면 크게 소리 지르며 불평을 하고, 모든 일이 자기가 할 일이 아니란 듯한 표정으로 불평해 대기 일쑤였다. 주로 낮에도 그늘에 앉아 긴 담뱃대를 물고 먼 산을 쳐다보고 있었고, 모든 일이 자신의 신사 체면에 어울리지 않지만 그저 한 번 해준다는 식이었다. 이런저런 단점이 있기는 하여도 필동이는 정직하고, 충성심이 많고, 믿어도 될 만한 사람이었다. 주일 아침이면, 필동이는 깨끗하게 빤 하얀 옷을 입고 교회에서 이런 저런 작은 일들을 했다. 주일이면 상투를 단정히 빗질해 올리고 있었지만, 다른 날들은 헝클어진 그대로였다. 어느 크리스마스에 그의 아내가 모자를 선물로 주었는데, 필동이는 그것을 쓰지 않았다.[174]

키스는 그림을 그리면서 점점 더 깊이 한국인의 정서 속으로 들어갔다. 구한국 정부의 궁정관료였던 한 양반집을 방문했을 때는 시대적인 우울함을 느꼈다. 정치 이야기는 물론 어떠한 깊이 있는 대화도 하지 못했다. 집안의 음울한 분위기로 보아 집주인이 일본정부에 감시를 받고 있는 것 같았다. 한국인들은 시들어 가고 있었다. 어디에서 누굴 만나는지, 무슨 책, 무슨 신문을 읽는 지 일본에 일일이 보고하는 것은 자기 나라에서 족쇄가 채워진 것과 같았다.

어느 날 옛 궁정의 군인을 만났는데 이 군인은 옛날 무인 제복을 입고 키스 앞에 나타났다. 나라를 잃었으니 더 이상 제복은 쓸모없고 나라도 지킬 수 없지만, 무인은 멸망한 조국의 명예를 더럽히고 싶지 않았던지 늠름한 모습을 보여주려고 무척 애를 썼다. 화가도 이 애잔한 정서를 포착했는지 다음과 같이 적었다.

모델을 서준 사람은 제복을 무척 자랑스럽게 생각하였다. 그는 모든 것을 제대로 보여주려고 하면서 작대기도 올바르게 잡아야 한다고 강조했다. 이 무인은 자신이 차고 있는 검에도 커다란 자부심을 지녔다. 이 무인의 옷 중에서 제일 군인답지 않게 보이는 것이 모자이다. 모자의 오른쪽에 달린 푸르고 둥근 방울의 술은 새털로 만든 것이었고, 모자 장식으로는 공작새의 깃을 달고 있었다.[175]

3·1운동 때 배포된 어떤 선언서는 "정치적인 성명서라기보다는 한편의 시 같은 느낌"이라면서 키스는 다음과 같이 인상적인 한 구절을 소개하고 있다.

거룩한 단군의 자손인 우리들
온 사방에는 우리의 적들뿐.
우리는 인류애의 깃발 아래 목숨을 바친다.
구름은 검어도 그 뒤에는 보름달이 있나니
우리에게 커다란 희망을 약속하도다.[176]

키스가 타자에게 깊이 공감하는 감성 능력은 일본 총독 하세가와 요시미치를 만난 자리에서도 발휘되었다. 그녀는 서울에 있는 사찰의 내부를 그릴 수 있는 허가증을 얻기 위해 총독부에 갔다. 총독과 대담하는 동안 그녀는 "이 건물 어딘가에서 지금도 발생하고 있을지 모르는 심문과 고문을 상상하지 않을 수 없었다"고 회상했다. 심지어 일본총독의 얼굴이 생각했던 것보다 잔인하게 보이지 않아서 한국에서 자행되는 비극은 '사람' 때문이라기보다는 한국인을 경멸하는 일본 관료제도와 식민지제도 때문일 거라고 생각했다.

• 동대문을 통해 장례식에서 돌아오는 사람.
키스의 작품

총독은 키스에게 허가증과 명함을 주었다. 이 명함 덕분에 그녀는 한국에 대해 적은 글을 일본 관리에게 들키지 않고 도쿄로 보낼 수 있었다. 키스는 한국에 있는 동안 3·1운동의 현장을 목격하고 틈틈이 글을 썼는데, 한국을 떠날 때 이 글이 일본 당국에 발각될까 봐 무척 걱정했었다. 일본에 도착해서도 한국에서 돌아온 여행객들을 따라

다니며 추궁하는 밀정도 뿌리칠 수 있었다. 키스는 한국을 위해서 할 수 있는 일을 찾아 실천하기도 했다. 1932년 캐나다 선교사이자 의사인 셔우드 홀이 결핵 퇴치를 위해 크리스마스실을 만들어 모금 운동을 하자, 키스는 세 차례(1934년, 1936년, 1940년)에 걸쳐 이 운동에 참여하여 무료로 크리스마스실의 도안을 그려주었다.[177]

일본은 약탈한 문화재를 돌려주어야 한다

한국에 오기 전 키스는 5년 넘게 일본에 살면서 목판화 기법을 배우는 등 동양적 정취에 흠뻑 빠져 있었다. 그러나 한국에 와서 본 일본은 그녀가 알고 있는 일본이 아니었다. 그동안 서구 사회는 "군기가 엄하고 영리하고 부지런히 움직이는" 싹싹한 일본인들에게 감탄하며 일본이 한국을 문명국가로 만드는 데 적임자일 것이라고 생각했었다. 그러나 일본은 결코 좋은 '선생'이 아니었고, 서구사회가 일본을 잘못 판단하고 있었다.[178]

그녀는 러일전쟁 직후, 윤치호와 제임스 게일 목사가 압록강의 한 배에서 만난 일화를 소개하며, 윤치호조차도 일본의 실체를 알면서도 '선생'으로 받아들일 수밖에 없는 딜레마에 대해 다음과 같이 말하고 있다. 게일이 먼저 윤치호를 향해 물었다.

"만약 당신 나라가 어느 한 나라의 지배하에 들어가야 한다면 일본과 러시아 중 어느 나라를 택하시겠습니까?"

"만약 러시아가 우리를 지배한다면 우리가 지내기는 쉽겠지만 배우는 것은 없을 것입니다. 하지만 일본이 우리를 지배하게 된다면, 우리를 마치 참빗으로 빗듯이 샅샅이 뒤지겠지요. 하지만 우리는 발전을 할 수 있을 것입니다." [179]

키스는 이 대화를 인용한 뒤 "불행하게도 윤치호 남작이 말한 그 참빗에 쇠로 된 날이 들어 있을 줄이야!" 하고 한탄했다. 그녀는 역사를 거슬러 올라가 한국과 일본이 서구의 문명을 받아들인 맥락을 짚어 보았다. 한국은 "중세의 깊은 잠에서 서서히 깨어났다. 반면에 일본은 급히 깨어나 재빨리 서구문명을 도입하는 기회를 잡았다." 더욱이 한국은 중세의 잠에서 깨어나서도 암살과 침략이 점철된 과정을 겪었지만, 일본의 경우는 서양의 친절한 협조로 별 어려움 없이 문명을 수용했다. 한국이 "세상모르고 오랫동안 잠자고 있었던 것은 분명 그들의 잘못"이었다. 그러나 한국으로서는 여러 해 앞선 물질문명과 월등한 군사력을 동원해 침략해 오는 일본을 막아낼 도리가 없었다. 한국이 일본의 발길질에 채이며 멸시당하는 것은 한국에 군사력이 없기 때문이었다.

키스는 무엇보다도 일본의 문화재 약탈에 분개했다. 일본인들은 오래전부터 한국의 미술품을 동경했었다. 한국의 "섬세하고 아름다운 푸른색 자기(고려청자)"를 얼마나 원했던지, 1598년 임진왜란이 끝나자 일본은 도자기를 만드는 도공들을 납치해서 '사츠마'에 정착시킨 후, 세계적으로 유명한 '사츠마 도기'를 만든 적이 있었다. 키스는 "한국에서 만든 '사츠마'는 현대의 일본 사츠마보다 훨씬 더 우아하다"고 덧붙이고 있다.[180]

일본은 한국 왕궁 앞의 오래된 문(광화문)을 다른 곳으로 치워버리고 그 자리에 현대식 석조건물(총독부)을 지었는데, 이것은 한국의 문화 재산을 시기하고 한국을 봉쇄하려는 일본의 사악한 의도였다. 한국의 문화재를 시기한 일본은 식민지 기간에도 여전히 문화재를 약탈해 가서 보물로 삼았다. "일본 호류지 사원은 고대 한국 문화의 풍요로움을 여실히 보여주고 있다." 키스는 일본이 약탈해 간 문화재를 되돌려 주어야 한다고 주장하고 있다.

> 지난 십수 년 간 한국인들은 자기들의 문화적 유산을 귀중하게 여기면서 잘 간수해야 마땅했으나 안타깝게도 그렇게 하지 못했다. 그래서 탁월한 그림, 도자기, 조각 등이 일본으로 밀반출되었다. 나는 일본이 훔쳐간 이 귀중품들을 다시 본고장인 한국으로 반환해야 한다고 생각한다. 그게 올바른 처사이기 때문이다.[181]

"우리 군부는 미친개와 같아요!"―어느 일본인의 분노

대부분의 일본인들은 오랫동안 진행되어 온 자국 내의 악질적인 선전 때문에 한국인들을 경멸하고 있으나, 일본 내에는 일본의 식민통치를 반대하는 진보적인 인사들도 있었다. 사회주의자나 교육계, 기독교계의 일부 인사들이 양심적이며 용감한 발언으로 일본의 무력주의를 반대하고 있었다. 그러나 이들도 일본 내에서 핍박받고 있는 실정이었다. 어떤 일본인은 "일본인들은 육체적인 면에서는 선천적으로 용감한 듯하지만, 도덕적인 용기는 별로 없다"고 말하기도 했다. 키스가 일본으로 돌아가서 한국에서 벌어지고 있는 일을 말해 주자, 그 일본인은 여전히 분개하며 말했다. "어찌할 도리가 없어요. 우리 군부는 미친개와 같아요!"

키스는 미술학자이자 미술평론가인 야나기 무네요시(柳宗悅, 1889~1961)와 친분이 두터웠다. 야나기는 누구보다도 한국의 문화와 미술을 사랑하고 존경하는 사람이었다. 그는 늘 일본의 식민주의를 비판했다. 그가 비판한 것은 한국 학교에서 역사를 가르치지 않는 것, 일본 천황의 가족을 숭배하라고 강요하는 것, 한국의 가치관을 파괴하는 것, 일본말과 일본의 도덕률을 강제적으로 주입하는 것, 한국의 역사적인 유물을 약탈해 가는 것 등이었다. 키스는 야나기가 3·1운동이 일어났을 당시 한국을 방문하고 돌아와 쓴 글을 소개하고 있다.

한국에 대해서 지식이나 경험이 있는 일본인들은 한국 사람들을 깊이 사랑하지 않는 듯하다. 그래서 나는 우리의 이웃을 위해 눈물을 흘린다. 한국에 사는 많은 일본인들이 한국 미술을 연구하기 위해서 옛날 무덤을 파헤쳤다. 이는 그들의 학문을 위한 것이지 한국 사람을 사랑해서 그런 것은 아니다. 한국 사람들은 자기들의 역사적 유물을 도난당했다. 일본은 한국에 거액의 돈을 투자했고 군인들과 관료들을 한국에 보냈지만, 이는 한국인을 사랑하는 마음이 있어서

그런 것이 아니다.[182]

키스는 한국에서 태어나 20여 년 간 이화여전의 교장으로 재직한 앨리스 아펜젤러의 글도 싣고 있다. 오랫동안 한국에서 살면서 한국의 문제를 지켜본 제3자로서의 객관적인 시각을 보여주기 위해서였다.

치밀하게 계획된 일본의 악선전으로 인해 한국 사람들의 성품이나 공적은 폄훼되었고, 온 세상 사람들은 그것이 실상인 양 그대로 믿었다. 일본은 줄기차게 한국 사람들을 무식하고 후진적이라고 악평을 해댔다. 그러면서도 그들은 한국의 전략적 중요성을 잘 알았고 또 2천 4백만의 한국 사람들이 강인하고, 지성적이며, 슬기로운 민족이라는 것을 알고 있었다.[183]

한국인보다 더 분노한
또 한 사람의 영국인

"우리에게 무기를 좀 사다주십시오"–어느 의병장의 간청

"선생님 저는 매우 무서워서 가슴이 마구 떨리고 있습니다."
영국의 기자 프레드릭 매켄지가 의병 활동을 취재하러 떠나기로 되
어 있던 날 3일 전에, 사동(使童, 잔심부름 하는 아이)이 매켄지를 찾아와
이렇게 말했다.
"뭐 놀랄 일이라도 있나요?" 매켄지가 말했다.
"의병들은 선생님을 쏘아 죽일 것이고 그 다음에는 저를 쏘아 죽일
겁니다. 저는 상투를 잘랐기 때문이지요." [184]

사동은 매켄지와 동행할 수 없다고 했다. 그 아이는 잔뜩 겁
에 질려 있었다. 얼마 전에 머리를 잘랐는데, 의병들이 상투가 없
는 사람들은 모조리 죽인다는 소문을 들었기 때문이었다. 매켄지

는 난감했다. 할 수 없이 그는 오래 전에 하인으로 있던 김민근을 수소문 끝에 찾아냈다. 다행히 김민근은 "선생님, 그들은 모두 겁보들입니다"라며 용감하게 매켄지를 따라 나섰다.

1907년 가을, 한국의 황제가 폐위되고 군대가 해산되자 산간벽지에서 일본에 항거하는 의병 투쟁이 일어나기 시작했다. 어디선가 "망국의 유민으로 살기보다는 차라리 애국자로 죽는 게 낫다"는 격문이 떠돌고 있었다. 매켄지는 우연히 격문을 손에 넣었다. 미문은 아니었으나 나라를 잃은 슬픔과 분노가 격정적인 필치로 담겨 있었다. 그는 의병들을 직접 만나고 싶었다. 당시 의병들을 목격한 사람이 없어서 아무도 의병들의 실체를 알지 못했다. 의병을 취재하러 떠난다고 하자 친구들은 살아서 돌아오지 못할 거라며 그를 만류했다. 그러나 매켄지는 김민근과 함께 의병을 찾으러 길을 떠났다.

매켄지 일행은 이천, 충주, 제천을 지났다. 이 마을들은 모두 일본군에 의해 폐허가 되어 있었다. 의병과 관련된 마을은 의병들을 방치했거나 도와주었다는 이유로 불탔고 주민들은 몰살당했다. 일본군이 다녀간 마을은 다시 수백 가구가 의병에 투신하는 보복의 순환으로 이어졌다. 매켄지는 주민들이 학살된 현장을 둘러보면서 "끔찍스러운 참상을 너무도 많이 보아 이제는 둔감해질 지경"이었다고 썼다.

양근(현재 경기도 양주군의 한 지역)에서 매켄지는 처음으로 의병들과 마주쳤다. 이들은 해산된 구식군대와 산간의 사냥꾼, 산악인

• 매켄지는 의병을 직접 취재한 최초의 외국인 기자였다. 매켄지가 찍은 한말의 의병들

등으로 구성된 18~26세의 젊은이들이었다. 누덕누덕한 한복을 입고 총알이 나가지 않거나 심하게 녹슨 총으로 무장하고 있었다.

(이들은) 초라한 누더기 한복을 입고 있었으며, 가죽 장화를 신은 사람은 아무도 없었다. 허리에는 집에서 만든 무명의 탄대가 매달려 있었고 탄환이 반쯤 채워져 있었다. 한 사람만이 챙 없는 모자를 쓰고 있었고 그 밖에는 누더기를 꼬아 만든 머리띠를 매고 있었다. 나는 그들이 휴대하고 있는 총을 살펴보았다. 여섯 명이 가지고 있는 총 중에는 다섯 가지가 제각기 다른 종류였으며, 그 중의 어느 하나도 성한 것이 없었다. 또 한 사람은 작은 엽총을 가지고 있었다. 그것도 총은 총이었지만 총알이 나가지 않는 것으로서 아버지가 이제 열 살 된 사랑하는 아들에게 선물하는 그런 것이었다. 다른 한 사람

275

은 탄창이 달린 권총을 가지고 있었는데 총 중의 세 자루는 중국의 표지가 박혀 있었고 모두가 심하게 녹슬어 있었다. 이들이 수주일 동안 일본군에 항거해 온 바로 그 사람임을 생각해 보라.[185]

의병들은 "전혀 희망 없는 전쟁에서 이미 죽음이 확실해진 사람들"이었다. 하지만 반짝이는 눈빛만은 이렇게 말하고 있었다. "우리는 어차피 죽게 되겠지요. 그러나 좋습니다. 일본의 노예가 되어 사느니보다는 자유민으로 죽는 것이 훨씬 낫습니다." 의병들은 매켄지와 일행들에게 적대적이지 않았다. 하루는 의병 대장이 마을에 있는 매켄지를 찾아와서 말했다.

"우리 의병들은 무기가 없습니다. 우리는 말할 수 없이 용감하지만 당신이 알다시피 우리의 총은 쓸모가 없으며 이제는 거의 떨어졌습니다. 우리는 무기를 살 수가 없습니다만 당신은 원하는 곳이라면 아무 곳이나 자유롭게 다닐 수가 있습니다. 그러니 당신이 우리의 요원으로 활약해 주기를 바랍니다. 우리에게 무기를 좀 사다 주십시오." [186]

그러나 매켄지는 의병들을 도울 수가 없었다. 의병들이 얼마나 무기를 원했던지 매켄지와 일행이 취재를 마치고 현장을 떠나던 날, 혹시 자신들이 휴대한 무기가 없어지지 않았는지 살펴볼 정도였다. 의병들에게 고무된 사동, 김민근이 매켄지에게 간청했다.

276

"그 의병들에게 우리의 총을 주어서 그들로 하여금 일본인을 죽일 수 있도록 해주세요." [187]

"우리는 목석이 아니라 살과 피를 가진 인간입니다"

매켄지의 책에는 사동과 의병, 개화파 지식인과 보수적인 정치인에 이르기까지 각계각층의 한국인들이 등장한다. 그리고 지식인들이 쓴 텍스트뿐만 아니라, 시중에 떠도는 격문이나 회고록, 호소문이 꼼꼼하게 실려 있다. 그 중에는 을사조약 직후 장지연이 황성신문(1905. 11. 20)에 '이날을 목놓아 통곡한다'는 「시일야방성대곡是日也放聲大哭」도 포함되어 있다. 매켄지의 책에는 중요한 역사적인 순간마다 살아 있는 한국인들의 감정이 놀라울 정도로 섬세하게 묘사되어 있다. 뿐만 아니라 한국인들의 분노와 좌절, 안타까움과 격정, 그리고 그들이 추구했던 이상과 꿈이 생생하게 담겨 있다.

1910년 일본은 한국과의 공식적인 합병을 알리는 칙령을 발표했다. 이 칙령이 발표되기 직전 한국은 무거운 정적에 휩싸여 있었다. 한국인들은 침묵하고 있었지만, 침묵의 저변에는 분노와 비통함이 들끓고 있었다. 매켄지는 이 상황을 다음과 같이 묘사했는데, 마치 비탄에 잠긴 한국인이 쓴 것 같은 착각을 불러일으킨다.

사람들은 뭔가가 다가오고 있다는 것을 생각했다. 어디선가 불평의 소리가 들려 왔으며, 특히 학생들 사이에는 불평이 심했다. 그러나 설령 문 위에 숨어서라도 용감하게 할 말을 했다가는 그날 저녁으로 투옥되었다. 벽에도 귀가 있는 것 같았다. 이 무렵 얼마 동안 대신들이 눈에 띄지 않는다는 것이 확인되었다. 그들은 나라를 팔아먹은 매국노들이기 때문에 암살이 두려웠다. 누군가가 쥐를 쫓아내는 것처럼 그들을 밖으로 끌어내기 위해서 불을 지르는 일이 없도록 경찰과 헌병이 집에서 부를만한 거리에 대기하고 있었다. 그리고 그 무렵에야 소식이 들려 왔다. 이제 한국은 명목적으로 독립되었거나 별개의 국가로서의 존재를 상실했다는 것이었다. 일본이 한국을 집어삼킨 것이다. …… 일본인들은 폭동을 예상하고 만반의 준비를 갖추었다. '모든 사람들은 자기 민족의 독립을 위해서 싸우다가 죽을 준비를 해야 한다'고 일본인들은 놀리듯이 한국인에게 말했다. 그러나 한국의 지도자들은 자신을 억제했다. 의병들은 아직도 산간에서 싸우고 있었다. 백성들은 더 큰 쓰러짐이 올 때까지 기다릴 수밖에 없었다. 어떤 사람은 매국노들을 죽이겠다는 협박장을 서대문에 써 붙였다. 이 사람 저 사람, 선비, 구한국 군인, 그리고 한국을 사랑했던 사람들이 자신의 비통함을 말하면서 자살했다.[188]

1911년 가을, 일본은 북부지방의 기독교인과 신민회원들이 데라우치 마사타케寺內正毅의 암살을 음모했다는 사건을 날조하여 100여 명이 넘는 한국인들을 잡아들였다(105인 사건). 매켄지는 법정에 기소된 사람들이 진술한 내용을 꼼꼼히 기록하여, 일본 경찰의 고문에 못 이겨 허위로 자백한 한국인들의 좌절과 공포감을 생생하게 전하고 있다.

1919년 3월의 독립선언서는 "자유와 평화를 약속한 땅으로 나갈 길을 찾기 위해 투쟁하는 새로운 아시아의 외침"이었다. "옛 문사들의 고상한 문체"로 쓰인 이 선언서는 일본의 압제와 군국주의에 저항하는 한국인의 염원 그 이상이 담겨 있었다. 매켄지는 「독립선언서」 중에서 공약 3장을 포함한 내용을 인용하고 있다.

1. 오늘 우리의 이번 거사는 정의, 인도와 생존과 영광을 갈망하는 민족 전체의 요구이니, 오직 자유의 정신을 발휘할 것이요, 결코 배타적인 감정으로 정도에서 벗어난 잘못을 저지르지 말라. 1. 최후의 한 사람까지 최후의 일각까지 민족의 정당한 의사를 시원하게 발표하라. 1. 모든 행동은 가장 질서를 존중하며, 우리의 주장과 태도를 어디까지나 떳떳하고 정당하게 하라.

한편 3·1 운동 당시에는 누가 썼는지 모르는 호소문들이 시중에 나돌고 있었다. 매켄지는 그 중에 하나를 입수하여 다음과 같이 들려주고 있다.

친애하는 한국인 여러분! 생각해 봅시다. 우리와 우리의 자녀들은 지금 어떤 위치에 있습니까. 우리는 어디에서 말할 수 있습니까? 우리의 국운은 어떻게 되었습니까? …… 우리는 이제까지 속박 속에 살아왔습니다. 우리가 지금 자유를 얻지 못한다면 우리는 장차 결코 자유를 얻지 못할 것입니다. 형제 여러분! 우리는 자유를 찾을 수 있습니다. 그것은 가능한 일입니다. 결코 절망하지 맙시다. 잠시 여러분의 일손을 놓으시고 한국을 위해 외칩시다. 생명과 재산을 지키는 것도 중요하지만 권리와 자유는 더욱 중요한 것입니다. 파리 강화회의의 소식이 들려올 때까지 중단하지 맙시다. 우리는 목석이 아니라 살과 피를 가진 인간입니다. 우리는 말할 수 없단 말입니까? 왜 뒤돌아서서 낙심해야 합니까? 죽음을 두려워하지 맙시다. 설령 나의 한 목숨이 죽을지라도 나의 자손들은 자유의 축복을 누릴 것입니다. '만세! 만세! 만세!'.[189]

매켄지의 책에는 한국인의 목소리가 매켄지의 목소리와 분간할 수 없을 정도로 합일되어 울린다. 매켄지가 본 한국인들은 서구인들과 동등하게 인간의 존엄성과 미덕에 대해 스스로 사고할 줄 아는 존재들이었다.

미국의 외교관 샌즈와 매켄지는 한국에 대해서 상당히 유사한 인식을 했지만, 한국인을 대하는 자세는 많이 달랐다. 샌즈가 교류했던 한국인 친구들은 지적이고 진보적이었지만, 샌즈의 이상과 문명적인 개혁 사업을 추종하는 피동적인 인물들에 불과했다. 그러나 매켄지의 책에 등장하는 한국인들은 사동이건 지식인이건, 당시 서구 문명인과 동등한 개성을 지닌 존재들이었다. 그들은 서구문명의 수혜자라기보다는 스스로 민주주의를 사고하고, 인류의 정의와 진보를 믿고 행동하는 주체적인 존재들이었다.

*

　1905년 을사조약으로 한국의 내정권이 일본에게 넘어가자, 그 동안 한국에서 제국주의적 음모를 꾸미던 서구열강들은 모든 이권을 포기하고 본국으로 철수했다. 일본이 한국의 외교권을 대행하자 서구의 해외공관들이 서울에 남아 있을 이유가 없어진 것이다. 한국에는 이제 일본의 제국주의 세력만 독자적으로 남게 되었다. 일본 통감 이토 히로부미가 한국의 실질적인 최고 지배자로 부임하여 한국의 내정을 통제해 나갔다.

　1905년 이후에는 한국을 찾는 서구의 여행자도 별로 없었다. 식민지로 전락한 한국은 서구인들에게 더 이상 매력적인 여행지가 아니었다. 따라서 한국에 대한 여행기도 현저히 줄어들었다.[190] 이 시기 한국을 찾은 서구인들은 독립국가로서의 지위를 잃어버린 한국과, 한국을 차지한 일본 즉, 같은 동양인들끼리 '제국-식민지'가 된 두 나라를 관찰해야 했다. 1905년 이전에는 일본의 식민주의가 감지되는 수준이었다면, 이제는 상황이 달라졌다. 일본은 한국을 합병하기 위해서 '한국을 재구성하려는 음모'를 완전히 드러냈다. 즉 '일본식 오리엔탈리즘'[191]을 노골적으로 쏟아낸 것이다.

당시 한국인이건 외국인이건, 일본식 오리엔탈리즘에 넘어간 사람들이 많았다. 그러나 한국인들과 깊이 교류하면서 진실을 직시했던 서구인들은 아무리 일본이 외교력을 동원하여 자국의 이데올로기를 선전해도 흔들리지 않았다. 이들은 서구의 오리엔탈리즘과 일본의 오리엔탈리즘, 이중의 프리즘에서 자유로웠다. 일본이 한국에 대해 쏟아내는 음모는 물론 일체의 식민주의에 강하게 저항했다. 이들은 한국인들이 식민 지배를 받을 만큼 열등한 종족이 아니라는 걸 확신하고 있었다. 오히려 명민하고 잠재력이 무궁무진한 한국이 일본의 한 지방으로 휩쓸려 들어가자 그 분노와 좌절감이 이루 말할 수 없었다.

5장

일본은
빼어난 화장술로
세계를 현혹했다

일본은 한국 지배에 실패할 수밖에 없었다!

황인종이 백인종을 물리치다니!

풋내기 미국 외교관, 한국의 '중립화'를 위해 이토 히로부미를 만나다

세계로부터 한국을 고립시킨 일본의 음모

세계는 '한국을 우려먹는 하나의 거대한 가족'

일본은 자신들은 과대평가하고 한국을 과소평가했다

가장 무자비한 일본의 제국주의적 통치

일본은 한국인을 열등한 일본인으로 만들려고 했다

일본은 한국인의 민족성을 되살리는 데 성공했다

일본은 한국 지배에
실패할 수밖에 없었다!

황인종이 백인종을 물리치다니!

황인종이 백인종을 물리치다니!

1905년 당시 일본이 서구 열강들도 감히 넘보지 못했던 거구 러시아를 쓰러뜨리자 세계는 이 황인종의 나라에게 놀람과 경이의 눈길을 보냈다. 일본 내의 자부심과 우월감 또한 대단했다. 일본 역사학자들은 일본이 서구화를 너무 잘해서 자신들은 "아리안족the Aryan race"의 피를 가졌다고 자평할 정도였다.[192]

러일전쟁 이전에도 일본에는 중국이나 한국보다 서구화의 속도가 빨라서 자신들은 아시아의 다른 인종보다 우월하다는 논리가 팽배해 있었다. 일본 개화기의 사상가 후쿠자와 유기치는 일본은 서구화에 탁월한 능력이 있으므로 서구화에 열의도 없고 능력도 없는 '별 볼 일 없는' 이웃들(중국과 한국)을 떠나 서구로 들어가자고 주장했다.

1870년대부터 일본에는 영국의 사회학자 허버트 스펜서 등의 사회진화론자들의 서적이 적극적으로 유입되어 베스트셀러가 될 정도였다. 일본은 유럽의 사회진화론에서 서구가 문명국가로서 성공한 요인을 발견하기 시작했다. 이른바 강한 민족이 약한 민족을 지배하는 것. 서구처럼 '우월한 민족'이 되기 위해 일본은 전쟁과 군국주의를 통해 식민지를 획득해야 한다는 교훈을 깨달은 것이다.

1892년 일찍이 일본과 한국을 다녀간 영국의 정치인 커즌은 일본이 한국에서 하는 개혁은 광기 어린 혐오감만을 주고 있다고 본 적이 있다. 커즌이 보기에 일본 제국주의는 아직 "미성년"이었다. 일본이 한국에서 개혁 사업을 한다고 하지만, "거부하는 환자에게 먹기 싫은 약을 강요"하고 있었다. 이 '교조적인 개혁주의자(일본)'는 "군인과 경찰을 앞세워, 국가의 모든 부분을 엉망으로 만들어" 놓으며 한국에서 광기 어린 난센스의 분위기를 조성하고 있었다.[193]

한국에 있어서 일본의 개혁은 만약 일본 군대가 없다면 마치 바람 앞에 촛불처럼 꺼져 버릴 것이다. 이 비참한 작은 왕국(한국)은 개혁이 시작되었던 때보다도 훨씬 더 형편없는 처지에 놓이게 될 것이다. 그 때가 되면 사람들은 나와 마찬가지로, 어째서 한국에 가 본 일이 있는 몇몇 인사들이 한국은 차라리 현상 유지를 해야 한다고 강력하게 주장했었는지 이해하게 될 것이다.[194] (커즌)

커즌이 보기에 일본의 한국 지배는 "일본이 생각했던 것보다 훨씬 어려운 일이며, 또한 능력 밖의 일"이었다. 이런 식으로 나갔다가는 한국에서 이루어지는 일본의 개혁은 "시시포스의 신화"가 될 뿐이었다.[195] 그러나 1905년 이후 일본의 위상은 달라졌다. 팽창주의와 '힘'이 그 민족의 우월함과 직결된 제국주의 시대에, 청일전쟁과 러일전쟁에서 연달아 승리하자 이제 일본은 한국을 식민화할 수 있다는 능력까지 덩달아 보증 받게 된 것이다.

우리는 아직도 한국에서 근대성의 주체가 누군지 논쟁 중에 있다. 일본 강점기에 한국의 근대성이 시작되었다고 생각하는 사람들이 꽤 많다(식민지 근대화론). '식민지 근대화론'은 일본의 개혁이 한국의 근대화에 긍정적인 영향을 미쳤다는 것이다. 그런데 이 의견은 흥미롭게도 위에서 본 커즌의 의견과 정면으로 충돌한다. 커즌은 일본이 한국을 이전보다 더 엉망으로 만들어 놓기에 차라리 한국은 현상 유지하는 편이 낫다고 했으니, 당시 커즌의 눈에 비친 일본은 한국의 근대화에 공헌하는 것이 아니라 부정적인 영향을 미치고 있었던 것이다.

'식민지 근대화론'과 대조적으로, 한국이 식민지가 되기 이전에 자주적인 근대화를 이루고 있었으나, 일본의 노골적인 방해로 스스로 발전할 수 있는 기회를 잃어버렸다고 보는 의견도 있다(내재적 발전론, 근대화 기회 박탈론). 이 의견은 특히 청일전쟁(1894년) 이후, 한국이 일본과 러시아, 중국 삼국의 간섭으로부터 상대적으로 자유로울 때, 광무개혁을 통해서 국토개발계획을 세우거나 기술학교를 설립하는 등, 기술·경제·교육제도적인 측면에서 개혁을 시도한 점을 높이 평가한다. 그러나 한국이 독자적으로 벌인 개혁은 10년도 채 안 되어 그 기가 꺾이고 말았다. 러일전쟁(1904~1905년)과 을사조약(1905년)으로 승기를 잡은 일본은 한국이 스스로 발전하도록 내버려 두지 않았다. 한국을 병합시키고 말겠다는 음모를 주도면밀하게 꾸며오던 일본으로서는 한국이 자율적으로 벌이는 개혁만큼 괘씸한 일도 없었을 것이다. 일본은 한국에서의 개혁을 자기네 이익에 맞게 꾸려가야 했다. 한국은 근대화할 수 있는 가능성을 입증해보지도 못한 채 도중에 그 기회를 박탈당한 것이다.

흥미로운 사실은, 1세기 전 한국에 와있던 외국인들도 '근대화 기회 박탈론'과 같은 의견을 피력했다는 것이다. 샌즈와 매켄지, 두 사람은 모두 일본이 한국의 발전 가능성을 방해했다고 보았다. 샌즈에 의하면, 일본은 한국에서 진정한 개혁을 원치 않았다. 일본 외교관들은 샌즈가 한국을 열강의 입김 속에서 '중립국'으로 만들려고 시도한 모든 개혁을 사사건건 반대했다. 그들이 반대한 이유는 "한국인 스스로 하는 개혁은 영토 병합(식민지화)을 가로막는 장애물"이었기 때문이었다.

매켄지가 보기에도 "한국이 독자적으로 너무 빠른 속도로 발전하는 것은 일본의 뜻에 맞지 않았다." 일본이 전국에 교통 통신망을 갖춘 것은 군대를 신속하게 이동하기 위함이었고, 한국을 "아시아 대륙에서 군사 활동을 위한 전략기지"로 이용하기 위한 속셈이었다. 매켄지는 다음과 같이 말했다.

통감부가 해야 할 첫 사업은 군대를 신속·편리하게 이동시킬 수 있도록 전국 교통 통신망을 완벽하게 갖추는 것이었다. 경부선을 이미 착공하고 경의선이 준공 단계에 들어감으로써 수많은 일본군을 일본 본토로부터 만주 국경까지 36시간 이내에 수송할 수 있는 간선 철도가 이루어지게 되었다.[196] (매켄지)

2년 동안 도쿄에 체류한 적이 있는 샌즈에게 일본은 낯선 나라가 아니었다. 샌즈가 본 일본인들은 문관을 양성하지 않았으며 그들의 외교는 아직도 '무사들의 외교'였다. 일본인은 친절하고 예의바른 국민이긴 하나 다른 사람을 기죽이는 습관이 있고, "싸움을 하면 상대편을 죽이거나 아니면 불구"로 만드는 사람들이었다. "일본인보다 더 매섭고 빠르게 주먹질을 하며 분개하는

• 통감부가 해야 할 첫 사업은 한국을 아시아의 병참기지로 이용하기 위해 전국적으로 교통 통신망을 완벽하게 갖추는 일이었다.

사람은 이 지구상에 없다."

일본인들이 골칫거리로 등장할 때면 사람들은 그의 주인의 의중이 무엇인가를 의심해 볼 수도 있다. 일본인들은 본래 그렇지 않았다. 그들은 본질적으로 예의 바른 국민이었다. 신문에서 난폭하고 무례한 인신공격의 기사가 등장한다면 그것은 왕국(일본 정부)에 의해 고무받고 있다고 보는 것이 옳은 것이다. 그들은 질서 있고 친절한 국민이다. 그들도 자기들 간에는 언쟁이 일어나지만 낯선 사람과는 언쟁을 하지 않는다. 일본인이 질서 있는 사회에서 낯선 사람과 싸우거나 폭력을 행사할 만큼 비정상적인 행위를 할 때면 그 뒤에는 개인적인 것이 아닌 어떤 동기가 숨어 있다고 보는 것이 타당하다.[197] (샌즈)

샌즈는 일본인들이 난폭한 행위를 할 때는 그 배경에 '국가'가 있다고 봐야 한다고 관찰하고 있다. 매켄지가 당시 세계가 일본이라는 나라에 대해서 감탄일색으로 일관하고 있을 때 일본 내부에 웅크리고 있던 '비열하고 무자비한 군국주의'적 속성을 날카롭게 통찰했다면, 샌즈는 일본에서 느낀 직접적인 체험 속에서 '일본'이라는 국가에 대한 개념적인 특징을 건져 올리는 안목이 있었다.

샌즈는 일본이 러일전쟁에서 승리하고 세계열강으로 올라설 수 있었던 것은 철저하게 유럽 문명의 '공격성'을 배웠기 때문이라고 했다. "힘은 힘으로 대처해야 한다는 신념"은 근대화 과정을 거치는 동안 일본이 깨달은 교훈이었다. 그리고 '분명하게 어떤 정책을 정하면 방해물을 제거하고 장악하는 것'도 일본이 서구를 예리하게 관찰한 결과였다.

일본인들은 유럽 문명의 우월성은 타고난 자산이 아니라, 정치 사회적 경제적 이론이나 응용과학 때문이라는 것을 알고 있었다. 이런 원칙을 섭렵하여, 아시아 더 나아가 동양이 유럽에 열등하지 않으며 오히려 유럽이 우발적으로 취득한 이기들로써 스스로 무장한다면, 아시아의 문명화는 본질적으로 유럽의 그것에 우월하다는 사실을 세계에 입증할 수 있을 것이라고 생각했다. …… 따라서 그것을 증명하는 길은 전쟁에서 이기는 것이었다.[198] (샌즈)

풋내기 미국 외교관, 한국의 '중립화'를 위해 이토 히로부미를 만나다
매켄지는 어떤 유력한 일본인의 말을 인용함으로써, 일본이 한민족의 흔적을 말살하려는 의도가 명백했음을 밝히고 있다.

몇 세대가 걸리겠지만 (합병은) 꼭 이루어질 것이다. 한국인은 일본에게 병탄될 것이다. 식민지 통치에는 두 가지 길이 있다, 하나는 상대 민족을 외국인으로 간주하고 통치하는 것이다. 당신의 조국인 영국은 인도에서 이렇게 했지만, 그 제국은 오래 견딜 수 없다. 인도는 당신들의 지배를 벗어날 것이다. 둘째는 상대 민족을 동화시키는 것이다. 우리는 이 방법을 취해 한민족에게 일본어를 가르치고, 우리 제도를 이식하고 그들을 우리와 일체가 되도록 만들 것이다.[199] (매켄지)

매켄지는 1905년 일본이 한국의 내정권과 외교권을 약탈해 간 을사조약이 일본의 강압에 의해 이루어진 것이므로 '무효'임을 누누이 강조하고 있다. 그는 그 자리에 참석했던 한국인 대신의 이야기를 토대로, 당시의 상황을 매우 구체적으로 서술하고 있다.

서울에 온 이토 히로부미는 한국의 대신들에게 일본천황의 서신을 제시하며 '조약'에 승인할 것을 요청했다. 그러나 서명하지 않고 꿋꿋이 버티는 대신들에게 이토 히로부미는 "동양의 통일된 지도"를 그려 보이며 대신들을 회유했다. 이 조약은 한국과 일본이 단합하는 길이고 극동의 평화를 위해 꼭 필요한 일이며, 아시아인들이 뭉치기만 한다면 언제든지 아시아를 정복하려고 했던 백인들에게 대항하는 '몽고 민족들'의 위용을 보여줄 수 있다는 것이다. 당시 일본이 제시한 동아시아 유색인종의 단결은 '아시아는 하나' 그리고 '일본이 맹주'라는 이념으로 한국과 중국, 일본, 삼국의 연대를 호소한 것이었다.[200] 하지만 이 '아시아 연대론'은 당시 일본 제국주의 팽창 이데올로기의 전형적인 수법임을 알아차린 사람은 그리 많지 않았다.

샌즈도 을사보호조약이 체결된 당시의 상황을 언급하고 있는데 샌즈와 매켄지의 묘사를 비교해보면, 매켄지는 이 조약이 강압적으로 체결되었음을 중점적으로 파헤친 반면, 샌즈는 이토 히로부미를 찾아가 한국의 정세를 논의한 것을 주로 묘사하고 있다. 이토 히로부미가 서울에 와 있을 때 고종의 고문관이던 샌즈는 궁궐에서 근무 중이었다. 이토 히로부미의 '은밀한 계획'을 여러 사람을 거쳐 전해들은 샌즈는 이 사안에 대해 더 알고 싶어서 이토 히로부미를 찾아갔다. 샌즈에게 이 가설(아시아 연대론)은 어느 정도 실현 가능한 것으로 들렸던 모양이다.

어느 찻집에서 자신이 생각하는 일본의 '가장 위대한 정치가 중 한 사람'을 독대한 이 미국의 '풋내기'는 이토 히로부미를 향해, 일본이 정녕 동양 삼국의 동맹을 원한다면 한국인들이 갖고 있는 일본에 대한 적대감을 고려할 것과, 한국을 '중립국'으로 만들어야 한다는 자신의 지론을 폈다. 노련한 이토 히로부미는 친절하고 주의 깊게 ('일본 외교 정책의 적'인) 샌즈의 말을 경청했으나, 긍정도 부정도 하지 않은 채 대답을 회피했다. 이토 히로부미와 면담을 마치고 나온 샌즈는 다음과 같이 소회를 적었다.

• 현해탄을 건너온 일본 군인들이 서울 거리를 행군하고 있다.

그 뛰어난 인물이 나의 의견을 들어 주고 일본을 이끄는 정치가 앞에서 나의 견해와 한국의 입장을 설명할 수 있었다는 점에 대해 깊이 만족하며 그곳을 떠났다. 그러나 구체적으로 얻은 것은 없었다.[201]
(샌즈)

한국의 '중립화' 가능성 하에서 '아시아 연대론'이 어느 정도 유혹적으로 들렸던 샌즈에 비해, 매켄지는 들어볼 일말의 가치도 없는 것으로 간파했다. 그에게 '아시아 연대론'은 단지 일본의 '전제 독재권'을 의미할 뿐이었다.

이토 히로부미가 한국의 대신들을 회유하는 동안, 회의장을 에워싸고 있던 일본의 무장 군대는 연일 위협적인 무력을 과시했다. 이 험악한 분위기는 우왕좌왕하는 대신들을 위협했고, 여차하면 조약을 강제로라도 체결하겠다는 분위기를 조성했다. 이미 1895년 일본 낭인들에 의해 한국의 왕후가 잔인하게 살해되어 그 자리에서 불태워진 시해의 역사를 알고 있던 대신들은 겁에 질렸다. 대신들 사이에 알력이 있었으나, 결국 일부 대신들은 이토 히로부미가 가져온 조약에 왕을 대신하여 국새를 찍었다.

세계로부터 한국을 고립시킨 일본의 음모

샌즈가 미국은 유럽의 제국주의와 다르다고 했으나, 매켄지에게는 미국이나 유럽이나 모두 한국에서 이권 쟁탈에 혈안이기는 마찬가지였다. 미국은 한국의 독립에 대해 관심조차 없었으며 어느 순간에는 철저히 무시했던 나라였다.

1905년 일본의 보호통치의 전조를 느낀 고종은 일본의 압력을 막아줄 나라는 미국밖에 없다고 판단했다. 고종은 1882년 5월 22일, 미국과 맺은 한미수호통상조약에 '미합중국 대통령과 대한민국 국왕은 영원한 우의를 나눈다'는 조약[202]의 내용을 순진하게 믿고 미국에 기대를 걸었다. 고종은 미국 대통령 시어도어 루즈벨트에게 '민족이 사라지면 절망만이 남을 것'이라는 내용의 편지[203]를 써서 헐버트 편에 보냈다.

헐버트가 오랜 여정을 거쳐 미국에 도착했지만 워싱턴은 헐버트의 접견을 계속해서 미루었다. 일본과 미국 사이에 어떤 음모가 개입되어 있었던 것이다. 헐버트의 출국을 눈치 챈 일본은 헐버트가 워싱턴에 도착하기 전에 서울에서 조약을 서둘러 체결했다. 그리고 헐버트가 미국으로 향하고 있을 때, 일본은 이 조약이 한국 정부의 '자발적인 동의'로 이루어진 것임을 알리는 국서를 미국에 보냈다. 워싱턴은 헐버트가 가져온 국서보다 일본국서가 먼저 접수되도록 하기 위해 의도적으로 헐버트의 접견을 미루었던 것이다.[204]

그런데 을사조약이 체결되기 훨씬 이전에 미국은 이미 일본과 '카쓰라·태프트 조약'(1905.7.29.)을 맺어, 미국은 필리핀을, 일본은 한국을 차지하기로 협의해놓은 상태였다. 이 비밀 협약을 한국 정부가 알 리가 없었다. 을사조약 당시의 전말을 자세히 쓰고 있는 매켄지도 알 리가 없다.

이러한 음모를 알아채지 못한 헐버트는 상원에서 다음과 같이 진술했다. "(미국은) 을사조약이 한국 정부와 한국민에게 매우 만족스럽다는 일본의 국서를 접수한 다음, 한국 주차 미국공사에게 한국으로부터 철수할 것을 타전하고 한국 정부와 모든 관계를 끊었습니다. 그리고 나서야 그들은 국서를 휴대한 나를 접견했습니다."[205] 이에 대해 당시 국무장관 루트는 헐버트의 국서는 대통령에게 전달되어 이미 읽었으나, 한국이 일본과 보호조약에 합의에 이르렀다는 사실에 비추어볼 때 그 국서는 매우 실현성이 없었다고 답했다. 후에 루즈벨트 대통령은 당시의 상황을 다음과 같이 회상했다.

스스로를 위태롭게 하면서까지 아무런 이해관계 없이 자신을 위해서 아무것도 할 수 없는 한국민을 위해 뭔가를 하려는 국가가 있다고 생각하는 것은 문제의 핵심에서 벗어나는 길이다.[206] (매켄지)

워싱턴은 한국에서 을사조약이 강압적으로 이루어진 것쯤은 알고 있었지만, 이를 모르는 척 했다. 당시 일본의 국가적 위신은 한껏 상승되어 있어서 루즈벨트 대통령은 "일본의 환심을 사기 위해 안달나 있었고, 그리하여 한국 문제에 개입하는 것을 교묘히 거부했다." 또한 루즈벨트 대통령의 오랜 친구인 조지 캐넌은 한국에 대한 그의 저서 『나태한 나라 한국』(1905년)에서, 한국인을 아둔하고 무기력하며 매우 무식하고 선천적으로 게으른 민족이라고 악평을 늘어놓았는데, 루즈벨트는 이 악평에 영향을 받아 "한

국은 자치가 부적절하다고 확신하고 있었다."²⁰⁷

　매켄지는 러일전쟁의 승리로 국제사회에서 일본의 국가적 위신이 한껏 상승되어 일본인들의 식민주의 능력까지도 의심하지 않게 되었지만, 사실 식민지 내의 상황은 상당히 달랐고 이것은 외부로 잘 알려지지 않았다고 술회했다. 한국인은 말할 것도 없고, 한국에 살고 있는 외국인들은 일본 통치의 실정을 잘 알고 있었으나, 백인들이 아무리 불평을 해도 국제사회는 들어주지 않았다. 그 이유는 일본의 국가적 위신이 상승세에 있기도 했지만, 한국의 모든 통신을 독점하고 있는 일본의 언론 선전 때문이었다.²⁰⁸

　일본은 외교와 사교의 음모에서 뛰어난 능력을 보였다. 일본은 세계에서 자신들의 명분을 옹호해 줄 '박수부대'를 끌어 모아, 한국은 일본의 지배를 받아야 하는 '열등한 민족'임을 선전하는 데 총력을 기울였다.

　　그들(일본)은 구라파와 특히 미국에서 그들을 위한 박수부대를 조직했다. 그들은 자기들을 위한 찬양의 노래를 부르고 자기들의 명분을 옹호할 수 있는 요원들을 매수했으며 그들 중의 어느 사람은 매우 좋은 지위에까지 올랐다. 그들은 아주 천박한 방법과 교묘한 아첨 그리고 사회적 야심을 이용함으로써 다른 사람들을 끌어 모았다. 그들은 외교관들과 영사관 직원들 특히 영국과 미국의 외교관과 영사관 직원들에게 도쿄로부터 기피인물persona non grata이 된다는 것이 얼마나 괴로운 것인가를 가르쳐 주었다. 일본인의 성격 중에서 좋은 측면을 보고 진심으로 경도된 많은 사람들이 일본인을 밀어주었다. 외교나 사교의 음모라는 면에 있어서 일본인들은 세계 여타 민족들을 어린아이처럼 보이게 만들었다. 그들은 자기 자신을 아름답게 찬미할 뿐만 아니라 한국이야말로 멸망한, 그리고 아무 쓸모도 없는 종족이라는 확신을 증대시키는 데에 그들의 힘을 쏟았다.[209]
(매켄지)

세계는 '한국을 우려먹는 하나의 거대한 가족'

일본은 한국 의병들을 "양민들을 살해하고 재산을 약탈하며, 관청 민가를 불태우는 폭도들"로 몰아 세계 여론을 조성했다. 한국을 찾아오는 미국 특파원들에게는 일본의 업적, 물질적 진보만이 보일 뿐 일본인이 저지르는 합법화된 강도 행위, 협박, 공창 제도, 고문, 탄압 같은 비리는 은폐되어 있었다. 한국에서 일본 총독으로부터 극진한 대접을 받고 매수되어 본국으로 돌아간 서양 언론인들은, 한국에서 일본의 개혁은 영광스러운 것이라며 일본을 칭찬하고 한국을 경멸적으로 쓰는 기사만 내보내게 되었다. 또한 일본은 한국에서의 개혁이 성공적으로 진행되고 있다는 내용을 담은 『한국의 개혁과 진보에 관한 연례보고서Annual Report of Reforms and Progress in Chosun』를 작성하여, 미국과 영국에 있는 중요한 도서관과 저명한 인사들에게 무료로 배포했다.[210]

일본이 자신의 독재적 통치하에서 벌어지고 있는 현실에 관해 서구인들의 눈을 속이려 할 경우에는 독일인들이 아무리 머리를 쥐어 짜 낸다고 할지라도 일본의 발뒤꿈치를 못 따라 간다.[211] (칼튼 켄달)

당시 한국 내에 있는 영사, 사업가, 선교사들은 '일본의 군대, 경찰, 헌병 제도는 독일에서 배워온 것'이라며 일본 통치체제를 한 결같이 비난했으나, 일본의 외교와 선전에 현혹되어 있는 국제사 회는 이 말을 듣지 않았다.[212]

1905년 헐버트가 미국에 가져간 고종의 국서가 무시되기 이 전에도, 미국은 몇 차례 한국에서 근무하는 미국 외교관의 항의 를 무시한 전례가 있었다. 이를테면 한국 공사 알렌이 1904년과 1905년, 두 차례에 걸쳐 미국 국무장관에게 일본이 한국을 지배 하는 처사에 반대하는 항의문을 보냈으나 이것 또한 철저히 무시 되었다. 오히려 이 사실을 안 일본이 알렌이 마음에 드는 인물이 아니라는 사실을 미국에 암시하자 알렌은 곧 본국으로 소환되었 고, 그 후 한국 공사는 다른 사람으로 대체되었다.[213]

한국에서 흘러나오는 목소리를 무시하며 일본의 말에만 동조 하기는 영국도 마찬가지였다. 한국에는 1904년, 런던의 〈데일리메 일〉의 특파원으로 내한한 영국의 언론인 어니스트 베델[214]이 〈코 리아데일리뉴스Korean Daily News〉라는 친한적 논조의 신문을 발간 해 오고 있었다. 1906년, 베델은 이 신문의 한국어판 〈대한매일신 보〉에 한국에서의 의병활동과 일본의 토지 점탈 음모를 폭로하 는 기사를 실었다. 당시 각 신문이 일본의 눈치를 보느라 의병을

칼튼 켄달
(Carlton W. Kendal, 1895~?, 미국)

미국의 작가이자 언론인. 『The truth about Korea』(1919)를 통해 3·1운동의 전말을 상세히 기록하고 있다. 『한국 독립운동의 진상』으로 번역된 이 책에는 다음과 같은 헌사가 적혀 있다. "자신의 목숨을 그토록 영웅적으로 바침으로써 자유와 해방이 자기 후손들의 천부적 권리가 될 수 있도록 한 한국의 남녀에게 이 책을 드립니다."

'폭도'니 '비류匪類'라고 부를 때, 〈대한매일신보〉만이 당당하게 '의병義兵'이라고 썼다고 황현도 기록하고 있다.[215]

일본은 베델을 회유하려고 애썼으나 베델은 굽히지 않았다. 그러자 일본은 〈서울프레스〉라는 영문판 신문을 만들어 베델의 〈코리아데일리뉴스〉에 대항하려고 했다. 그러나 이것도 실패하자 일본은 외교적인 방법을 동원했다. 베델이 쓴 기사를 영국 정부에 제시하며 신문 폐간과 함께 베델이 치안을 방해하고 있다고 항의한 것이다. 드디어 베델을 재판하기 위한 특설영사재판소가 설치되어, 1906년과 1908년 두 차례에 걸쳐 베델은 변호사 없이 재판을 받았다. 베델은 6개월간의 근신과 벌금 등의 유죄판결을 받았고, 그 이후 수형의 후유증 때문인지 얼마 더 살지 못했다.

이 재판에서 흥미로운 사실은 당시 베델이 기소된 죄목은 '거주국 정부의 안정을 교란하고 선동했다'는 것인데, 1907년 상황에서 '거주국 정부'란 과연 어느 나라를 지칭하는가, 하는 것이었다. 베델에게는 한국 정부가 거주국이었으나, 영국은 당시 한국이 일본의 보호국이기 때문에 일본이 거주국 정부임을 인정하여 베델에게 교란 선동죄를 인정했다.

같은 시기, 영국 신문사들은 "통신원들에게 친일적 태도를 견지하도록 지침을 내리"기도 했다. 이 방침 때문에 1906년 이후 매켄지가 한국에서 일본이 저지른 잔혹한 학살에 대해 쓴 의병 종군기도 영국 신문에 실리지 않았다.[216]

이러한 일련의 과정을 거치는 동안 일본의 제국주의가 저지르는 범죄행위는 교묘하게 은닉되었고, 바깥 세계는 일본의 터무니없는 선전에 오염되어 "한국인은 열등 민족이어서 자치를 하기에는 적합하지 않다"고 믿게 되었다. 일본은 한국인은 '쓸모없는 종족'이고 자신들은 '아름다운 종족'이라는 확신을 심어주는 데 성공했다.

일본의 터무니없는 선전에 오염된 사람들은 '한국인이 열등 민족이어서 자치를 하기에는 적합하지 않다'고 말한다. 한국이 서구 문명과 접촉한 지가 얼마 되지 않았지만 그러한 비난이 거짓이라는 것은 이미 분명해졌다. 구한국의 정부는 부패했으며, 쓰러질 수밖에 없었다. 그러나 그 국민들은 기회가 있을 때마다 그들의 능력을 보여주었다. 이 민족에게 기회만 주어진다면 그들은 그들이 무엇을 할 수 있는가를 보여 줄 것이다.[217] (매켄지)

매켄지만큼 일본의 선전이 부당하고 일본의 음모가 거짓임을 줄기차게 폭로했던 사람도 없다. 왜 세계는 일본에 대해서는 너그러우면서 한국의 목소리를 무시하는지, 매켄지가 분노한 것은 일본의 음모뿐만 아니라 이를 알고도 강한 자들끼리 뭉쳐 자신들의 이익에 따라 약자를 무시하는 세계 권력의 메커니즘이었다. 세계열강은 이 '버림받은 민족'의 희생을 노골적으로 원하고 있었다. 세계는 모두 '한국을 우려먹는 하나의 거대한 행복한 가족'이었다.[218]

일본은 자신들을 과대평가하고 한국을 과소평가했다

가장 무자비한 일본의 제국주의적 통치

1905년의 보호조약은 1910년 한일합방으로 이어졌다. 한국이라는 국호가 사라지고 한국은 일본의 한 지방으로 남게 되었다. 매켄지는 그때부터 3·1운동이 일어난 1919년까지 일본의 제국주의적 통치는 "가장 거칠고도 가장 무자비한 모습"을 보여 주었으며, "역사상 최악의 실패"를 기록할 것이라고 썼다.[219] 이 시기 한국을 통치한 총독 데라우치 마사타케는 "한국인이야말로 집어삼켜 씨를 말려야 할 민족"임을 공공연히 말했다.

1910년 여름에 서울에 부임한 데라우치는 그의 선임자들의 정책을 온통 뒤바꿔 놓았다. 그는 한국 민족의 마지막 발자취마저도 지워 버리려고 작정했다. 이토는 부드러운 데라도 있었지만 그는 차가운 강철처럼 강했다. 이토는 채찍으로 사람을 쳤지만 그는 쇠사슬로

사람을 칠 인물이었다.[220] (매켄지)

한민족의 흔적을 말살하기 위해 일본이 가장 먼저 한 일은 "모든 공문서와 사설 도서관을 샅샅이 뒤져 체계적으로 수집한 한국의 문예 작품과 역사서를 불태"우는 일이었다. 그 다음은 지방의 신문에서부터 학술 잡지에 이르기까지 정기간행물을 없애는 법률을 통과시켰다.[221] 사치단속령의 공포로, 식사할 때의 그릇 수가 정해지고, 담뱃대의 길이는 12인치로 짧아졌으며, 겨울철에는 흰옷을 입지 못하고 검은 도포를 입어야 했고, 소맷자락도 오므려졌다.

특히 "단발령은 왕비를 살해한 것보다도 더 민중의 마음을 할퀴어 놓았다"고 매켄지는 썼다. 소년시절을 지나 어른이 되면 상투를 틀었던 한국인들에게 '상투'는 '성인됨'의 상징이었다. 상투는 한국인 스스로가 개화된 의식으로 처리하게 했어야 했다. 가령 만주에서는 머리 자르는 것이 편리하다는 것을 알게 된 한국인들이 스스로 구습을 버렸는데, 이것이야말로 자연스럽고 옳은 진보였다. 일본 식민주의의 어리석은 규정들은 심각한 정치적 실수보다도 더 대중의 감정을 적대적으로 만들었다.

1919년 3·1독립만세운동은 평화적인 만세운동이었다. 1918년 윌슨의 '민족자결주의'에 고무된 한국 민중들은 일본의 군사독재를 세계적으로 알리면 자신들은 해방을 인정받을 수 있다는 희망에 들떠 대대적인 비폭력 혁명을 준비했다. 만세운동 기간에는

304

어떠한 재산이 파괴되거나 피해를 입지 않았으며 일본인들에게조차도 해를 입히지 않도록 했다.

일본은 한국인들의 전국적 규모의 봉기에 깜짝 놀랐다. 당시 총독인 하세가와 요시미치는 한국총독부의 기관지인 〈서울프레스〉에 3·1운동을 진정시키기 위한 포고문을 발표했다. 한국과 일본이 한 국가 건설에 박차를 가하고 있는 이 마당에 세계의 웃음거리가 되지 말자는 내용이다.

> 지금 우리의 모국인 일본과 한국은 하나로 뭉쳐 하나의 국가를 건설하고 있다. 예로부터 밀접한 관계를 맺어 왔던 두 민족이 최근에 이르러 더욱 가까워진 것은 틀림이 없다. 최근의 사태는 어느 모로 보나 양국 민족 사이의 반감에 원인이 있는 것은 아니다. 오랫동안 해외에 있었던 탓으로 한국의 실정을 자세히 모르고 있음에도 불구하고, 터무니없이 꾸며낸 얘기를 퍼뜨리고 제국의 치안을 방해함으로써, 동족들로 하여금 열강의 웃음거리가 되게 오도하여 한국에는 지극히 걸맞지 않는 '민족 자결'이라는 표어에 빠지게 하여, 끝내 무분별한 언동을 저지르게 만드는 고집스러운 사람들의 불편을 그대로 믿는다는 것은 지극히 어리석은 짓이다.[222] (매켄지)

만세운동 기간 동안 일본이 진압과정에서 보여준 두려움과 잔혹성은 믿을 수 없는 것이었다. "시위가 시작된 후 3개월 동안에 3만 명이 넘는 한국인이 피살되거나 부상을 입었다." 재판도 거치지 않고 처벌을 받는 한국인들은 "도살장으로 끌려가는 양떼"와 같았다. 매켄지는 3·1운동에 대한 일본의 탄압, 고문, 살해에 대한 보고서를, 현장에 있었거나 취재했던 선교사와 외국 기자들 그리고 한국인들의 말을 취합하여 꼼꼼하게 작성하면서, "그들의 잔인함에 대한 얘기는 수없이 계속할 수 있고 한 권의 책을 쓸 정도"였다고 했다.[223]

무자비한 탄압의 시대, 한국인들은 군국주의 체제가 무얼 의미하는지 고통스럽게 실감하고 있었다. 체포 구금, 고문의 상황은 점점 서구 언론의 관심을 받았다. 일본은 모든 문명국의 법을 파기했다. 일본 군사 독재는 더 이상 문명인의 존경을 받을 수 없게 되었다. "일본 민족이 자기의 국가에서도 이러한 오점을 찍지 않았다는 현실이 도무지 믿어지지 않을" 정도였다.[224]

일본은 한국인을 열등한 일본인으로 만들려고 했다

그러나 일본의 한국 지배는 만만치 않았다. 식민통치 초기 일본 제국주의는 한국인과 일본인은 다른 종족이며 강한 종족이 약한 종족을 지배해야 한다는 '병합annexation' 이데올로기로 식민주의를 시도했었다. 그러나 일본은 자신들이 한국인들과 유사한 동양인이라는 인종적 특징을 갖는다는 사실을 무시할 수가 없었다. 더욱이 일본은 한국인들을 자국민에 동화시키는 일이 쉽지 않다는 것을 깨달았다. 일본은 두 종족 간의 '지배'와 '종속'이라는 사회진화론의 제국주의적 관계를 '국민적 통합'이라는 다른 이데올로기로 수정해야 했다. 1930년에 이르자 일본은 병합 이데올로기를 버리고, 원래는 한 핏줄이었으나 떨어져 있던 두 종족이 재결합해야 한다는 '통합amalgamation' 이데올로기로 옮겨갔다.[225]

> 한국은 우리와 같은 조상을 가진 형제 집안이다. 형제인 한국은 본가로 귀향했다. 한국은 본가와 동화되었기 때문에 사라지지 않았다. 한국은 파괴되지 않았고, 한국인은 멸망하지 않았다. 그들은 실로 그들의 뿌리로 되돌아 온 것이다.[226] (피터 듀스)

이렇게 당시 일본 제국주의는 한국이 본가로 돌아왔으므로 멸종된 것이 아니라 오히려 뿌리를 되찾았다는 논리로 한국인들을 회유했다. 한국인의 "의식을 몽롱하게 하고" 완전히 하나라고 주장함으로써 "상처 입은 한국인의 민족적 자존심을 어루만져" 주었던 것이다.[227]

실제로 나는 1세기가 지난 지금, '한국과 일본은 한 가족'이라는 일본의 이데올로기를 여전히 믿고 있는 한국인과 대화를 나눈 적이 있다. 그는 내 대학시절의 후배였고 사회에서 존경받는 직업을 가지고 있었다. 그는 일제 강점기에 일본은 한국에 진정한 이타주의를 품고 있었다고 말했다. 한국과 일본이 향후 한 가족이 될 수 있을지 모르나, 당시 일본이 한국을 향해 이타주의를 품었다고는 볼 수 없다고 나는 말했다. 하지만 그는 물러서지 않았다. 그의 신념이 얼마나 강했던지 나는 그와 계속 대화를 이어갈 수가 없었다. 1세기가 흐른 오늘날의 후손들이 이럴진대, 식민지 시대 일본의 교묘한 회유 공작 속에서 생명을 부지해야 했던 선조들은 얼마나 혼란스러웠을까.

그러나 일본이 아무리 수법을 바꿔도 매켄지만은 흔들리지 않고 일본의 실체를 꿰뚫고 있었다. 매켄지에 의하면 일본은 '그릇된 정신상태'에서 시작했으며 애초부터 '잘못된 이상'을 세웠다. 일본이 한국을 다스리면서 공공건물을 짓고 농업기술을 개선하고 통신 시설을 확충하는 등, 물질적인 면에서의 업적은 다소 인정될 수 있다. 그러나 이것은 한국을 위한 것이 아니었다. 일본은 자신의 이익을 위해 한국을 다스렸다. 일본은 "한국인을 경멸하는 마음을 가지고 일을 시작"했고, '나무꾼'이나 '물지게꾼'으로밖에는 쓸모가 없는 사람들로 만들려고 했다.

일본인들은 애당초부터 한국인을 동화시키고, 그들의 민족적 이상을 말살시키고, 관습을 뿌리째 뽑아 버리고, 그들을 일본인으로 만들되 열등한 일본인 즉 지배 계급과는 다른 무능한 사람들로 만들려고 했다. 그러나 그 민족 안에 있는 소수의 병약자를 동화시키되, 강인한 다수는 박해로써 파멸시키고 직접 죽이고 마약이나 악습으로 적극적으로 타락시킴으로써 동화가 가능할는지도 모른다.[228] (매켄지)

매켄지는 일본의 한국 지배가 가당치 않다는 것을 역설하기 위해, 일본을 '떼돈을 번 농부'로, 한국을 '가난해진 양반집'으로 비유하는 흥미로운 수사를 했다. 떼돈을 벌자 양반집 마님에게 천박하게 성질을 부린다는 것이다. 그가 본 일본은 자신들을 과대평가하고 한국인들을 과소평가하고 있었다. 그러나 한국인보다 열등한 민족이 4천 년 역사를 가진 민족을 동화시킨다는 것은 절대로 불가능하다고 썼다.

> 일본은 한국이 문호를 개방한 이후부터 한국 사람과의 개인적 접촉에서 그들을 발밑의 때로 여기거나, 아니면 농부로 태어난 여자가 운명의 장난으로 남편이 떼돈을 벌어 고용한 (지금은 불행하고도 가난하게 된) 양반집 마님을 대하듯, 천박하고 심술궂게 성질을 부렸다. 이런 모습을 상상해 본다면 일본이 어떠한지를 알 수 있을 것이다.[229]
> (매켄지)

> 피압박 국가가 작고 약하며 전통과 민족적 이상이 결여된 민족이 아닌 한, 대등한 관계에서의 동화란 이루어지기 어려운 법이다. 하물며 피압박 민족보다 더 열등한 민족이 4천년 역사를 가진 민족을 동화시키려고 시도한다는 것은 절대적으로 불가능한 과업이다. 일본인은 자신들의 능력을 과대평가하는 반면에 한국인의 능력을 과소평가했다.[230] (매켄지)

일본은 한국인의 민족성을 되살리는 데 성공했다

한 약소민족에게 가해지는 폭력에 대해 제3국의 시민이 이렇게 분노에 찬 목소리로 저항하는 글을 읽어 본적이 없다. 매켄지의 글을 읽다 보면 압제에 고통 받는 식민지인의 피와 목소리가 그의 펜을 통해 생생히 흘러나오는 것 같다. 매켄지는 한국에 대해 두 권의 책을 썼는데, 이 책은 오로지 일본의 실체를 폭로하기 위해 썼다고 해도 틀리지 않다. 그는 일본 친구들에 대한 아름다운 추억은 있지만, "내가 반일적이라고 한다면 기꺼이 반일의 피고가 되고자 한다"면서 "나만큼 일본인의 성격과 그들의 소행에 대해 통찰력 있게 기록한 사람은 없다"고 했다.

매켄지는 여러 차례 세계를 향해 사나운 일본의 군국주의를 조심하라고 경고했다. 일본은 "필연적으로 만주를 침략하고 중국까지 확장되어 끝내는 커다란 분쟁을 야기"할 것이다. 일본의 팽창정책에서 드러난 공격성은 향후 "미래 세계의 평화에 치명적인 위협"이 될 것이다. 한국에서 직접 일본의 무자비한 식민주의를 경험했기 때문에 매켄지의 목소리는 절박하고 비장했다.

> 오늘날 나약하게 행동한다면 적어도 30년 이내에 여러분들은 극동에서 거대한 전쟁을 맞이하게 될 것임이 거의 확실하다. 그러한 전쟁이 일어날 경우 서방 세계가 져야 할 대부분의 짐은 미국이 감당하게 될 것이다.[231] (매켄지)

일본을 대견스럽게만 여기고 있던 세계를 향해 이렇게 일본을 조심하라고 누차 경고한 사람은 매켄지 말고 없었다. 그러나 세

계는 그의 말을 귀담아 들었던가? 1930~1940년대 일본이 아시아
와 태평양을 향해 저지른 끔찍한 대재앙을 치루고 나서야 매켄지
의 예언이 그대로 적중했음이 증명되었다.

　세계가 권력을 가진 자들을 중심으로 돌아가도 매켄지가 결
코 양보할 수 없는 것이 있었다. 그것은 한국인들의 잠재력에 대
한 강한 신념이었다. 매켄지만큼 흔들리지 않게 이 패망한 종족의
잠재력을 믿었던 사람도 없었다. 그는 한국인에게는 '무서운 잠재
력'이 있다고 기회가 있을 때마다 썼다. 한국인들의 무서운 잠재
력이란 당시 일본이 성공적으로 쌓고 있는 군사력이나 근대적인
기술 같은 물질적인 측면은 아니었을 것이다. 그것은 바로 한국
인의 강인한 기질과 정신력이었다. 매켄지는 결코 한국의 구정부
를 미화하지 않았다. 그는 "구한국의 정부는 부패했으며, 쓰러질
수밖에 없었다"고 썼으나, 반드시 "이 민족에게 기회만 주어진다
면 그들은 그들이 무엇을 할 수 있는가를 보여 줄 것"임을 확신
했다.

　　일본인들은 한국인의 성격이 예상하지 못했을 정도로 끈질기다는
　　사실에 충격을 받았다. 한국인들이 겉으로 보이는 무표정한 얼굴
　　밑바닥에는 그들만이 가지고 있는 어떤 단호한 정신력이 깔려 있었
　　던 것이다. 일본인들은 한국인들을 동화하는 데 성공한 것이 아니
　　라, 한국인의 민족성을 되살리는 데 성공했다.[232] (매켄지)

6장

한국인을 향한 제언

오해와 편견을 넘어
새로운 한국스타일로

　2011년, 이 글이 〈동아일보〉에 「구한말 조선을 바라보는 긍정의 눈」이라는 칼럼으로 연재될 때, 메일을 보내 준 몇 명의 독자를 기억하고 있다. 매회 기사를 손꼽아 기다린다는 고3 여고생. 유튜브에서 일본사람들과 역사논쟁 중인데, 그들이 무장한 논리에 '맞짱을 뜰 수' 없으니 도와달라는 청년. 이 혈기왕성한 애국청년이 걸어준 링크를 따라가 보았더니 일본사람들이 무장한 논리란 이 책에서 몇 차례 언급된 적이 있는 그리피스와 비숍의 문장이었다. 또 한 독자는 이렇게 시작하는 편지를 보냈다. "일제 말에 태어나 칠십 평생을 개고생하며 살았다. 스스로를 저주받은 세대라 생각했다……"

　나는 이 말을 상상하고 또 상상했다. 나의 윗세대가 겪은 거친 풍랑의 세월. 내가 아무리 이 시절에 대해 책을 쓴다고 해도 저 비탄에 젖은 응어리를 제대로 이해할 수 있을까. 개고생을 하며 산 저주받은 세대. 이 말을 결코 잊을 수 없을 것 같다. 이 책이 십대 소녀와 애국청년에게, 그리고 윗세대 분들에게 조금이라도 위안을 줄 수 있다면, 그리고 한국인으로서 겸허한 자존감을 갖게 해준다면 소명을 다 했다고 생각한다.

이 책은 2008년 12월 웁살라대학교의 역사학과에 제출한 졸업논문으로부터 시작해서, 2011년 논문의 틀을 바꾸고 내용을 첨가하면서 2년이 넘는 시간을 더 들여 새로운 책으로 거듭 났다. 가능하면 많은 사람들이 읽을 수 있도록 쉽게 쓰는 과정에서 얻은 것이 있다면 잃은 것도 있다고 생각한다. 현대의 한국을 충분히 사려하지 못한 점은 많이 아쉽다. 주로 구한말의 한국인을 다루다보니 현대의 한국인을 말하는 것에 충실하지 못했다. 한 세기를 뛰어 넘어 과거와 현대를 아우르며 한국인의 정체성을 말하는 것은 쉬운 일이 아니었다. 훗날 나는 이 작업을 다시 하고 싶다. 그래야 비로소 『스무살엔 몰랐던 내한민국』이 완성될 수 있다고 생각하기 때문이다.

독자들 중에는 이 책에 흐르는 반일反日의 분위기에 대해 속이 후련한 사람도 심기가 불편한 사람도 있을 것이다. 우선 이 책의 반일反日 정서는 1세기 전 서구인들로부터 나온 것임을 말해 두고 싶다. 서구의 이방인들은 한국에 와서 직접 일본을 겪었다. 나는 그들의 텍스트에서 일본에 대한 좋은 평판이 있으면 빠뜨리지 않으려고 애썼다. 그러나 당시 인종주의나 서구 중심주의 같은 강자의 주류 이데올로기를 추종하는 사람이 아니고서는 일본의 식민주의를 좋게 본 사람은 거의 없었다. 가장 오리엔탈리스트의 성향이 강했던 조지 커즌조차도 일본이 한국을 엉망으로 만들어 놓으니 오히려 한국은 현상유지를 하는 편이 낫다고 한 것은 의외이지 않은가. 일본의 식민주의를 군인과 경찰을 앞세운 광기어린 것으로 보지 않았던가.

일본과 한국에서 외교관 생활을 했던 윌리엄 샌즈는 일본은 이유 없이 남을 해치는 사나운 기질과 다른 사람을 기죽이는 습관이 있다고 했다. 당시 서구화를 잘한다고 자화자찬하며 세계의 이목을 끌고 있던 일본. 그러나 샌즈는 아름다운 가면 뒤에 숨겨진 사나운 기질을 예리하게 포착하고 있었다.

매켄지는 또 어떤가. 이 냉철하고 민감한 감수성의 소유자는 일본을 말할 때면 한국인들보다 더 비감하고 애통한 기분이 되어 자신이 할 수 있는 가장 적나라한 수사를 동원했다. 한국인보다 더 열등한 민족이 4천년의 역사를 가진 민족을 절대로 다스릴 수 없다고 하지 않았나. 그는 일본의 식민주의와 한국의 근대화에 대해서도 소견을 밝혔다. 일본이 한국에서 이룬 물질적인 업적은 다소 인정될지 몰라도 이것은 순전히 일본의 이익을 위해서였다고. 한국인을 경멸하고 나무꾼이나 물지게꾼으로 밖에는 쓰려고 하지 않았다고. 당시 제3자가 보기에도 일본이 한국의 근대화를 위해 헌신했고 유용했다고 결코 말할 수 없었던 것이다. 오히려 일본은 노골적인 방해와 선전을 벌여 한국이 스스로 발전할 수 있는 길을 빼앗아 간 것이다.

'일본은 자신들은 과대평가하고 한국을 과소평가했다'는 매켄지의 수사는 또 얼마나 의미심장한가. 나는 이 말을 하는 매켄지의 심정을 알 것 같다. 그는 한 국가, 혹은 한 인간을 평가할 때 '재력'이나 '힘'보다도 '정신'에 훨씬 더 매료되는 사람이었다. 그는 한국의 정신사精神史가 만만하지 않다는 것을 알고 있었다. 수세기를 거쳐 이 땅이 물려주고 물려받은 '정신성.' 이것만큼은 한국이 누구에게도 지지 않는다는 것을 강조하고 싶었던 것이다.

세계가 아무리 강자만을 집중 조명해도 어느 시대나 현상의 이면에 흐르는 진실을 직시하는 사람들은 존재한다. 당시 이렇게 한국을 말하는 양심적인 텍스트가 없었다면, 나는 아직도 일제 강점기를 겪은 우리 선대들이 느끼는 울분 속에는 핍박받는 자로서의 피해의식 내지 감정의 과잉 같은 것이 섞여있지 않을까 의심하고 있을지도 모른다. 이방인의 신분으로 한국을 제대로 다 보았느냐는 또 다른 문제이다. 우리라고 한국을 제대로 다 볼 수 있는가? 나는 최소한 이들의 눈을 통해 저 어두운 시대를 객관적으로 감정이입할 수 있었다.

일본의 제국주의적 근성은 아직도 끝나지 않았다. 오늘날 독도를 포기하지 못하는 걸 보면 그렇지 않은가. 저들은 1세기 전 두 차례의 전쟁 승리로 기고만장하여 설쳐대던 버릇을 아직도 버리지 못했다. 한일합방 소식을 듣고 자결한 재야 지식인인 황현은 『매천야록』에서, "(독도는) 예전에 울릉도에 속했는데 왜놈들이 자기 영토라고 우기며 살펴보고 갔다"고 탄식한 부분이 있다. 이

때가 1906년 4월이었으니, 일본은 1905년 11월 을사조약으로 한국정부를 허수아비로 만들어 놓고 난 이후 본격적으로 독도에 눈독을 들였음을 알 수 있다.

섬뜩하고도 지긋지긋한 일본의 망령이 아직도 한반도를 배회하고 있다니. 한번 남의 것을 탐내어 전유해보니 그 달콤함을 잊을 수가 없는 모양이다. 일본은 아직도 한국을 얕보고 있다. 남의 것을 노리는 천박한 습성은 쉽게 사라지지 않을 것이다. 1세기 전 세계를 상대로 한국인이 '쓸모없는 종족'이라는 여론 몰이에 성공했듯, 음모꾼 일본은 갖은 외교력을 동원하여 '독도'를 끈질기게 물고 늘어질 것이다.

침략적 근성을 버리지 못하는 나라, 과거를 반성하지 않는 나라는 절대로 품격 있는 나라가 될 수 없다. 스웨덴에 있을 때 같이 수업을 들었던 독일 학생들을 잊을 수가 없다. 나치의 유대인 학살이 유럽에 남긴 트라우마가 얼마나 깊은지 유럽의 대학에는 오늘날에도 쉬지 않고 홀로코스트가 화두에 오른다. 수업 시간에 나치 범죄가 도마에 오를 때마다 나는 조마조마한 심정으로 몰래 독일 학생들의 표정을 훔쳐보곤 했었다. 저들의 마음속에 일 수치와 거북함의 감정을 안타까워하면서 말이다. 그런데 독일 학생들은 참 담담하고 쿨했다. 오히려 같이 나서서 자국을 비판하기도 했다. 이해할 수 없었다. 자연스럽게 보이려고 연기하고 있을 거야, 애써 참고 있는 거야, 하고 나는 온갖 추측을 했다.

이후 독일의 과거사 반성 문제에 관심을 가지면서 독일 학생들의 쿨함의 비밀을 알게 되었다. 그것은 인내도 연기도 아니었다. 그 비밀은 바로 독일이 철저하게 과거를 반성하는 과정에서 탄생시킨 그들의 새로운 정체성에 있었다.

독일은 더 이상 나치 범죄 같은 비극이 일어나지 않도록 지겹게 국민을 교육한다. 다큐멘터리 채널은 쉬지 않고 나치즘에 관한 것들을 방영한다. 젊은 세대들은 반복해서 홀로코스트에 대한 수업을 받는다. 독일은 전후 60년이 지난 지금까지도 피해자들에게 그리고 피해자들의 자녀들에게까지도 보상을 하고 있다.

이런 와중에 1980년대 독일 사학계에서 나치즘을 탈색시키려는 움직임이 일었다. 나치 범죄를 터키의 아르메니안 학살이나 러시아의 볼셰비키의 계급 학살처럼 지구상에서 벌어진 '평범한 학살'로 희석시키려고 했던 것이다. 과거사 문제로 하도 사방에서 쥐어터지니까 무거운 죄의식에서 벗어나고 싶었던 것이다. 그런데 이 꼼수를 혹독하게 비판한 쪽은 바로 독일의 지성계였다. 독일의 좌파 지식인인 위르겐 하버마스Jürgen Habermas는 지구상의 어떤 학살이 나치즘만큼 '고도의 기술적 장치'를 동원하여 한 종족 전체를 '계획적으로' 말살하려고 했었냐면서 나치범죄를 희석시키려는 시도를 호되게 비난했다.

1990년대에는 더 심각한 일이 있었다. 하버드 대학의 교수인 다니엘 골드하겐Daniel Jonah Goldhagen은 나치즘에 직접 가담했건, 도왔건, 방관했건, '독일인이 모두 유대인 학살의 범죄자'라는 테제를 내놓았다. 독일인 전체가 범죄자라니! 이건 좀 너무하지 않은가? 이 지나친 결벽증적 반성을 놓고 독일은 또 한바탕 큰 격론을 벌였다. 영화 〈The Reader〉(2008년)를 보면 법학도인 한 독일 청년이 나치즘을 토론하다가 '우리 모두가 죄인'이라고 말하는 장면이 나온다. 과거사 반성문제는 이렇게 학계를 넘어 예술계까지 영향을 미쳐 독일 국민들의 정신을 끊임없이 환기시키고 있다.

독일의 수도 베를린에 가보라. 나치에 의해 학살된 유태인을 기리는 600여 만 개의 추모비가 축구장 두 개 크기와 맞먹는 곳에 설치되어 있다. 이때도 참 말이 많았다. 독일인의 '수치'를 저렇게 거대한 지역에 버젓이 기념하다니 너무하다는 것이다. 그러나 독일은 15여 년에 걸쳐 묵묵히 추모비를 완성했다. 그것도 바로 독일 국회가 있는 베를린의 심장부에 말이다. 가장 치욕스러운 과거를 자국의 심장부에 세운다는 것은 무서운 메타포이다. 독일은 이 상징을 통해 '홀로코스트 기억'이야말로 독일이 결코 잊어서는 안 되는 가장 중추적인 '자의식'임을 새기고자 했던 것이다.

과거를 둘러싼 끊임없는 싸움은 독일 사회가 나치 유산을 놓고 얼마나 치열하게 고민하는지 보여준다. 지나친 반성을 비판하는 보수주의자들이 우려한 것은 시도 때도 없이 나치 범죄가 들추어져서 독일인의 정신이 위축되고 자신들을 비하하게 되지 않을까 하는 것일 게다. 지난 4월, 일본의 극우 정치인 아베 신조가 침략전쟁을 부정하며 "자신의 정체성에 대해 자부심이 없으면 자신감을 가질 수 없다"고 말한 것도 바로 이러한 우려 때문이다.

그런데 과연 지나친 반성이 독일인들의 정신을 찌들게 했을까?

나는 이 우려가 기우임을 스웨덴에서 만난 독일 학생들은 통해 깨달았다. 이들이 나치즘을 비판하는 시간에 동요하지 않고 담담히 앉아 있었던 것은 무감각하거나 찌들어서가 아니었다. 저 '지겨운 자기반성'으로부터 대립하고 화합하면서 얻은 새로운 정신, 새로운 정체성으로 자국을 객관적·비판적으로 바라보고 있는 태도였던 것이다. 이들은 홀로코스트에 대해서도 명쾌한 입장을 갖고 있었다. 요컨대, 선대가 저지른 범죄에 대한 죄책감은 없으나 후대는 책임질 것. '민족적 정서'와 같은 낡은 정체성보다 좀더 보편적인 가치로 무장할 것. 독일의 젊은이들은 자기반성을 통해 완전히 새롭게 태어난 것이다.

국가는 국민을 겸손하게 키우기도 하고 교만하게 키우기도 한다. 또한 국민을 떳떳하게 키우기도 하고 허위의식을 채워 비겁하게 키우기도 한다. 일본은 자국의 국민을 허위의식으로 채워 비겁하고 교만하게 키우고 있다. 일본은 정직한 자기반성이야말로 자국의 젊은이들을 투명하고 매력적으로 만든다는 사실을 모르고 있다. 일본은 독일의 젊은이들처럼 현대사 시간에 쿨하게 앉아 자국을 비판하는 세대를 절대로 키워내지 못 할 것이다. 독일이 현재 유럽연합에서 주도적인 역할을 하는 것이 저절로 된 것이 아니라 바로 치열한 자기반성의 힘 덕분이라는 것도 깨닫지 못할 것이다.

＊

이제 우리 이야기를 해보자.

이 책이 출간되기 이전에 출판사는 가제본을 만들어 먼저 독자들의 의견을 구한 적이 있었다. 지난여름, 소중한 시간을 내어 꼼꼼히 책을 읽고 리뷰를 보내준 독자들께 어떻게 다 감사의 말을 전해야 할지 모르겠다. 그분들이 보내준 조언을 미처 다 반영하지 못하고 책을 출간하게 되었지만 날카로운 지적과 진심어린 충고를 잊지 못할 것이다.

독자의 감상 중에 이런 말이 있었다.

"이 책을 읽고 나니 우리 오천만이 한 명 한 명 소중해졌다."

이 말은 내 심금을 울렸다. 왜 이 말이 특히 내 가슴에 와 닿았을까? 바로 내가 이 책을 쓰는 동안 이러한 심정에 사로잡혀 있었기 때문이었다. 당돌한 윤산갈을 비롯하여 무식한 통역관 임차길, 고뇌하는 신문균, 의병에게 우리의 총을 주자고 애원한 사동 김민근, 시계를 훔친 산적, 예전에는 천민이었으나 기독교인이 된 후로 주일이면 단정히 상투를 올리는 필동이, 더 이상 쓸모없는 구한국의 제복을 입었으나 늠름하게 보이고 싶은 무인, 불행한 조국의 현실을 영국 선생에게 호소한 유시국, 꼭 한번 만나고 싶은 식민지 카리스마의 여인 박 마리아 등.

나는 서구인들의 두툼한 텍스트에서 살아 있는 한국인을 만나면 가슴이 두근거렸다. 이 책은 잘 나가는 권력가나 영웅을 조명하는 글이 아니지 않은가. '늘 무언가를 먹거나 잠을 자고 있던 특권층'을 두둔하는 글도 아니지 않은가. 서구의 이방인들이 여행길에서 오가다 만났던 평범한 사람들, 그리고 이방인들의 감각 속에 포착된 이들의 개성과 정신. 내가 이방인들의 글 속에서 소중히 느끼고 조명하고 싶었던 것은 바로 이렇게 소박한 평민들의 얼굴이었다. 나는 이들에게 푹 빠졌고, 그 모습을 또렷이 상상하고 싶어서 그 부분을 몇 번이고 읽고 또 읽었다.

누군가 나에게 한국인의 기질 중에 가장 큰 특징을 꼽으라면, '선함'과 '강인함'이라고 말하고 싶다. 이 책을 읽은 독자라면 수긍할 수 있을 것이다. 절망적이리만큼 학대 받지 않는 한, 늘 평화롭고 남을 해치지 않는 사람들. 착하고 순박하다가도 위험이 닥치면 무섭게 일어서는 용감한 사람들. 그런데 이 착하고 강한 기질이 고대의 기록에도 있었다는 사실을 알고 있는가?

중국 상고上古의 지리서地理書인 『산해경』에는 고조선 사람들을 보고 "천성이 겸양을 좋아하여 다투지 않는다"고 했다. 『동방삭 신이경』에는 "(동방에 사는 사람들은) 남녀가 다 얌전하여 사랑스럽다. 항상 공손히 앉아 있지 서로 건드리지 않으며, 서로 칭찬하지 헐뜯지 않는다. 곤경에 처한 사람을 보면 목숨을 던져 구원해준다. 얼핏 보면 바보 같은데 참 좋은 사람들이다"라고 기록했다.

중국 후한後漢의 정사正史인 『후한서』에는 고구려 사람들을 가리켜, "체격이 큼직하고 강하면서도 용감하지만 신중하고 소박하여 남의 나라를 침입해 약탈하지 않는다"고 했다. "사람의 성품이 순박하고 정직하며 강하고 용감하다"는 기록도 있다.

흥미롭지 않은가? 고대 한반도에 살았던 사람들과 100여 년 전 이방인들이 본 한국인 사이에는 상당한 유사점이 있다. 얼핏 보면 바보 같은데 좋은 사람들이다. 순박하고 용감하다. 천성이 착하여 강하지만 남을 약탈하지 않는다. 우리가 부모로부터 유전자를 물려받듯이, 이 땅에도 수세기를 거쳐 이러한 문화적인 유전자가 면면히 이어져 내려온다고 생각하면 기분이 묘해진다.

착한 강인함. 두 개가 서로 어울리기 힘든 기질이다. 그런데 한반도에 살았던 사람들은 이 둘을 갖고 있었다. 아무리 강하고 똑똑해도 착하지 않으면 품위가 없다. '선함'을 바탕으로 하지 않는다면 아무리 장점이 많아도 비뚤어지거나 오만해지기 쉽다. 그런데 예로부터 한국인들은 순박하면서도 강했다. 용감했으나 착했기 때문에 강한 기질이 남을 해치는 것으로 나가지 않고, 도리어 내면으로 들어와 정신적으로 단단해진 게 아닐까?

심약하나 알고 보면 또 심약하지 않은 그 무엇. 서로 다른 것 같으면서도 한데 어울리면 한없이 고양될 수 있는 이상적인 기질. 내가 가장 사랑스럽게 생각하고 매료되는 인간형과 너무 닮았다. 정말이지 나는 우리가 남을 괴롭히는 사나운 기질을 갖지 않은 것을 다행으로 생각한다. 우리 선조가 칼을 차고 호통을 치며 남을 못살게 굴었다면 나는 이렇게 한국인에게 애정을 품을 수 없었을 것 같다. 국가도 한 인간과 마찬가지로 개성과 정신이 있는데 바로 이 '착한 강인함' 속에는 고귀한 미래가 있다.

*

　지난겨울, 스웨덴에서 같이 공부했던 친구들을 다시 만났다. 2006년, 우리가 처음 만났을 때 친구들이 한국에 대해서 가장 궁금히 여기던 것은 광적인 민족주의였다. 이들의 뇌리 속에는 2002년 월드컵 때 붉은 악마들이 펼치는 전투적인 응원이 깊이 박혀있었던 모양이다. 당시 나는 친구들의 궁금증을 풀어주기 위해 한국의 근현대사를 간략하게 일러주고 다음과 같이 말한 적이 있다.

　"지난 일 세기 동안 한국인들은 정체성의 혼란 속에 살아왔어. 식민주의와 전쟁, 분단, 독재 속에서 찌든 자화상만을 보다가 이십 세기 후반 이 우울한 그늘이 걷히기 시작했어. 피해의식과 그늘에서 벗어나 이제는 민주주의와 진보, 근대화에 대해서도 이야기할 수 있게 되었어. 이천이년 월드컵은 바로 이런 잔치라고 보면 돼. 그때의 광분은 다름 아닌 '우리의 내적 자아'에 대한 환성이었어. 누덕누덕 기워진 자화상일지라도 이제는 떳떳하게 자신을 사랑하고 싶었던 거지. 기존의 국민국가를 반성하고 '민족'과 '국가'를 다시 생각하는 너희들에게 이 광적인 민족애는 편협하고 시대에 역행하는 미숙한 정서로 보일지 몰라. 하지만 조금 더 기다려 봐. 이 잔치가 끝나면 한국인들이 또 어떤 잔치를 벌일지."

　지난겨울에 다시 만난 친구들 중에는 K팝을 알고 있는 친구가 있었다. 우리는 자연스레 한류에 대해 이야기했다. 2002년 월

드컵이 '우리들만의 잔치'였다면 한류는 성격이 좀 다르다고 나는 말했다. 예전에 나는 '한류'라는 낱말에 이상한 반감이 있었다. 으스대고 오만하게 팽창하는 나르시시즘 같은 것이 느껴졌기 때문이었다. 문화란 국경 없이 흘러가고 흘러오는 것인데, 국가가 나서서 '내 것'을 의도적으로 주입하거나 문화적 우월감을 느끼는 것은 천박하다고 생각했었다.

그런데 2010년 가을, 프랑스 파리를 시작으로 독일, 영국, 미국, 남미 등지에서 열린 플래시몹Flashmob을 보면서, 생각이 바뀌기 시작했다. '한류'는 저들의 자발적인 움직임으로 이루어지고 있었다. '국가'가 의도적으로 나선다고 벌어질 현상이 아니었다.

예전에 나는 아일랜드의 리버댄스Riverdance에 매료된 적이 있었다. 수십 명이 곧추 서서 딱딱 발맞추어 움직이는 그 역동적이면서도 우아한 군무. 어디에서도 본 적이 없는 저 독특한 공연을 나는 꼭 직접 보고 싶었다. 한국의 K팝을 좋아하는 사람들의 마음이 바로 내가 아이리쉬 리버댄스를 좋아하던 마음과 비슷하지 않을까. 더욱이 일사불란하게 춤을 추며 립싱크를 하지 않고 노래를 부르는 모습을 보면, 어린 아이돌들이 저 공연을 위해 수년간 공들이며 연습한 무서운 투지와 인내심마저도 느껴진다. 왜 자녀들과 함께 K팝 콘서트에 오는가? 남미 팬들의 부모들을 인터뷰하자, 그들은 자기 아이들도 한국의 아이들처럼 노력과 인내를 통해서 '무언가를 할 수 있다'는 마음을 가질 수 있지 않을까 기대하기 때문이라고 한다.

K팝이 한국적인 뿌리를 찾기 어렵다는 이유로 그 독창성에 의문을 제기하는 사람도 있다. 그러나 원래 '순결한 문화'란 있는가? 지역과 국경을 넘나들며 이질적인 것을 만나 끊임없이 새로운 것으로 재탄생되는 것이 문화다. K팝은 테크노와 소울, 힙합 등 여러 장르를 한국적인 맛으로 버무린 새로운 장르다. 누구보다 제국주의 역사를 갖고 있는 유럽의 국가들이 K팝을 '자동차를 생산하듯'이라고 묘한 뉘앙스로 분석하면서도 K팝에 열광하는 자국 내의 젊은이들을 눈여겨보고 있는 것도 바로 이러한 문화의 '혼혈성'을 잘 알고 있기 때문이다.

나는 친구들에게 말했다. 좀 더 지켜봐야겠지만 다른 건 몰라도 한 가지 사실만은 주목할 만하다고. 지금껏 '우월한 백인들'이 (일부러 원색적인 말을 골라 썼다) 동양의 문화에, 특히 한국의 대중문화에 저렇게 열광했던 적이 있었냐고. 반제국주의적이고 반인종적인 성향이 다분한 나의 친구들은 내 화법이 여전하다며 크게 웃었다.

그렇다. 한국은 이제 예전의 한국이 아니다. 50여 년 전만 해도 국민소득이 세계 꼴찌를 맴돌던 나라가 눈부시게 경제성장을 이루고, K-Culture가 세계를 향해 뻗어나가고 있다. 그런데 이런 현상에 어리둥절해하는 쪽은 세계라기보다 오히려 우리다. 도대체 어디서 이런 '매력'이 튀어 나왔을까. 현대에 와서 갑자기 생긴 걸까?

이 책을 읽은 독자들은 이제 대답하리라 생각한다. 이 책은 100여 년 전 패망해 가는 한국에 와서 한국인의 잠재력을 알아본 사람들의 기록이니까.

한국 사람들을 좀 더 알게 되면 그들이야말로 친절하고 악의를 모르며, 천진난만하고, 진리를 탐구하고, 또 매우 사랑스러운 성품을 갖고 있다는 걸 깨닫게 된다. 기회만 주어진다면 무엇이든 할 수 있는 사람들이다. 그들의 민족성에는 무서운 잠재력이 있다.

한국인들은 절망적으로 학대받지 않는 한 늘 평화롭다. 비겁하다는 말도 옳지 않다. 1866년과 1871년 프랑스와 미국이 침입했을 때 수병들에 항거한 사람들은 '호랑이를 때려잡는' 한국인들이었고 '훌륭한 자질'을 가진 농민들이었다. 일관되고 정직한 통치만 이루어졌다면 한국 사람들은 훌륭한 민족으로 육성되었을 것이다.

'겉으로 보이는 무표정한 얼굴 밑바닥에는 그들만이 갖고 있는 어떤 단호한 정신력.' '어떤 대상에 흥미를 느끼면 끈기와 열의를 보이는 명석한 한국인.' '동면에서 깨어나면 독창적인 탐구심으로 불타오를 사람들.'

당시 제국주의 이데올로기의 세례를 받고 자란 서구인들이 어떻게 '가망이 없다'는 한국에 와서 무서운 잠재력이 있다고 말할 수 있었을까? 어떻게 한국인은 기회만 주어지면 뭐든 할 수 있을 거라고 믿었을까?

바로 한국인에게서 무서운 정신력을 보았기 때문이었다. 이 '정신'은 '재력'이나 '무력'보다 장차 더 큰 에너지를 뿜어내리라는 것을 알았기 때문이었다. 이걸 알아본 사람들은 동양과 서양, 어느 사회에나 늘 존재했던 양심적인 지식인들, 예컨대 당대의 주류담론에 휩쓸리지 않고 늘 진실을 직시하고자 했던 사람들이었다. 당시 서구를 지배했던 주류 담론, 즉 야만과 문명을 일직선상에 놓고 근대화의 발전 정도에 따라 문명의 서열을 매기는 당대의 지배 이데올로기가 허구임을 간파하고 있던 사람들이었다.

대한민국을 키운 힘은 바로 이러한 '한국정신'이다. 싸움을 할 만한 이유가 없으면 싸우지 않는 순박한 사람들. 어느 정도 어려운 일은 불평 없이 참고 견디는 단순하고 낙천적인 사람들. 그러나 억압이 닥치면 사나운 기세로 들고 일어서는 무서운 정신력. 일본의 식민주의가 오히려 되살렸다고 말하는 그것.

한국은 정신력 하나로 버텨온 나라이다. 대한민국이 '경이로운 나라'가 된 것은 소수의 잘난 사람들 덕분이 아니라, 오래전부터 맨손으로 호랑이를 때려잡는 민초들, 요컨대 아직도 사회의 기층을 이루며 살고 있는 민초들의 정신력이 이 땅에 살아 숨 쉬고 있었기 때문이다. 식민지 시대와 전쟁을 거치면서도 저편에서 묵묵히 견뎌온 민초들의 끈질긴 정신이 없었다면 지금의 대한민국도 없다.

그런데 오늘날은 어떤가. 우리 정신은 아름다운가? 우리는 행복한가?

다른 것은 모두 차치하고라도, 나는 가끔 신문지면을 장식하는 청소년의 폭력과 자살을 보며 깜짝깜짝 놀란다. 현대의 한국인은 무섭게 변하고 있다. 가장 해맑게 미래를 생각해야 할 청소년들이 얼마 살아 보지도 않고 생명을 포기한다. 뭐든 가진 게 있어야 행복한 사회. 자존감을 지키려면 어떻게든 남을 밟고 올라서야 하는 사회. 잘 살거나 예쁘거나 똑똑하지 않으면 대접을 받지 못하는 사회. 이 기이한 무한경쟁 속에서 이도 저도 갖지 못한 생명들은 자기와 같은 약자를 괴롭히며 쾌감을 느끼고, 또 다른 생명들은 스스로 죽음을 선택한다. 청소년 자살률 세계 1위. 그런데도 어른들은 충고한다. 꿈을 가지라고. 피라미드의 맨 꼭대기만 밝게 비추면서 꿈을 가지라고 한다. 도대체 그 꿈의 실체는 무엇인가?

청소년들의 죽음은 우리 유전자의 죽음이다. 우리가 경이로운 한국을 일궈내는 동안 아이러니컬하게도 우리는 우리가 갖고 있는 가장 고귀한 그 무엇을 훼손시켜 왔다. 내가 제일 두려워하는 것은 바로 이것. 대한민국을 부활시킨 문화적인 유전자가 변형되고 죽어가고 있다는 것. 지금 방향을 제대로 잡지 않으면 대한민국은 떼돈을 벌어 대저택과 금빛 자동차를 몰며 으스대는 천박한 졸부로 전락하기 쉽다. 없는 자와 섞이기 싫어하고 돈만 있으면 인간의 품위와 자존감, 고상한 가치를 전유할 수 있다고 믿는 사회. 5천만이 모여 사는 이 좁은 땅에서 과연 나만 행복하면 모든 게 해결될 수 있을까? 우리는 모두 같은 공간에서 같은 공기를 호흡하고 있는데, 다른 사람이 행복해야 나도 행복해지는 게 아닌가?

우리에겐 고난과 역경을 헤쳐 온 역사가 있다. 거친 역사는 우리의 심장을 더 강하게 키워냈다. 고난에 굴복했으면 비루해졌겠지만 고난을 극복한 자에게는 심오한 그 무엇이 있다. 비판과 저항 정신이 살아있고, 야무지고 겸손한 미덕을 소유하며, 진정으로 '타자'를 아우르는 정신의 성숙함. 강자의 위치에서만 살아온 사람보다 더 포용적이고 더 균형 잡힌 깊은 인간의 얼굴이 있다.

세계는 고난을 극복한 자의 힘과 생명력을 잘 알고 있다. 세계가 한국을 눈여겨보는 것도 이것 때문이고, 내가 밑도 끝도 없이 한국의 힘을 믿고 있는 것도 이것 때문이다. 책을 쓰는 동안 나는 이 말이 하고 싶어서 참을 수가 없었다. 내가 잘난 한국인을 말해봤자 뭐하겠는가. 고난과 시련을 겪었지만 그것을 겪지 못한 사람보다 더 진지하고 더 균형적이고 더 깊이 있는 정신을 소유하는 것. 이보다 더 고귀한 정신은 세상에 없다. 나는 늘 이런 정신을 선망해왔다. 이것이 내가 한국인을 사랑할 수밖에 없는 이유이고, 이 책을 쓰는 동안 내내 내 가슴을 두근거리게 했던 우리 정체성의 미래다.

한때 약자로 살았기에 이제는 강자로 올라서자고 말하지 말

라. 우리는 우리 자신의 길을 찾아 가야 한다. 사회적 약자와 역사적 약자를 보듬고, 평화와 인권, 민주주의와 문화적 다양성을 향한 세계시민의 가치로 무장해야 한다. 역사의 유산이 우리의 길을 비추고 있다. 평온하고도 비장한 의지. 수동적인 것 같으나 파헤치면 늘 존재의 심연에서 역동적으로 뛰고 있던 심장. 이 고요하고도 강인한 정신은 역사의 단계마다 한국인을 새로이 탄생시키고 고양시켜 왔다. 우리는 누구이고 앞으로 누구일 것인가? 지금 우리는 정신을 바짝 차리고 세계사적으로 우리의 정체성을 물어야 할 때다. 수천 년 동안 이 땅에 살아 숨 쉬고 있는 한국정신을 얕보지 말라. 한 나라에 '정신'이 없으면 망하고 만다는 식민지 한국 청년의 통찰을 기억하라. 그렇다, 친구들이여, 우울한 시대는 끝났다. 우리의 오래된 정신을 믿자. 진취적이고 유연한 자세로 우리 자신의 길을 찾아 가자. 다시 무서운 잠재력을 끌어내 새로운 인간으로 태어나자.

〈이 책에 등장하는 서구인들의 한국 체류 시기〉

1896. 7
1898

독립협회

1895

명성왕후 | 시해
단발령
의병봉기 (1894~18
아관파천

1884

갑신정변

1876

개항

1894

동학운동
청일전쟁

1866

오페르트
1866. 2월, 6월
1869. 4월
(3번)

1886.7

길모어　1886. 7~1894

헐버트 1886. 7~1891

1888

언더우드 1888~1921

1890. 12. 25

랜도어
(2번)

1892

커즌
(1892~
1893
사이)

1894

비숍
1894~
1897
(4번)

189

샌즈

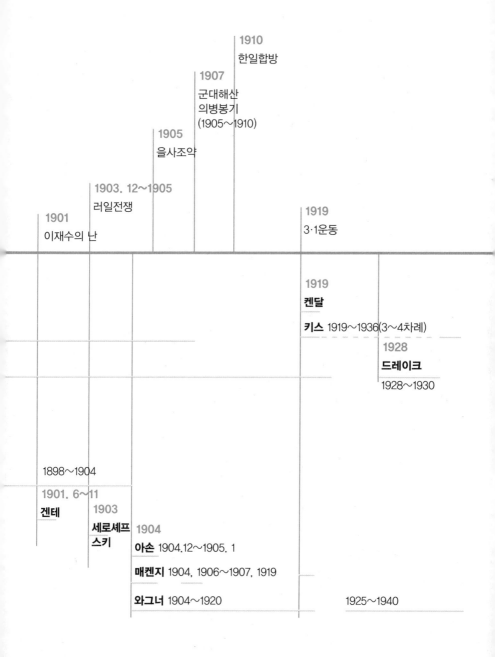

1910
한일합방

1907
군대해산
의병봉기
(1905~1910)

1905
을사조약

1903. 12~1905
러일전쟁

1901
이재수의 난

1919
3·1운동

1919
켄달

키스 1919~1936(3~4차례)

1928
드레이크
1928~1930

1898~1904

1901. 6~11
겐테

1903
**세로셰프
스키**

1904
아손 1904.12~1905. 1

매켄지 1904, 1906~1907, 1919

와그너 1904~1920

1925~1940

참고자료

1) George N. Curzon, 『100년 전의 여행 100년 후의 교훈』(Problems of the Far East. Japan-Korea–China, London: Longmann, Green, 1894), 라종일 역,비봉출판사, 1997, p. 53.

2) Siegfried Genthe, 『독일인 겐테가 본 신선한 나라 한국, 1901』(Korea-Reiseschilderungen, Iudicium; Auflage: unveränd. Neuaufl, 2005), 권경영 역, 책과함께, 2007, p. 118.

3) Ernst J. Oppert 『금단의 나라 조선』(A Forbidden Land: Voyages to the Corea, New York, 1880) 신복룡 역, 집문당, 2000, p.112.

4) Arnold H. Savage Landor, 『고요한 아침의 나라 한국』(Corea, or, Cho-sen, the Land of the Morning Calm, London, 1895), 신복룡 역, 집문당, 1999, p. 33.

5) Landor, 앞의 책, p. 54.

6) Isabella Bird Bishop, 『한국과 그 이웃나라들』(Korea and her neighbours: a narrative of travel, with an account of the vicissitudes and position of the country, 2 Vols, London, 1905), 이인화 역, 살림, 1997, p. 19.

7) Bishop, 앞의 책,p.35.

8) Willy A:son Grebst, 『스웨덴기자 아손 100년 전 한국을 걷다: 을사조약 전야 대한제국 여행기』(I Korea: minnen och studier från "morgonstillhetens land," Goteborg : Vastra Sverige, 1912), 김상렬 역, 책과함께, 2005, p. 32.

9) Bishop, 앞의 책, p. 153.

10) 박지향, "Land of the Morning Calm, Land of the Rising Sun: The East Asia Travel Writings of Isabella Bird and Geroge Curzon," Modern Asian Studies, Vol. 36 (Cambridge University Press, 2002), pp. 533~534 참조.

11) Homer B. Hulbert, 『대한제국멸망사』(The passing of Korea, 1906), 신복룡 역, 집 문당, 1999, pp. 54~55.

12) Oppert, 앞의 책, pp. 113~114.

13) William F. Sands, 『조선비망록』(Undiplomatic memories: the Far East 1896-1904, 1930), 신복룡 역, 집문당, 1999, pp. 200~201. 다음 온라인에서 원문을 읽을 수 있다. http://archive.org/details/problemsoffareas01curz

14) Jean Baptiste Du Halde, Vol. IV, pp. 171-172, Oppert, 앞의 책, p. 117 참조.

15) Hendrik Hemel, 『하멜 표류기』(Hamel's journal and a description of the Kingdom of Korea 1653~1666), 김태진 역, 서해문집, 2003.

『하멜 표류기』가 나오기 이전에는 한국이 유럽에 소개된 적은 아주 드물었다. 한국을 처음 유럽에 소개한 사람은 16세기 후반 일본에서 선교활동을 하고 있던 포르투갈 예수회 신부인 그레고리 오 드 세스뻬데스(Gregorio de Cespedes)라고 알려져 있다. 세스뻬데스는 1593년 임진왜란 때, 천주교도인 소서행장(小西行長)이 이끄는 일본군의 군목으로 한국에 파견되어, 남해안의 웅천항(熊川港)에서 포교활동을 했는데, 이때 목격한 전쟁의 참상을 편지에 적어 본국으로 보낸 적이 있었다. 이 편지가 1601년 『선교사들의 이야기』란 책에 실리면서, 한국을 언급한 최초의 텍스트로 알려져 있다.

그후 마르코 폴로가 중국을 방문하여 남긴 『동방견문록』에 한국이 '카올리'라는 고려의 중국식 발음으로 잠깐 언급된 적이 있었다. 17세기 중엽, 중국에서 선교활동을 하던 이탈리아 예수회 신부인 마르티노 마르티니(Martino Martini 1614~1661)가 1655년 『새 중국 전도』(Novus Atlas Sinensis)라는 책에서, 처음으로 반도로 표시된 지도와 함께 한국의 역사와 지리, 풍속, 지하자원 등을 소개한 적이 있었다. 그러나 마르티니는 중국에서 들은 이야기를 마치 자신이 본 것처럼 꾸며, 한국을 진주와 금이 풍부한 보물섬 같은 이미지로 가공했다. 당시 이국적인 소재에 열광하고 있던 유럽의 독자들의 구미에 맞추기 위해서였다.

또 거의 같은 시기 중국에서 선교활동을 했던 독일인 예수회 신부, 아담 샬(Johann Adam Schall von Bell 1591~1666)도 1665년에 라틴어로 된 『역사적 서술』(Historica narration)이라는 책에서 한국을 소개하고 있다. 그러나 아담 샬은 마르티니와 달랐다. 그는 자신은 직접 한국에 가본 적이 없으므로 사실 한국에 대해 안다고 말할 수 없다고 고백하고 있다. "우리는 한국에 관해 아주 조금밖에 모르며 알고 있는 것 중에서도 아주 일부분만 번역되어 알려졌다. 한국에 관련된 정보를 유럽의 서적에서 전혀 발견할 수 없다. …… 한국의 국민과 자연에 대해 우리는 아는 바가 없다." 이지은, 『왜곡된 한국, 외로운 한국』, 책세상, 2006, pp. 37~49 참조.

16) Claude Charles Dallet, 『한국교회사서론』(Histoire de l'Eglise de Corée, 1874), 정기수 역,탐구당, 1966.

17) William Elliot Griffis, 『은자의 나라 한국』(Corea, the hermit nation, 1882), 신복룡 역, 집문당, 1999.

18) Genthe, 앞의 책, p. 128.

19) Landor, 앞의 책, p. 250.

20) George W. Gilmore, 『서울풍물지』(Korea from its Capital: with a Chapter on Mission, 1892), 신복룡 역, 집문당, 1999, p. 121.

21) Curzon, 앞의 책, p. 55.

22) Curzon, 앞의 책, pp. 57~58.

23) Grebst, 앞의 책, p. 97.

24) Grebst, 앞의 책, p. 103.

25) Bishop, 앞의 책, p. 277.

26) Gilmore, 앞의 책, p. 176.

27) 강준만, 『한국 근대사 산책1』, 인물과사상사, 2007, p. 112.

28) Ellasue Wagner, 『한국의 아동 생활』(Children of Korea, London, 1911), 신복룡 역, 집문당, 1999, pp. 53~54.

29) Landor, 앞의 책, p. 251.

30) Landor, 앞의 책, p. 252.

31) Landor, 앞의 책, pp. 242~243

32) Hullbert, 앞의 책, p. 60.

33) Landor, 앞의 책, p. 59.

34) Lillias H. Underwood, 『상투의 나라』(Fifteen Years Among the Top-Knots: Or Life in Korea, Boston, 1904), 신복룡 역, 집문당, 1999, pp. 127~128.

35) Oppert, 앞의 책, pp. 112~113.

36) Oppert, 앞의 책, p. 124.

37) Gilmore, 앞의 책, p. 69.

38) Hullbert, 앞의 책, pp. 53~54.

39) Frederick A. McKenzie, 『대한제국의 비극』(The Tragedy of Korea, 1908), 신복룡역, 집문당, 1999, p. 39.

40) McKenzie, 앞의 책, pp. 43~44.

41) Frederick A. McKenzie, 『한국의 독립운동』(Korea's Fight for Freedom, 1920), 신복룡 역, 집문당, 1999, p. 171. 다음 온라인에서 원문을 읽을 수 있다.
http://archive.org/details/koreasfightforfr008219mbp

42) Sands, 앞의 책, pp. 150~151.

43) McKenzie, 앞의 책, pp. 11, 145.

44) McKenzie, 앞의 책, pp. 271~272.

45) Sands, 앞의 책, p. 197.

46) Underwood, 앞의 책, p. 79

47) Landor, 앞의 책, pp. 148~149.

48) Bishop, 앞의 책, pp. 396~397.

49) Gilmore, 앞의 책, pp. 83~85.

50) Gilmore, 앞의 책, pp. 113~114.

51) Underwood, 앞의 책, pp. 49~50.

52) Sands, 앞의 책, p. 75.

53) Curzon, 앞의 책, p. 89.

54) Grebst, 앞의 책, p. 231.

55) Curzon, 앞의 책, p. 55

56) Gilmore, 앞의 책, p. 64

57) Oppert, p. 115.

58) Landor, 앞의 책, pp. 68~70

59) Landor, 앞의 책, pp. 67~68.

60) Landor, 앞의 책, p. 68.

61) Elizabeth Keith, 『영국화가 엘리자베스 키스의 코리아 1920~1940』(Old Korea: The land of morning calm), 송영달 역, 책과함께, 2006, p. 110. 이 책은 엘리자베스 키스와 엘스펫 키스, 두 자매가 공동으로 집필한 책인데, 이 책을 언급할 때는 그림을 그리고 해설을 곁들인 언니 키스를 지칭하는 걸로 하겠다.

62) Keith, 앞의 책, pp. 157~160.

63) Henry B. Drake, 『일제시대의 한국생활상』(Korea of the Japanese, 1930), 신복룡, 장우영 공역, 집문당, 2000, p. 149.

64) Drake, 앞의 책, p. 144.

65) Drake, 앞의 책, pp. 27, 145~146 참조.

66) Drake, 앞의 책, p. 142.

67) Drake, 앞의 책, p. 207.

68) Curzon, 앞의 책, p. 65.

69) Genthe, 앞의 책, p. 176.

70) William Elliot Griffis, 『은자의 나라 한국』(Corea, the hermit nation, 1882), 신복룡 역, 집문당, 1999, p. 541.

71) Vatslav Seroshevskii, 『코레야 1903년 가을-러시아학자 세로셰프스키의 대한제국 견문록』(Kopen, Russia, 1905). 김진영 등역, 개마고원, 2007, p. 26.

72) Seroshevskii, 앞의 책, pp. 385~387.

73) Seroshevskii, 앞의 책, pp. 392~393.

74) Emily Georgiana Kemp, 『조선의 모습』(The Face of Manchuria, Korea, Russian Turkestan, New York, 1911), 신복룡 역, 집문당, 1999, p. 86. 다음 온라인에서 원문을 읽을 수 있다. http://archive.org/details/faceofmanchuriak00kemp

75) Underwood, 앞의 책, p. 28.

76) Genthe, 앞의 책, p. 166.

77) Landor, 앞의 책, pp. 124~125.

78) Genthe, 앞의 책, p. 227.

79) Keith, 앞의 책, p. 202.

80) Grebst, 앞의 책, pp. 232~233.

81) Grebst, 앞의 책, pp. 233~234.

82) Lillias H. Underwood, 『상투의 나라』(Fifteen Years Among the Top-Knots: Or Life in Korea), 신복룡 역, 집문당, 1999, p. 151.

83) Grebst, 앞의 책, pp. 107~108.

84) Landor, 앞의 책, p. 186.

85) 음력 정월 대보름날 각 지방에서 행하던 남성의 돌 던지기 놀이로 '편쌈'이라고 하며 한자어로는 '석전(石戰)' 또는 '편전(便戰)'이라고 한다.

86) Landor, 앞의 책, p. 235.

87) Landor, 앞의 책, pp. 235~238.

88) Homer B. Hulbert, 『대한제국멸망사』(The passing of Korea, 1906), 신복룡 역, 집문당, 1999, pp. 54~56.

89) Landor, 앞의 책, p. 139

90) Seroshevskii, 앞의 책, pp. 310~311.

91) George W. Gilmore, 『서울풍물지』(Korea from its Capital: with a Chapter on Mission, 1892), 신복룡 역, 집문당, 1999, p. 88.

92) Curzon, 앞의 책, pp. 328, 330, 428.

93) Sands, 앞의 책, p. 128.

94) 황현, 『매천야록』, 허경진 옮김, 서해문고, 2006, pp. 296~297.

95) Sands, 앞의 책, p. 71.

96) Sands, 앞의 책, p. 233.

97) McKenzie, 앞의 책, p. 61.

98) Sands, 앞의 책, p. 131.

99) McKenzie, 앞의 책, p. 64.

100) McKenzie, 앞의 책, pp. 64~65.

101) 황현, 앞의 책, p. 266.

102) McKenzie, 앞의 책, p. 69.

103) Sands, 앞의 책, p. 161.

104) Hulbert, 앞의 책, pp. 468~469 참조.

105) Griifis, 앞의 책, p. 567.

106) Genthe, 앞의 책, p. 197.

107) Grebst, 앞의 책, p. 119.

108) Keith, 앞의 책, p. 95.

109) Keith, 앞의 책, p. 99.

110) Bishop, 앞의 책, pp. 455, 458.

111) 판수: 태어날 때부터 맹인 남자이어야 한다. 그 아래 직급인 무당은 천민계층의 여성으로서, 사회로부터 격리된 채 가정을 이루어서는 안 되고, 가끔 상류계층의 여성들이 신령의 '부름'을 받으면 신분을 포기하고 무당이 되는 경우도 있다. Seroshevskii, 앞의 책, pp. 64~65 참조.

112) Seroshevskii, 앞의 책,pp. 64, 67.

113) Seroshevskii, 앞의 책,pp. 343~344.

114) 1884년 12월, 한국의 급진적인 개혁세력이 일으킨 갑신정변 이후, 1885년 4월 일본과 중국은 천진에서 조약을 맺었다. 이 조약에는 한국에 주둔시킨 군대를 철수할 것이며, 이후에 한국이 양 국가 중 어느 한 나라에게 군대 파병을 요청할 경우, 나머지 국가에게도 이를 알린다는 조항이 있다.

115) 황현, 앞의 책, p. 186~187.

116) Grebst, 앞의 책, pp. 147~148.

117) Keith, 앞의 책, p. 78.

118) Hulbert, 앞의 책, pp. 53~56.

119) Oppert, 앞의 책, pp. 104~105.

120) Sands, 앞의 책, pp. 95~96, 100~101.

121) Drake, 앞의 책, p. 167.

122) McKenzie, 앞의 책, pp. 13, 179~180, 186, 189~214 참조.

123) Vatslav Seroshevskii, 『코레야 1903년 가을-러시아학자 세로셰프스키의 대한제국 견문록』(Корея, Russia, 1905). 김진영 등역, 개마고원, 2007, pp. 129~130.

124) 역자는 원문에 'siak-tsa-tszi'로 되어 있다고 밝히고 있다. Seroshevskii, 앞의 책, p. 399 역주 참조.

125) 역자는 원문에 'sam-pe'라고 되어 있으나 정확한 명칭인지 알 수 없다고 했다. 신문균의 설명으로는, 기생처럼 교양과 교육을 받지 않았으나, 하룻밤에 4달러 정도의 매춘 사업을 하는 고급 창녀라고 소개하고 있다. Seroshevskii, 앞의 책, p. 399 역주 참조.

126) Seroshevskii, 앞의 책, p. 406.

127) Seroshevskii, 앞의 책, pp. 421~422.

128) Seroshevskii, 앞의 책, p. 422.

129) Seroshevskii, 앞의 책, p. 284.

130) Seroshevskii, 앞의 책, p. 391.

131) Seroshevskii, 앞의 책, p. 410.

132) Seroshevskii, 앞의 책, p. 422.

133) Seroshevskii, 앞의 책, pp. 422~423.

134) 정용화, 「한국인의 근대적 자아 형성과 오리엔탈리즘」, 『정치사상연구』 10집 1호, 2004, p. 51.

135) 최익현, 『면암집』 제 3권, 허동현, 박노자 공저, 『우리 역사 최전선』, 푸른역사, 2003, p. 329에서 재인용.

136) 윤치호/송병기 역, 『국역 윤치호 일기 2』, 연세대학교출판부, 2003, pp. 14(1889-12-23), 35(1890-2-14), 200(1891-5-12), 241(1891-11-27).

137) 정용화, 앞의 논문, p. 51.

138) Willy A:son Grebst, 『스웨덴기자 아손 100년 전 한국을 걷다: 을사조약 전야 대한제국 여행기』(I Korea: minnen och studier från "morgonstillhetens land," Goteborg : Vastra Sverige, 1912), 김상렬 역, 책과함께, 2005, pp. 43~45.

139) Grebst, 앞의 책, p. 263.

140) Grebst, 앞의 책, pp. 267~268. 이 텍스트의 마지막 부분에서는 그렙스트가 서구문명에 대해 품고 있는 우월감이 조금 엿보인다. 그러나 같은 우월감을 갖고 있던 조지 커즌과 비교해 보면, 그렙스트의 우월감은 성격이 다르다. 커즌은 영 제국주의의 우월감으로 동양(일본)의 미성숙한 제국주의를 비난하고 있다면, 그렙스트는 약자를 억압하는 일본의 압제적인 기질을 지적하며 일본의 제국주의를 비난하고 있는 것이다.

141) Grebst, 앞의 책, 263쪽.

142) William F. Sands, 『조선비망록』(Undiplomatic memories: the Far East 1896-1904, 1930), 신복룡 역, 집문당, 1999, pp. 39~40.

143) Sands, 앞의 책, pp. 129~130.

144) Sands, 앞의 책, p. 126.

145) 샌즈는 제주도 이재수난(1901. 6)에 대해 상당한 분량으로 서술하고 있다. 겐테의 책을 보면, 겐테가 한라산을 등정하기 위해 제주도로 떠나기 전에 샌즈를 찾아가 제주도 상황에 대한 조언을 구했다는 내용이 있다. Sands, 앞의 책, pp. 171~187 참조.

146) 당시 세간에는 러시아가 평양을 포함한 북쪽의 땅을, 일본이 서울을 포함한 남쪽의 땅을 나눠서 갖는다는 '한국 분할론'의 소문이 들리던 차라, 샌즈는 북쪽지방의 정세를 살필 겸 만주행을 단행했다. Sands, 앞의 책, pp. 157~169 참조.

147) Sands, 앞의 책, p. 149.

148) Sands, 앞의 책, p. 166.

149) Sands, 앞의 책, p. 167.

150) Eric J. Hobsbawm, The age of empire 1875-1914, (London:Abacus, 1994), p. 67 참조: Said, 앞의 책, pp. 502~503 참조.

151) Siegfried Genthe, 『독일인 겐테가 본 신선한 나라 한국, 1901』(Korea-Reiseschilderungen, Iudicium; Auflage: unveränd. Neuaufl, 2005), 권경영 역, 책과함께, 2007, p. 145.

152) Genthe, 앞의 책, p. 204.

153) Genthe, 앞의 책, p. 151.

154) Genthe, 앞의 책, p. 295.

155) Genthe, 앞의 책, pp. 291~293 참조.

156) Genthe, 앞의 책, p. 294.

157) Genthe, 앞의 책, p. 297.

158) Genthe, 앞의 책, pp. 52~53. 흥미로운 점은, 스웨덴 기자인 그렙스트는 자국의 정체성을 숙고하는 자세가 거의 보이지 않는다는 것이다. 그는 스웨덴의 민족성이나 특징에 대해 거의 언급한 적이 없다. 단 한 번 스웨덴을 언급한 적이 있는데, 그때는 한국 여성의 권리를 언급할 때, 스웨덴 여성들은 자기들이 지나치게 누리고 있는 권리를 감사해야 할 거라고 지나가는 투로 슬쩍 던졌을 뿐이다. 세로셰프스키도 자신의 민족에 대해 거의 말하지 않았다. 러시아 치하의 폴란드 바르샤바에서 태어났으므로 그는 식민지인이었다. 여행 도중에 러시아와 폴란드에 대해 몇 차례 언급할 기회가 있었지만, 그는 두 나라에 대해 말을 아꼈다. 어느 순간, 러일전쟁에 대해 말할 때 러시아를 가리켜 '침략자'라는 말을 두 번 정도 언급했을 뿐이다. 영국인 커즌은 자국의 민족성에 대한 자신감과 우월감이 넘치는 사람이었다. 그는 틈만 나면, "영국인은 향수에 젖기에 너무 정력적"이며 "조상의 용맹성과 두려움을 모르는 상인들의 모험가적 기질"을 가지고 있다고 말했다.

159) Eric J. Hobsbawm, *The age of empire 1875-1914*, (London:Abacus, 1994), pp. 59, 67-68.

160) George N. Curzon, 『100년 전의 여행 100년 후의 교훈』(*Problems of the Far East. Japan-Korea–China, London:* Longmann, Green, 1894), 라종일 역,비봉출판사, 1997, pp. 115~116 참조.

161) Curzon, 앞의 책, pp. 33~34.

162) Curzon, 앞의 책, p. 125.

163) Curzon, 앞의 책, p. 11.

164) Curzon, 앞의 책, pp. 449~450.

165) Curzon, 앞의 책, p. 433.

166) Henry B. Drake, 『일제시대의 한국생활상』(*Korea of the Japanese*, 1930), 신복룡, 장우영 공역, 집문당, 2000, pp. 17~28에서 발췌.

167) Drake, 앞의 책, pp. 22~23.

168) 박지향, 「세계정치와 제국-왜 지금 제국인가」, 『세계정치』 제26집 1호, 2005, p. 12.

169) Drake, 앞의 책, p. 20.

170) Drake, 앞의 책, p. 151.

171) Edward W. Said, 『오리엔탈리즘』(*Orientalism*, New York: Pantheon Books, cop. 1978), 박홍규 역, 교보문고, 2007, p. 18.

172) 첨언하면, 사이드는 미국에 대해서, 20세기에 와서 세계 제국이 되었고, 19세기에는 후대의 명백한 제국주의를 준비하는 과정에서 동양에 관계했다고 보았는데, 미국에서 나온 텍스트를 직접적으로 분석하는 것 대신, 미국 오리엔탈리즘의 '일반적인 특징'에 대해 언급하는 것으로 그치고 있다. Said, 앞의 책, p. 45 참조.

173) Elizabeth Keith, 『영국화가 엘리자베스 키스의 코리아 1920~1940』(*Old Korea: The land of morning calm*), 송영달 역, 책과함께, 2006, p. 178.

174) Keith, 앞의 책, p. 174.

175) Keith, 앞의 책, p. 204.

176) Keith, 앞의 책, p. 153.

177) Sherwood Hall, 『닥터 홀의 한국회상』(*With stethoscope in Asia*, 1978), 김동열 역, 좋은씨앗, 2003, pp. 553~554 참조.

178) Keith, 앞의 책, pp. 29, 30.

179) Keith, 앞의 책, p. 30.

180) Keith, 앞의 책, p. 31.

181) Keith, 앞의 책, p. 26.

182) Keith, 앞의 책, pp. 192~193.

183) Keith, 앞의 책, p. 244.

184) Frederick A. McKenzie, 『한국의 독립운동』(*Korea's Fight for Freedom*, 1920), 신복룡 역, 집문당, 1999, pp. 123~124에서 발췌.

185) McKenzie, 앞의 책, p. 139.

186) McKenzie, 앞의 책, p. 142.

187) McKenzie, 앞의 책, p. 143.

188) McKenzie, 앞의 책, p. 152.

189) McKenzie, 앞의 책, p. 233.

190) 프레데릭 불레스텍스(Frederic Boulesteix), 『착한 미개인 동양의 현자』, 청년사, 2002.

191) '일본형 오리엔탈리즘'에 대한 논문으로는 정용화, 「한국인의 근대적 자아 형성과 오리엔탈리즘」, 『정치사상연구』 10집 1호, 2004; 또 정용화, 「문명개화론의 덫-'윤치호 일기'를 중심으로」, 『국제정치논총』 41집 4호, 2001.

192) Peter Duus, *The abacus and the sword: the Japanese penetration of Korea, 1895~1910*, (Berkeley: Univ. of California Press, cop. 1995), p. 414.

193) Curzon, 앞의 책, pp. 18, 416.

194) Curzon, 앞의 책, p. 420.

195) Curzon, 앞의 책, pp. 419, 420.

196) McKenzie, 앞의 책, p. 96.

197) Sands, 앞의 책, p. 223.

198) Sands, 앞의 책, p. 88.

199) McKenzie, 앞의 책, p. 97.

200) 장인성, 「'인종'과 '민족'의 사이-동아시아 연대론의 지역적 정체성과 '인종'」, 『국제정치논총』 제 40집 4호, 2000, pp. 127~128 참조.

201) Sands, 앞의 책, p. 236.

202) "미합중국 대통령과 대한민국 국왕은 그들의 신민과 더불어 영원한 우호가 계속될 것을 기약한다. 만약 제 3국이 한국과 미국의 한쪽 정부에 대해 부당하게 혹은 억압적으로 행동할 때 다른 한 정부는 사건의 통지를 받은 즉시 이의 원만한 타결을 가져

올 수 있도록 주선을 다함으로써 그 우의를 보여줘야 한다." McKenzie, 앞의 책, p. 25.

203) "과거 2년 동안 일본이 한국에서 보여 준 처사로 볼 때 앞으로 우리 국민이 문명화된 방법으로 취급받으리라고 보장할 수가 없습니다… 일본인이 한국인을 대할 때 보여 주었던 그 경멸감을 강화시킬 뿐만 아니라 그들이 모든 행동을 더욱 공격적인 것으로 만들 것이기 때문입니다… 우리는 과저의 실수를 인정합니다… 러일전쟁이 시작될 무렵 우리 국민들은 일본인들을 기꺼이 환영했습니다. 왜냐하면 일본인들이 필요한 개혁을 우리에게 전해 주고, 전반적으로 생활 한국을 향상시켜 줄 것처럼 보였기 때문이었습니다. 그러나 곧 이어 순수한 의미의 개혁이 시도되지 않았으며 우리 국민들이 속고만 있었다는 것이 드러났습니다. 일본의 보호 통치가 초래할 가장 치명적인 폐해는 한국인들의 생활 개선을 위한 모든 의욕을 잃게 되리라는 점입니다. 그들이 다시 독립을 찾게 되리라는 희망도 없을 것입니다. 그들에게는 진보에 대한 확고한 신념을 갖게 하고 그 과정을 견디게 만들 수 있는 민족 감정의 박차가 필요합니다. 그러나 민족이 사라지게 되면 절망만이 남을 것이며, 일본과 손을 잡고 충심으로 그리고 기꺼이 일하는 대신에 지난날의 증오만이 강화될 것이며, 의심과 원한만이 초래될 것입니다." McKenzie, 앞의 책, p. 93.

204) McKenzie, 앞의 책, pp. 89~94 참조; 칼튼 켄달도 "한국 황제의 사신이 미국의 대통령에게 전달되기 전에 한국은 '자발적'으로 일본 정부의 보호국이 되었으며, 앞으로의 모든 외교 업무는 일본 공사관을 통해 수행되리라고 일본은 세계에 공표했다"라고 적고 있다. Carlton W. Kendal, 『한국 독립운동의 진상』(The truth about Korea, 1919), 신복룡 역, 집문당, 1999, pp. 23~26 참조.

205) McKenzie, 앞의 책, p. 90.

206) McKenzie, 앞의 책, pp. 92.

207) McKenzie, 앞의 책, p. 91.

208) McKenzie, 앞의 책, p. 103.

209) McKenzie, 앞의 책, pp. 158~159.

210) Carlton W. Kendal, 『한국 독립운동의 진상』(The truth about Korea, 1919), 신복룡 역, 집문당, 1999, p. 27; 또 McKenzie, 앞의 책, p. 105. 119, 145 참조.

211) Kendal, 앞의 책, p. 28.

212) Kendal, 앞의 책, p. 58.

213) McKenzie, 앞의 책, pp. 80, 89.

214) 영국에서 태어난 베델은 1904년 런던 〈데일리뉴스〉(Daily News)의 특파원으로 한국을 방문한 것을 계기로, 1904년 7월부터 한국인 양기탁과 함께 〈대한매일신보〉와 〈코리아데일리뉴스〉(영문판)를 발행했다. 이 때 일본의 사전 검열을 피하기 위해 베델의 이름으로 발행하였다.

215) 황현의 『매천야록』을 보면 다음과 같은 기록이 더 있다. "당시 왜놈의 소행을 분하게 여겼지만 위축되어 감히 한마디도 꺼내지 못했다. …… (『대한매일신보』는) 조금도 굽히지 않고 변론하고 왜놈들이 악독함을 들추어 모두 폭로했으므로, 서로 다투어 구독했다. 이에 신문이 달려 일 년도 채 안 되어 일일 발행 부수가 칠, 팔천 부에 이르렀다." 황현, 『매천야록』, 허경진 옮김, 서해문고, 2006, p. 380 참조.

216) FO 373/238, Cockburn to Grey, 22 June 1907: FO 371/437, Cockburn to

Grey, 20 December 1907, 박지향,「이미지와 국가 이악: 영국의 대일 대한 인식과 대외정책 결정 1860-1920」,『역사학보』제 169집, 2001, p. 228, 231 참조.

217) McKenzie, 앞의 책, pp. 271~272.

218) McKenzie, 앞의 책, pp. 61, 271.

219) McKenzie, 앞의 책, p. 157.

220) McKenzie, 앞의 책, p. 150.

221) 출판법 (1909 2 26일 제정)과 신문지법(1907 7 27일 제정)을 의미하는 것으로 보인다. Kendal, 앞의 책, p. 29 역주 참조.

222) McKenzie, 앞의 책, p. 228.

223) Kendal, 앞의 책, pp. 42, 52; 또 McKenzie, 앞의 책, p. 234, 236; 3월만세운동은 백만 명이 넘는 시민이 참여한 전례가 없었던 범국가적인 운동이었다. 1919년 3월부터 12월까지, 한국인의 집계로는 7,500명 이상이 살해되었고 1만5천명의 사상자가 발생했으며, 4만5천명이 체포되었다. 일본의 공식집계로는 553명이 죽었고, 1,409명이 다쳤으며, 1만2,522명이 체포되었다. Carter J. Eckert, *Korea old and new: a history*, (Harvard University. Korea Institute, 1991), pp. 278~279 참조.

224) Kendal, 앞의 책, p. 52.

225) Duus, 앞의 책, pp. 398, 421-423.

226) Kita Teikichi, Rekishi chiri, (Mar. 11, 1910) 139~149쪽, Duus, 앞의 책, p. 421에서 재인용.

227) Fanya Isaakovna Shabshina, *В колониальной Корее 1940~1945* [In the Colony of Korea 1940~1945], (Russia, 1992), (김명호 역,『1945년 남한에서』, 한울, 1996, p. 191.)

228) McKenzie, 앞의 책, p. 158.

229) McKenzie, 앞의 책, p. 171.

230) McKenzie, 앞의 책, p. 158.

231) McKenzie, 앞의 책, p. 272.

232) McKenzie, 앞의 책, 서문 참조.

"나는 이 책에 반했다!"

〈스무살엔 몰랐던 내한민국〉은 오랜 시간에 걸쳐 수정과 보완을 거듭한 책입니다. 지난 2012년 여름, 사회 각계각층의 의견을 들어보기 위해 가제본 된 책의 샘플을 만들어 미래의 독자가 될 100명에게 보냈고, 간략한 평을 부탁했습니다. 아래 글은 그분들의 소감을 정리해서 옮긴 것입니다. 한 분, 한 분, 서평을 받을 때마다 가슴이 두근거렸습니다. 한 구절, 한 구절이 얼마나 소중했는지요. 고개 숙여 깊이 감사드립니다.

◆ **유진룡** _문화체육관광부 장관

　　오래 전 한 때 저는 우리 문화재가 중국이나 일본에 비해 규모와 세밀함, 화려함에서 초라하다는 생각을 했던 적이 있었습니다. 하지만 곧 우리의 친근한 자연을 닮은, '그들과 다른' 우아하고 세련된 우리 문화에 무한한 사랑과 자부심을 가지게 되었습니다. 그리고 오랫동안 세계 여러 나라를 돌아다니며 우리 한국인들이 여러 면에서 무척 뛰어나다는 것도 느낄 수 있었습니다. 특히 문화예술과 콘텐츠산업에 관심을 가지고 일하면서 지켜본 '우리'는 너무나 자랑스러웠습니다. 저는 '한류'의 성공이 바로 우리 한국인들의 '개성'과 '영혼'에서 비롯된 것이라고 믿고 있습니다.

　　저자는 한 세기 전 이 땅에 살았던 다양한 이방인들의 시각을 빌어 그동안 잊고 있었던 우리의 참된 모습을 구체적으로 보여 주고 있습니다. 오랜 세월 제국주의 음모의 시대를 거치고 그 영향으로 왜곡되었던 한국인의 이미지를 다시 살려서 명예를 회복하고 자긍심을 회복할 수 있게 해줍니다. 이제 우리는 스스로가 '자유분방하고 호탕하며 자연스럽고 총명한 한국인'이며, '강인한 기질과 정신력을 가진 한국인' 임을 잊지 말아야겠습니다. 그리고 세계 속에서 떳떳하지만 겸손한 미덕을 지닌, 포용력 있는 한국인상을 새롭게 세워나가야 할 것입니다.

저는 이 책을 통해 언제나 물질보다는 정신이, 그리고 우리가 지향하는 가치가 무엇보다 중요하다는 사실을 깨닫게 되길 기대합니다.

◆ 조국 _서울대 법학전문대학원 교수

"세계인을 지향하고 약자와의 연대와 공감을 유지하면서 스웨덴으로 떠난 우인(友人)이 1세기 전 서구인이 우리 조상을 바라본 모습에 대한 책을 들고 한국으로 돌아왔다. 서구와 일본은 조선인에 대하여 각종 부정적 낙인을 찍어놓았고, 그 관념은 현대 한국인 사이에도 은연중에 공유되어 있다. 저자는 이 낙인을 벗겨내고 내외부의 억압 속에서도 당당하고 강인했던 조선인의 문화와 기질을 생생하게 보여준다. 우리 자신을 비하하고 서구를 숭배하는 것도, 반대로 민족적 우월감에 빠져 다른 민족을 적대·폄하하는 것도 21세기 한국인에게 필요한 정신이 아니다. 의미 있고 재미있는 책을 빨려 들어가듯 읽으며 순박하면서 용감했고, 명석하면서 유연했던 한국인의 '정신적 DNA'를 알게 되어 기쁘다."

◆ 전인권 _가수

최근 아베 신조 일본 총리의 행적과 발언을 보면서 답답한 마음을 감추기가 힘들었다. 그때 떠오른 게 바로 이숲의 책이다. 한국의 근대사를 치밀하게 연구해 오늘날 한·일관계의 본질을 꿰뚫어보게 해주는 〈스무살엔 몰랐던 내한민국〉을 나처럼 답답한 마음으로 우경화하는 일본을 보고 있을 사람들에게 권한다.

◆ 김장훈 _가수

얼핏 이 책의 제목만을 보면 민족주의에 근거한 것이 아닌가 생각하는 사람이 있을 수도 있겠다. 하지만 내가 그렇듯, 반크가 그렇듯, 이 책은 단순한 민족주의나 내 나라의 무조건적 우위를 주장하는 것이 아니다. 실제로 데이터로 분석이 가능한 팩트와 에피소드들을 새로운 시각으로 접근한 아주 재미있고 흥미롭고 유익한 책이다.

만일 이 책이 그저 '한국인은 위대하다'는 주장만을 한다면 외면당할 것이다. 하지만 그렇게 우려할 근거는 하나도 없다. 왜냐하면 이 책에서 작가는 우리가 잠재적으로 생각하고 있는 것들, 하지만 잊고 살아가는 우리의 모습을 정말 재밌는 시각으로 접근하여 논리적으로, 사실적으로 풀어주기 때문이다. 분명히 많은 사람들의 호응과 마음속에 그 무엇인가, 감동을 이끌어낼 것이라고 확신한다. 이제 민족이라는 단어 자체가 왠지 진부한 시대가 되어버렸지만 민족이라는 단어를 잊고 사는 민족은 절대로 성공할 수 없다고 생각한다. 다만 시대의 흐름에 따라 '민족'이라는 단어를 잘 이해하고 녹여내는 것이 중요하다고 생각한다.

이 책을 통해 한민족의 위대함을 잊고 사는 우리의 마음속에 다시 한 번 역동감이 일어나기를 소망한다. 또한, 이 책을 통하여 많은 청년들이 다시 꿈을 꾸고 '대한민국'이라는 네 글자를 심장에 품고 더 큰 세상으로 나아가기를 소망한다.

◆ 정진영 _배우

사람이 혼자 살 수 없고 한 나라가 홀로 존립할 수 없을 때, 우리는 정체성이란 말을 되새기게 된다. 나를 남들로부터 구분하게 만드는 그 무엇이야말로 나의 무기이자 생존의 토대가 아니겠는가. 나 스스로 나를 판단하는 것이 정체성 성립의 가장 중요한 근거이

겠으나 그 역시 남들과의 관계 속에서 벌어지는 사단들이니, 남이 나를 어떻게 보는가는 그 자체로 내 생김새를 판가름하게 되는 중요 요소가 될 것이다.

이숲 작가의 이 책은 그런 면에서 남이 보는 '나의 모습'에 대해 다시금 생각을 하게 해준다. 이 책이 주장하는 것은 또 다른 형태의 쇼비니즘이 아니라, 우리의 정체성 확립을 위한 친근한 발제이다. 그 발제를 따라가다 보면 저자가 스웨덴의 중세도시에서 외롭게 마주친 '나의 발견'과 조우하게 될 것이다. 익숙한 것을 낯선 것으로 치환하는 인문학적 교양이 필요한 요즈음, 저자와 함께 걸어가는 낯선 여행길은 그 자체만으로도 즐겁다.

◆ **이상협** _하와이대학 경제학과 교수 · 한국학센터 소장

작가의 기록은 일제강점기에 왜곡된 한국인의 잠재력을 일깨워주는 데서 그치지 않고, 강하면서도 선한 한국인이 지녀야 할 삶의 자세와 우리 사회가 나아가야 할 방향을 가슴 뭉클하도록 따뜻한 시선으로 제시해주고 있다. 이 책을 읽으면서 정박하지 못한 배와 같았던 나의 우울했던 스무살이 작가의 스무살과 교차됨을 느꼈다. 내가 스무살 때 이런 책을 읽을 수 있었으면 좋았을 것이다. 많은 스무살들에게 아니, 스무살을 잃어버린 대한민국 모든 세대들에게 이 책을 권한다.

◆ **장제희** _KBS 열린음악회 · 체험 삶의 현장 · 아침마당 작가

그리스어로 귀환은 노스토스, 알고스는 괴로움을 뜻한다. 노스토스와 알고스의 합성어, 즉 '향수'란 돌아가고자 하는 욕구에서 비롯된 괴로움이라 밀란 쿤데라가 표했다. 시린 역사를 합리적 '향수' 노스탤지어로 아우른 작가 이숲. 그녀 옆에 앉고 싶다.

◆ 방민호 _서울대 국문학과 교수

이 책은 일본의 식민주의적, 제국주의적 시각에 의해 왜곡된 우리나라의 근대 역사를 바로 보게 해주고, 한국인이 과연 어떤 존재인지를 깨닫게 해준다. 한 여성 작가가 이토록 놀라운 책을 쓸 수 있었다는 것에 지적인 감동을 받았다. 젊은이들 모두가 이 책을 접할 수 있었으면 하는 바람이다.

◆ 황정근 _김&장 법률사무소 변호사

법이 사람들에게 믿음을 주려면 이치에 맞아야 한다. 한 사람의 주장도 마찬가지다. 나는 개성 넘치는 이숲의 이 책이 깊은 공부에서 나온 이치에 맞는 주장이어서 실로 반갑다. 한국인이 어떤 존재인지 이만큼 설득력 있게 말해줄 수 있는 책은 흔치 않다.

◆ 김광수 _중앙일보 종합연구원장

이 책을 읽고 나니 우리 오천 만이 한 명 한 명 소중해졌다.

◆ 박현수 _경북대 국문학과 교수

잘못된 근대성 담론에 희생된 한국인을 재발견하고 있다. 오리엔탈리즘적 자기비하를 헤치고 찾아낸 우리의 진정한 가능성도 논하고 있다. 한국인이 세계사적 주체로 나아가는 데 반드시 읽어야 할 책!

◆ 이상운 _바로북 대표

한국인이라면 무조건 읽어야 할 책. 상당히 흥미롭다. 우리가 모르는 한국인의 얼굴이 이 책에 고스란히 들어있다. 그동안 한국인에 관해 쓴 여러 종류의 책이 있었지만, 일반적인 한국의 문화나 기질,

역사에 대한 책에 불과했다. 그러나 이 책은 구한말 서구 열강과 식민사관을 주입한 일본이 한국을 어떻게 왜곡했는지, 그로 인해 우리 자신조차도 모르게 세뇌됐다는 사실을 일깨워주고 있다. 민족주의나 국수주의적인 관점으로 서술된 것이 아니라 구체적인 자료를 제시하고 있다는 점이 훌륭하다.

◆ **전산** _KBS 드라마PD

대하역사드라마 프로듀서 시절, 자학적이지만 객관적 역사관을 드러내자는 기획안은 언제나 뒷전으로 밀리곤 했었다. '국가'와 '민족'의 과대 숭배로, 근거 없는 낙관으로 이끌려왔던 미몽에서 벗어나 1세기 전의 생생한 한국인을 만나고 싶지 않은가. 잡서가 횡행하는 시대에 이 책으로 공부 좀 하고 싶지 않은가.

◆ **최국태** _생태경제학자

자칫하면 민족적 우월감에 빠질 수 있는 주제를 객관적·인류학적 관점에서 잘 잡아내고 있다.

◆ **김영수** _동북아역사재단 연구위원

100년 전 서구인의 여행 기록은 방문국 한국의 초상인 동시에 방문자 자신과 그 사회의 자화상일 수밖에 없다.

저자 이숲은 독자에게 질문한다. 매력적인 한국인은 어디로 사라졌나? 제국주의 강자가 한국에 남긴 것은 무엇인가? 저자는 100년 전 서구인이 남긴 기록을 꼼꼼히 분석하여 한국인을 부정적으로 바라보는 우리의 편견을 질타한다. 저자는 서구인이 바라본 한국인의 모습 및 한국의 문화와 정치, 한국인에 관한 긍정과 부정의 기록들, 서구인이 바라본 일본과 일본인 등을 살펴보았다. 무엇보다도 저자는 일본인이 남긴 한국인에 대한 부정적인 이미지 조작을 비판했다. "일본은 자신들을 과대평가하고 한국을 과소평가했다"라고.

◆ 진희

보통의 역사책은 딱딱하고 지루한데 이 책은 쉽고 재밌다. 또한 독자에게 많은 여운을 주고 깊이 생각할 거리를 던져 준다. 한국인이라면 한번쯤은 읽어봐야 하는 책. 강추합니다!

◆ 이세주

이 책은 한국인의 삶을 형성해온 원형질을 탐구하고 있다. 100년 전 한국인의 모습을 통해 '지금 여기'에서 살아가는 우리의 모습을 반추해 볼 수 있을 것이다. 한국인에 대해 비하하는 일부 지식층 혹은, 우리 역사에 관심이 많은 대학생들에게 추천한다.

◆ 권태진 _농촌경제연구원 부원장

'한국인'의 정체성을 새롭게 조망하려는 시도. 흥미진진하다. 저자의 날카로운 분석력이 더해져 때로는 긴장되고, 짜릿함도 있다.

◆ 구세라 _한겨레신문 시민편집인실 차장

책에서 제시하는 다양한 주장들이 꽤 흥미롭다. 신한류 열풍이 불었고 올바른 한류를 만들어가야 할 시점에 한국의 정체성을 고민해 짚고 넘어가는데 괜찮은 참고서다.

◆ 오영식 _보성고등학교 국어교사

'푸른 눈 속 한국인'의 진실을 추적한 책. 한때는 테마에 대한 트렌드만 있었으나 이 책에는 '새로움'이 있다.

◆ **고우성** _한국문화안보연구원 이사

한국인의 특징에 대한 새로운 발견과 해석. 한국인이라면 반드시 알아야 할 내용. 서양인의 평가에 관한 정확한 판단도 좋다. 방대하기에 쉽지 않았을 자료 정리가 돋보인다.

◆ **손현철** _KBS 다큐멘터리PD

재미있다. 3년간 〈역사스페셜〉 프로그램을 제작하면서 서구가 바라본 한국인, 한국문화에 대한 평가에 관심이 많았는데 이 책이 잘 정리하고 있다.

◆ **조우석** _문화평론가 · 저널리스트

성공한 신데렐라 국가 탄생. 역사의 반전 드라마. 읽는 내내 유쾌하다.

◆ **윤후명** _작가

오늘의 화려한 도심 바로 뒤에 이 풍경들이 숨겨져 있음을 알면 놀라지 않을 수 없다. 우리도 물론 그 안에 있다. 영화는 끝났으나 채 못 보았던, 잊어버리고 있던 잔상들이 살아 나온다. 단순히 '원스 어폰 어 타임'으로 끝나지 않는 살아있음이다. 환기되는 모습은 더욱 생생하다. 냉철하게 자기 자신을 바라보려고 애쓴 작가의 눈에 어쩔 수 없이 어린 한 줄기 뜨거운 눈물이 새삼 눈물겹다.

◆ **이자연** _가수

100년 전, 서구인들은 대한민국을 게으르고 미개한 나라, 패망한 나라 희망이 없는 나라로 생각했다. 그러나 부지런하고 총명한 우리 민족이 한강의 기적을 이루어 세계를 놀라게 했다. 우리 젊은이들이 이 책을 읽고 민족정신을 다시 한 번 되새겨 자랑스러운 대한민국 국민으로서의 긍지를 갖고 글로벌시대에 당당하게 세계로 뻗어나갔으면 한다.

◆ 박성현 _한국과학기술한림원 원장

지난 반세기에 걸쳐 지구상에서 가장 빠른 성장을 한 대한민국의 저력이 어디에 있었는가 궁금해 하던 차에, 이 책을 읽으면서 그 답을 얻게 되었다. 저자는 한국인들이 '긍정적이고 자유분방하며, 호탕하고 총명하다'고 기술하고 있다. 이러한 한국인의 개성이 그동안 어려움을 극복하고 K-POP, 문화한류를 만들어냈고, 전 세계가 선호하는 스마트폰, TV 등을 생산하는 산업강국으로 부상시키지 않았을까.

특히 저자가 지적한 바와 같이 한국 여성은 강인하고 진취적이라는데 동의한다. 세계의 양궁계와 골프계를 주름잡는 한국 여성들. 그 원동력을 이 책에서 찾게 된다. 또한 저자가 지적하는 바와 같이 한국은 동아시아에서 기독교가 자발적으로 뿌리 내린 유일한 나라이며, 기독교가 한국인의 기질에 잘 맞아서 앞으로 선교를 담당할 나라라는 의견에도 전적으로 동의한다.

이 책을 보면서 한국인으로서 자긍심을 갖게 되었고, 일본이 한국을 통치하면서 얼마나 나쁜 일들을 저질렀는지 새삼 느끼게 됐다. 근래에 보기 힘든 명서라고 생각된다. 특히 미래를 책임질 우리나라의 청소년에게 추천하고 싶은 책이다.

◆ 오성근 _KOTRA 부사장

'일본인보다 일을 더 빨리 배우고 더 믿을 수 있는 사람들.' '무서운 잠재력이 있는 민족.' 짧은 기간에 경제적인 기적을 일궈낸 우리에게 합당한 평가이다. 이미 100년 전 서구인들은 우리의 미래를 보았다. 최근 한류를 대변하고 있는 '싸이'의 모습도 그들은 벌써 본 것이 아닐까? 이국만리에 숨어 우리 역사의 흔적에서 사라질 뻔한 사실들을 찾아 생생한 필치로 엮어냄으로써 우리에게 감동을 주고 있는 이숲 작가에게 박수를 보낸다. 한국인의 필독서!

◆ **이상이** _복지국가소사이어티 공동대표 · 제주대 의학전문대학원 교수

대한민국 사람들은 누구인가? 나는 1970년 이후 30여 년의 짧은 기간에 서구 사회가 200여 년에 걸쳐 이루었던 산업화와 민주화를 이루어낸 위대한 사람들이라고 생각한다. 그런데 그 이면에는 독재, 독선, 독주, 경쟁만능, 이기주의 등 '나만 살자' 식의 어두운 그림자가 드리워져 있음을 발견하곤 한다. 이 책은 우리나라 사람들의 이러한 모습을 격동하던 19세기 전후의 구한말이라는 역사적 시기 동안 한국에 거주하였던 주요 외국인들의 시선을 통해 통렬하게 묘사하고 있다. 우리의 선조들은 '미개하고 더럽고 게으르고 무질서하며 겁 많은' 사람들인가, 아니면 '자연스럽고 쾌활하고 호탕하고 명석하고 매력적인' 사람들인가. 이 질문에 대한 해답을 찾고 우리 스스로에 대한 새로운 자긍심을 가지려면 이 책을 읽을 필요가 있다.

◆ **정우상** _보성고등학교 교사

요즘 학생들은 우리 자신에 대한 자부심과 애착이 부족하다. 보잘것없는 동양의 작은 나라에서 태어났다는 불만이 먼저 떠오르는 모양이다. 그러나 이 책에는 100년 전 한국의 현주소가 매우 생생하게 들어 있다. 먼저 외국인의 시각에 비친 우리에 대해 신비로움을 느낄 것이고, 지나간 역사를 반성할 수도 있고, 한국인의 저력이 얼마나 뛰어난지 따스한 마음으로 볼 수 있을 것이다. 이 책을 통해

많은 독자들이 우리의 근대사를 다시 보게 되길 바란다.

◆ **장근호** _푸른역사아카데미 부소장·의사

100년 전 이 땅에 살았거나 한국을 여행했던 서양 사람들은 한국인을 어떤 사람으로 보았을까? 그들의 눈동자에 비친 우리의 모습을 찾기 위해 저자는 그들이 남긴 텍스트의 바다를 몇 년간 항해했다. 그러고는 드디어 그들이 우리에게 남긴 암호를 해독하여 이책에 밝혔다. "착하지만, 강한 너! 너라면 할 수 있어. 그게 바로 너야."

◆ **오동훈** _서울시립대 도시행정학과 교수

국사 및 세계사 등 기존의 역사책에서는 접하기 힘든 내용들로 꽉 차 있다. 유쾌하고 긍정적인 한국인의 정체성에 대한 재발견. 우리 모두의 필독서!

◆ **이창옥** _한국소비자원 연구위원

한국인에 대한 객관적인 시각을 제공하고 있다. 독창적인 주제, 흥미로운 지식과 정보가 풍부하다.

◆ **김현수** _KAIST 발전재단 국제공인모금전문가(CFRE)

호기심을 자극하는 내용과 놀라움의 연속이다. 100년 전 한국을 방문한 외국인이 남긴 기록이 많다는데 놀라고 그들의 예리한 시각에 또 놀란다. 우리에게 변함없이 흐르고 있는 민족성과 반면에 달라진 성정을 발견하고 또 한 번 놀란다.

◆ **김연학** _KT 부사장

신선하다. 우리가 몰랐던 우리의 100년 전 모습. 주변에 일독을 권하며 우리의 과거에 대해 패배의식을 버리고 자신을 가지자고 말하고 싶어졌다.

◆ 익명의 독자

소설가 이숲. 북유럽 스웨덴에서 100년 전 한국을 발견하다. 작가는 새삼 아픈 근대의 과거 시점에서 왜 민족을 이야기하는가? 100년 전 한국인의 실체에서 오늘날 한국의 발전을 예상하는 것은 그리 놀랄만한 것이 아니었다. 세계 시민으로 살아갈 우리의 현재와 미래 한국인의 모습을 일깨워준다.

◆ 익명의 독자

주관성이 강한 듯하지만, 지금 시점에 꼭 필요한 내용의 책. 국민에 비해 덜 떨어진 정치인들이 읽어야 할 책.

◆ 익명의 독자

일본의 우익단체가 읽어야 할 책.

◆ 김선옥 –전국역사교사모임 회원

학교에서 아이들에게 역사를 가르치다보면, 내가 그들로 하여금 본의 아니게 '자학 사관'을 갖게 하는 것이 아닐까 우려스러울 때가 있다. '자학 사관'이란 말은, 사실 일본 우익들이 일본 아이들에게 전쟁의 과거를 가르치는 것이 스스로를 학대하도록 가르치는 사관이라고 주장했던 얼토당토않은 용어다. 그런데 언젠가부터 나는 조선 후기의 온갖 정치적 부패, 열강의 틈바구니에서 갈피를 못 잡고 방황하던 대한제국, 인간이 겪을 수 있는 모든 고통들이 응축되어 있는 일제강점기, 제 형제들에게 총질을 해대던 한국전쟁, 쿠데타와 유신으로 점철된 현대사를 가르칠 때 '자학 사관'이란 말을 떠올리곤 했다. 아이들은 말한다. "우리 역사, 너무 찌질해요." 게다가 아이들이 살아가고 있는 현실의 역사도 그때와 별반 다르지 않으니, 아니 오히려 더하니, 우리나라 학생들이 다시 태어나고 싶은 나라로 대한민국을 꼽지 않는 것은 당연한 일이다.

식민지 시대의 유산인지, 우리는 우리 자신을 바라볼 때 자주 '그들의 눈'을 빌려오곤 한다. 선진국 국민의 눈에 비친 한국인들의 모습은 대부분 부정적이다. 성질 급하고, 질서 안 지키고, 책 안 읽고, 불친절하다. 그뿐인가? 남의 나라를 보는 눈은 또 얼마나 허용적이고 유순한지, 핀란드의 모든 제도에 매료된 우리들은, 핀란드의 자살률이 OECD회원국 평균을 훌쩍 넘는다는 사실을 자주 잊는다. 왜 우리는 우리 모습을 사랑하지 않게 되었을까? 왜 잘 알지도 못하는 '그들'의 모습에만 넋을 빼앗기게 되었을까? 이 책의 저자는 스웨덴에서 공부하던 중 구한말 한국의 모습을 스케치한 다양한 '그들'의 책을 읽고 새로운 사실을 알게 되었다. 한국인은 매우 유쾌하고 매력적이며 심지어는 잘생기기까지 하다는 기록은, 우리가 늘 마음속에 감추고 있던 우리들의 모습과는 사뭇 다른 것이었다. 이 사람들이 본 한국인의 모습은 어떤 걸까? 왜 우리는 부정적인 우리의 표상만을 진실인 것처럼 알고 있었을까? 그 이유를 찾아가는 것이 이 책의 내용이다.

이 책은 크게 두 부분으로 나뉘어져 있다. 앞부분은 흥미롭게 읽을 수 있도록, 현대의 한국인에게서 보이는 특징들이 구한말 서양인의 눈에는 어떻게 비쳤는가를 쉽게 서술하고 있다. 예를 들어 제3의

성이라는 '한국 아줌마'는 구한말에도 여전히, 소리 높이지 않는 가정의 권력자였다. 한번 마음먹은 것은 반드시 이루어내고, 무능력한 남편을 대신하여 아이들을 먹이고 입혔다. 이런 기질을 발휘하는 데 너무 작았던 한국 사회라는 그릇에 안주 할 수 없었던 여성들은 강철처럼 단단해지고 호랑이처럼 사나워졌던 것이다. 이뿐 아니라 매사에 유쾌하고 유머러스한 사람들, 자연을 정복하지 않았던 한국인의 정서, 자연을 닮은 음악, 하늘을 숭배하여 하느님을 거부하지 않았던 사람들… 서양인 관찰자들의 재미있는 서술을 읽다보면, 어느새 우리들의 현재 모습과 겹쳐지고, 우리가 그동안 생각조차 하지 않았던 우리들의 긍정적인 모습에 새로 눈뜨게 된다. 물론 이 긍정성 또한 '그들'의 눈을 통해 확인받는 것이라는 한계는 있지만, 새로운 발견은 마음을 즐겁게 해준다.

가벼운 읽을거리로 독자들의 흥미를 잔뜩 끌어낸 저자는 책 뒷부분에서 드디어 본격적인 주제를 내보인다. "우리가 스스로를 긍정적인 눈으로 보지 못하게 된 이유는 무엇일까?" 저자는 다양한 지위를 가진 서양인의 기록을 뒤져가며 그 원인을 찾아간다. 러시아의 식민통치를 받는 폴란드 출신으로 제국주의 패권을 선망하는 식민지 지식인 세로셰프스키, 일본에 저항하는 한국인들의 학살 현장을 참담한 심정으로 답사한 스웨덴 기자 그렙스트, 제국주의를 비판하며 한국인을 구하는 것도 백인이라 생각한 휴머니스트 미국인 고문관 샌즈, 문화상대주의로 무장하고 유럽인들의 야비한 호기심을 빗대 스스로를 '서양 야만인'이라 칭한 독일 기자 겐테, '해가 지지 않는 나라'의 정치가로서 제국주의자의 임무에 충실했던 영국인 커즌, 한국의 현실을 세계에 알려달라고 간청하는 제자들에게 일본을 형으로 받아들이라 했던 경성제대의 영국인 교수 드레이크, 앞의 두 제국주의자들과는 달리 진심으로 한국인을 이해하고 돕고자 했던 기자 맥켄지와 화가 키스까지.

　그리고 질문의 답 또한 제시한다. 역시 제국주의의 '음모'와 '조작'이 그 뒤에 있었다. 제국주의의 패권을 거머쥔 일본과 서구 열강들은 모든 기록에서 '매력적인 한국인'의 모습을 감추어버렸던 것이다. 그리고 '일관되고 정직한 통치만 이루어졌다면' 한국인은 훌륭한 민족으로 육성되었을 것이다. 저자는 책 말미에 드디어 희망을 이야기한다. 고난을 겪었기 때문에 더욱 진지하고 균형 잡히고 고귀한 정신을 지닌 것이 한국인이다. 이 무서운 잠재력이 우리 미래의 힘이다. 그러니 결국, 한국인의 긍정성이 꽃피게 될 시대를 만들어내는 것은 현대를 살아가는 우리의 과제이다. 수없이 반복되는 고통의 역사 속에서도 정의를 위해 싸워온 사람들이 제대로 대접받는 세상을 만들어내지 않으면, 한국인이 지닌 긍정성은 그저 공허한 외침일 뿐이다. '일관되고 정직한 통치'를 현실에 이루어내는 것, 이것이 한국인의 긍정적 정체성을 이 땅에 뿌리내리게 하는 바탕일 것이다.